航空运输类专业系列教材

民航服务心理与实务

郭 凤　赵晓硕　主　编
刘海军　陈盛炽　窦建鹤　副主编

電子工業出版社.
Publishing House of Electronics Industry
北京·BEIJING

内容简介

本书按照民航服务心理知识的学习从低到高的进阶顺序，分为七章：第一章主要讲解了服务、民航服务、服务意识、心理学的相关概念；第二章主要讲解了感觉、知觉的基本概念、知觉的影响因素及民航服务的感觉、知觉；第三章主要讲解气质、性格、能力和特殊旅客的概念及如何为不同心理特点的旅客提供优质服务；第四章讲解了群体心理、团队建设和团队精神的培养；第五章主要讲解了民航服务中的情绪、情感和意志培养；第六章主要讲解了民航服务人员的压力和压力的管理策略；第七章主要讲解了人际关系和民航服务中的客我交往。

本书可作为高等院校和职业院校民航运输、销售代理、航空服务、空中乘务、公务机管理等专业相关课程的教材，也可作为航空公司、民航机场、民航销售代理等民航企业单位的培训教材。

未经许可，不得以任何方式复制或抄袭本书之部分或全部内容。
版权所有，侵权必究。

图书在版编目（CIP）数据

民航服务心理与实务 / 郭凤，赵晓硕主编. —北京：电子工业出版社，2019.1

ISBN 978-7-121-34782-5

Ⅰ. ①民… Ⅱ. ①郭… ②赵… Ⅲ. ①民用航空—旅客运输—商业心理学—高等学校—教材
Ⅳ. ①F560.9

中国版本图书馆 CIP 数据核字（2018）第 168342 号

责任编辑：郭乃明　　特约编辑：范　丽
印　　刷：北京七彩京通数码快印有限公司
装　　订：北京七彩京通数码快印有限公司
出版发行：电子工业出版社
　　　　　北京市海淀区万寿路 173 信箱　邮编　100036
开　　本：787×1 092　1/16　印张：14　字数：396 千字
版　　次：2019 年 1 月第 1 版
印　　次：2025 年 8 月第 11 次印刷
定　　价：35.00 元

凡所购买电子工业出版社图书有缺损问题，请向购买书店调换。若书店售缺，请与本社发行部联系，联系及邮购电话：（010）88254888，88258888。
质量投诉请发邮件至 zlts@phei.com.cn，盗版侵权举报请发邮件至 dbqq@phei.com.cn。
本书咨询联系方式：（010）88254561，guonm@phei.com.cn。

航空运输类专业"十三五"规划教材建设委员会

主任委员

　　马广岭（海航集团）
　　马　剑（北京临空国际技术研究院）
　　杨涵涛（三亚航空旅游职业学院）
　　李宗凌（奥凯航空有限公司）
　　李爱青（中国航空运输协会）
　　李殿春（香港快运航空公司）
　　吴三民（郑州中原国际航空控股发展有限公司）
　　宋庆华（国际航空运输协会）
　　张武安（春秋航空股份有限公司）
　　张宝林（西安交通大学）
　　陈　燕（中国航空运输协会）
　　耿进友（北京外航服务公司）
　　黄　伟（重庆机场集团）
　　慕　琦（广州民航职业技术学院）

副主任委员

江洪湖	汤　黎	陈　卓	何　梅	迟　焰
罗良翌	赵晓硕	赵淑桐	廖正非	熊盛新

委员

马晓虹	马爱聪	王　东	王　春	王　珺	王　蓓	王冉冉	王仙萌	王若竹
王远梅	王慧然	方凤玲	邓娟娟	孔庆棠	石月红	白冰如	宁　红	邢　蕾
先梦瑜	刘　科	刘　琴	刘　舒	刘连勋	刘晓婷	许　赟	许夏鑫	江　群
范　晔	杜　鹤	杨　敏	杨青云	杨祖高	杨振秋	李广春	吴甜甜	吴啸骅
何　蕾	汪小玲	张　进	张　琳	张　敬	张桂兰	陆　蓉	陈李静	陈晓燕
金　恒	金良奎	周科慧	庞　荣	郑菲菲	赵　艳	郝建萍	胡元群	胡成富
冒耀祺	鸥志鹏	钟波兰	姜　兰	拜明星	姚虹华	姚慧敏	夏　爽	党　杰
徐　竹	徐月芳	徐婷婷	高文霞	郭　凤	郭　宇	郭　沙	郭　婕	郭珍梅
郭素婷	郭雅荫	郭慧卿	唐红光	曹义莲	曹建华	崔学民	黄　山	黄　华
黄华勇	章　健	韩奋畴	韩海云	程秀全	傅志红	焦红卫	湛　明	温　俊
谢　芳	谢　苏	路　荣	谭卫娟	熊　忠	潘长宏	霍连才	魏亚波	

总策划　江洪湖

协助建设单位

国际航空运输协会	长沙南方职业学院	武汉东湖光电学校
春秋航空股份有限公司	长沙商贸旅游职业技术学院	闽西职业技术学院
奥凯航空有限公司	长沙民政学院	黄冈职业技术学院
香港快运航空公司	南京航空航天大学	衡水职业技术学院
重庆机场集团	浙江旅游职业学院	山东海事职业学院
北京外航服务公司	潍坊工程职业学院	安徽建工技师学院
北京临空国际技术研究院	江苏工程职业技术学院	安徽国防科技职业学院
郑州中原国际航空控股发展有限公司	江苏安全技术职业学院	惠州市财经职业技术学院
	湖南生物机电职业技术学院	黑龙江能源职业学院
杭州开元书局有限公司	河南交通职业技术学院	北京经济技术管理学院
三亚航空旅游职业学院	浙江交通职业技术学院	四川文化传媒职业学院
广州民航职业技术学院	新疆天山职业技术学院	济宁职业技术学院
浙江育英职业技术学院	正德职业技术学院	泉州海洋职业学院
西安航空职业技术学院	山东外贸职业学院	辽源职业技术学院
武汉职业技术学院	山东轻工职业学院	江海职业技术学院
武汉城市职业学院	三峡旅游职业技术学院	云南经济管理学院
江西青年职业学院	郑州大学	江苏航空职业技术学院
长沙航空职业技术学院	滨州学院	山东德州科技职业学院
成都航空职业技术学院	九江学院	河南工业贸易职业学院
上海民航职业技术学院	安阳学院	兰州航空工业职工大学
南京旅游职业学院	河南工学院	四川交通职业技术学院
西安交通大学	中国石油大学	烟台工程职业技术学院
三峡航空学院	厦门南洋学院	重庆第二师范学院
西安航空学院	广州市交通技师学院	南阳师范学院
北京理工大学	吉林经济管理干部学院	成都文理学院
北京城市学院	石家庄工程职业学院	郑州工商学院
烟台南山学院	陕西青年职业学院	云南旅游职业学院
青岛工学院	廊坊职业技术学院	武汉外语外事职业学院
西安航空职工大学	廊坊燕京职业技术学院	德阳川江职业学校
南通科技职业学院	秦皇岛职业技术学院	武汉外语外事职业学院
中国民航管理干部学院	广州珠江职业技术学院	湖北交通职业技术学院
郑州航空工业管理学院	广州涉外经济职业技术学院	

《民航服务心理与实务》
编委会

主　编　郭　凤　赵晓硕

副主编　刘海军　陈盛炽　窦建鹤

参　编　贺　晴　欧志鹏　吴甜甜　李　雪

前言

随着中国民航改革的深入，中国民航市场不断发展壮大，各航空公司关注的焦点逐步集中到民航服务质量。民航服务质量是旅客服务的核心问题，若要提供优质、高效的民航服务，让服务人员建立主动、热情、周到的服务意识至关重要。

民航服务是直接服务人的工作，要做好服务工作，首先要研究人的心理特点和变化规律，在此背景下，基于教学工作的需要，我们编写了本书。本书立足于对民航服务心理和民航旅客心理的研究和探讨，遵循科学性、实用性、针对性，既拓宽了学习者的知识视野，又增加了趣味性，旨在使学生了解和掌握民航服务心理和旅客心理，实现培养高素质、高技能人才的目标。

本书根据学生的认知结构、学习特点和民航企业对民航服务人员的需求设计教材体系，全书共七章，从把握民航乘客和民航服务人员自身的各种心理因素，如个性、情绪、知觉、压力、感觉等出发，培养民航服务人员良好的心理素质，使其能更好地为旅客服务。

郭凤负责本书的统稿并编写第三章，郭凤、刘海军负责编写第一章的第一节、第二节和第四章，赵晓硕、贺晴负责编写第二章、第五章、第七章，窦建鹤负责编写第一章的第三节、第四节，陈盛炽负责编写第六章，参与编写工作的还有欧志鹏、吴甜甜、李雪。本书封面使用的人物照片由张方旭、张晓琳、杨蕊、刘明琦、赵丽冉提供。在本书编写过程中得到了三亚航空旅游职业学院领导的大力支持和同仁的热心帮助，同时得到海南航空、南方航空、东方航空、深圳航空等公司各位领导的大力支持，在此表示衷心感谢！

由于编者水平有限和时间仓促，书中的疏漏和不足在所难免，恳请业内专家和读者批评指正。

如有老师需要教学资源，请和作者联系，QQ：228651816，邮箱：228651816@qq.com。

郭　凤

目录

第一章 民航服务心理学基础知识 1

 第一节 服务与民航服务 5
  一、服务的概述 5
  二、民航服务概述 8

 第二节 民航服务意识 14
  一、服务意识的概念 14
  二、提升服务意识的常见障碍 14
  三、民航服务意识涉及的内容 15
  四、民航服务意识提升 17

 第三节 心理学概述 19
  一、心理学究竟是什么 19
  二、心理学的构成 21
  三、心理学的研究方法 24
  四、心理学的基础领域 25
  五、心理学的应用领域 26

 第四节 民航服务心理学概述 28
  一、民航服务心理学是什么 28
  二、在民航服务中运用心理学知识 28
  三、自律训练法 32

 本单元小结 34
 思考与讨论 35

第二章 民航服务与感觉、知觉 39

 第一节 感觉及知觉概述 39
  一、感觉概述 39

二、知觉概述 ·· 44
第二节　知觉的影响因素 ·· 53
　　一、影响知觉的客观因素 ·· 53
　　二、影响知觉的主观因素 ·· 54
第三节　民航服务的感觉、知觉 ·· 61
　　一、影响旅客感觉、知觉的客观因素 ··· 61
　　二、影响旅客感知的主观因素 ··· 67
　　三、民航服务人员的感知 ·· 67
本单元小结 ·· 70
思考与讨论 ·· 70

第三章　民航服务与个性 ·· 73

第一节　气质与民航服务 ·· 73
　　一、气质概述 ·· 73
　　二、气质的分类 ··· 75
　　三、民航服务中的气质 ··· 77
　　四、民航服务人员气质培养 ··· 80
第二节　性格与民航服务 ·· 82
　　一、性格概述 ·· 82
　　二、性格分类 ·· 85
　　三、民航服务中的性格 ··· 87
　　四、民航服务人员性格培养 ··· 90
第三节　职业能力与民航服务 ·· 91
　　一、能力概述 ·· 91
　　二、能力分类 ·· 91
　　三、职业能力 ·· 92
　　四、全面提升服务人员职业能力 ·· 93
第四节　特殊旅客心理与民航服务 ··· 94
　　一、特殊旅客概述 ··· 94
　　二、特殊旅客心理 ··· 94
　　三、特殊旅客服务 ··· 97
本单元小结 ·· 103
思考与讨论 ·· 104

第四章 民航服务与团队 ... 110

第一节 群体心理 ... 110
一、群体概述 ... 110
二、群体行为 ... 113
三、群体的分类 ... 117
四、群体的作用 ... 118
五、航空旅客群体的特殊性 ... 119
六、群体心理对服务工作的意义 ... 123

第二节 团队建设 ... 127
一、团队概述 ... 127
二、团队类型 ... 129
三、团队精神 ... 130
四、团队建设 ... 133

本单元小结 ... 136
思考与讨论 ... 138

第五章 民航服务与情绪、情感和意志 ... 144

第一节 情绪、情感概述 ... 145
一、情绪、情感的定义 ... 145
二、情绪和情感的关系 ... 145
三、情绪、情感的构成 ... 146
四、情绪、情感的作用 ... 146
五、情绪、情感的分类 ... 148
六、情绪、情感的表现形式 ... 150

第二节 民航服务与情绪、情感 ... 151

第三节 意 志 ... 154
一、意志概述 ... 154
二、挫折 ... 156

第四节 民航服务与意志 ... 158
一、民航服务人员应具备的意志品质特点 ... 158
二、民航服务人员意志品质的培养 ... 161

本单元小结 ... 164
思考与讨论 ... 164

第六章 民航服务与压力 ... 170

第一节 压力概述 ... 171
第二节 压力源概述 ... 177
一、压力源概念 ... 177
二、压力源分类 ... 177
三、大学生压力 ... 177
第三节 民航服务人员压力管理 ... 179
一、民航服务人员常见压力 ... 179
二、民航服务人员压力的影响 ... 181
三、压力管理 ... 181
四、压力应对方式 ... 183

本单元小结 ... 189
思考与讨论 ... 189

第七章 民航服务与人际交往 ... 197

第一节 人际交往概述 ... 198
一、人际交往的定义 ... 198
二、人际关系建立的一般过程 ... 198
三、人际交往的特点 ... 198
四、人际关系的类型划分 ... 199
五、人际交往的重要性 ... 201
六、人际交往的原则 ... 202
第二节 民航服务中的人际交往 ... 205
一、客我交往概述 ... 205
二、客我交往的原则 ... 208
三、客我交往的技能和技巧 ... 208

本单元小结 ... 212
思考与讨论 ... 212

参考文献 ... 214

第一章　民航服务心理学基础知识

要做好民航服务工作，民航服务人员必须要了解、把握乘客的各种心理特点，如个性、态度、需要、动机等；了解不同国家、不同民族的文化背景和文化特点；同时还要把握好自身的心理和行为，培养自己良好的心理素质。所有这一切，都要求民航服务人员学习和掌握心理学方面的有关知识，将心理学知识与民航服务工作有机地结合起来。本书从民航服务人员的个性、心理出发，探讨民航的群体心理，进而为民航服务人员更好地开展民航服务工作服务。

导入案例

被误解的心理学

误解一：心理学家知道人们在想什么

你是学心理学的，那么你说说我正在想什么？当周围人得知某人就读于心理学专业的时候，他们会马上好奇地提出这种问题。人们总是以为心理学家和算命先生差不多，应该能透视眼前人的内心活动，其实这是一种误解。心理活动具有广泛的含义，包括人的感觉、知觉、记忆、思维、情绪和意志等，并非单指人在某种情境下的所思所想。心理学家所做的就是要探索这些心理活动的规律——它们如何产生、发展，受哪些因素影响，相互间有什么联系等。心理学家通常根据人的情绪表现和外在行为等来研究人的心理。也许他们可以根据人的外在特征和测验结果来推测其内部心理特征，但除非具有"超感知能力"，否则再老到的心理学家也不可能会所谓的"读心术"，不可能一眼就看穿人们的内心世界。

误解二：心理学是伪科学

许多人认为心理学是伪科学，都是骗人的，这着实让学心理学的人伤心不已。为什么会这样呢？首先，对于大多数人来说，所谓科学，应该基于严格的实验操作和严格的逻辑推理，比如物理学或数学，而人的心理是看不见又摸不着的，对它的操作和研究岂不是很神秘？人的心理变化莫测，是个十分难以控制的变量，所以人们认为心理学研究是靠不住的。其次，心理咨询往往令人失望。由于对心理咨询没有一个正确和充分的了解，人们产生了瞬间治愈心理问题的期望，这样当然会失望。诚如没有什么药能瞬间治愈疾病，心理咨询解决心理困扰同样需要一个过程，而且，心理咨询要想收到好的效果，咨询者需要积极配合咨询师的要求，不能只由咨询师一方努力，但实际情况并非如此。

心理学是一门正在走向成熟的科学。1982年,国际心理科学联合会正式成为国际科学联合会的成员,这证明了心理学的学术地位。心理学的许多研究领域的研究方法,如生理心理学、实验心理学和物理心理学,向来就与自然科学的研究方法近似。发展到现在,心理学的各个领域,从实验控制、统计学分析,直到结论的提出,都已经采取了严格的科学设计,都制定了统一的科学标准。

关于心理咨询,在咨询者积极配合的基础上,往往需要数月甚至更长时间才会收到应有的效果,这是一个漫长的互动过程。所谓冰冻三尺,非一日之寒,大家对心理咨询要有正确的理解和现实的期望,不宜急于求成,因为效果不佳,就否定心理咨询,否定整个心理学。

误解三:心理学家都会催眠

很多人对催眠术有浓厚的兴趣,因为觉得它很玄妙。提起催眠术,人们又往往想起心理学家。原因之一可能是弗洛伊德的误导。弗洛伊德是著名的心理学家,既然他使用催眠术,那么许多人就认为心理学家应该都会催眠术。另外,这种误解也可能缘于几部颇有知名度的电影的误导,例如日本恐怖片《催眠》。片中的描述和心理学家使用催眠术的实际情况相差甚远,纯粹是为了商业炒作而对催眠术的作用进行的夸张描述甚至歪曲。

催眠术源自18世纪的麦斯麦术。19世纪,英国医生布雷德经研究得出,令患者凝视发光物体会诱导其进入催眠状态。他认为麦斯麦术所引起的昏睡是神经性睡眠,因此另创了"催眠术"一词,但催眠的内在机制至今尚未完全搞清楚。催眠术的方法多种多样,但最常用的方法是:要求人彻底放松,把注意力固定在诸如晃动的钟摆和闪烁的灯光等某个小东西上,引导人们把注意力集中在想象中的星空等,然后诱发出昏睡状态。催眠前要先测定被催眠者的暗示性,暗示性高的人容易被催眠,能进入深度睡眠状态,对此类人的催眠治疗效果较好。在催眠状态下,人会按照治疗师的暗示行事,可能会有不良副作用,因此催眠术应该由经验丰富的催眠师来实施。

催眠术并非所有心理学家都会。它只是精神分析心理学家在心理治疗中使用的方法之一。实际上,大多数心理学家的工作是不涉及催眠术的。他们更倾向于运用实验和行为观察等更为严谨的科学研究方法。在国外,催眠术常用于帮助审问嫌疑犯,以期使嫌疑犯在催眠状态下不由自主地坦白情况。现在,很多司法心理学家认为催眠状态下的问讯有诱导之嫌,很可能使嫌疑犯按照催眠师的暗示给出其所希望的但并不公正的回答,所以对此持反对态度。

误解四:心理学就是心理咨询

作为一个新兴的行业,心理咨询蓬勃发展,越来越火。各种各样的心理门诊、心理咨询中心、心理咨询热线等不断涌现,通过不同的渠道冲击着人们的视听。再加上心理咨询师资格考试制度的实施,使心理学的社会影响力得到了极大的提高。这些动向使很多人一听到心理学就想起心理咨询,以致将它作为心理学的代名词。另外,对大多数人来说,倾向于从实际应用的角度去认识一门学科,而心理学最为广泛的应用就是心理咨询或心理治疗，两者较之其他心理学知识更为大家所熟知，所以很多人将心理咨询等同于心理学，这是一种误解。

必须明确，心理咨询只是心理学的一个应用分支。心理咨询的目的是为了帮助人们认识和应对生活中的各种困扰，让大家更幸福地生活下去。心理咨询的对象可能是一个人，也可能是一对夫妇、一个家庭或一个群体。通常，心理咨询是面向正常人的，咨询者虽然有各种心理困扰，但并不存在严重的心理障碍。如果是严重的精神疾病，那就要交给临床心理学家或精神病学家来处理了。

在发达国家，人们的工作、生活压力较重，因此心理咨询机构繁多。如日本的心理咨询机构，经常为人们所称道。当在工作、生活中面临巨大的压力时，就可以到自己的心理医生那里去宣泄，比如心理医生提供办公室和家庭设施，随便让顾客进行摔、砸等破坏行为以充分发泄，当然顾客必须支付相应的咨询费用。在国内，目前的心理咨询机构多分布在一些高校、医院等地方，也有一些专门的咨询中心。这是一个专业性很强、责任重大的职业。从事这项工作的人必须有专业知识背景、足够的实际技能培训，以及良好的职业道德。

误解五：心理学家只研究变态的人

很多人对心理学有这样的看法：去做心理咨询的人都是心理有问题的人，而心理有问题就是变态的人；心理学家只研究变态的人；与心理学有关系的非专业人士都是变态。这些看法可以解释为什么很多人在决定进行心理咨询时需要很大的勇气和进行激烈的思想斗争。

为什么会对心理学和心理学家有这样的偏见呢？一方面，这和我们的人文传统有关。中国人比较重视面子，认为有了心理困扰是不光彩的事，倾向于自己解决，如果大摇大摆地去心理咨询，就会被人说成是精神病了。另一方面，这和媒体的错误引导有关。为了谋求利润，媒体会抓住人们的猎奇心理，在表现与心理学有关的题材时，喜欢选择和炒作心理变态。从电视、电影、报纸和杂志上接触心理学的人，很难逃离这种误导。好莱坞和日本的所谓心理电影便是典型，如《沉默的羔羊》《精神变态者》《发条橙》《催眠》等。这类电影描绘了心理变态中最为严重的情况，应该对人们对于心理学的这种偏见负很大责任。

人们也常常把心理学家和精神病学家混在一起。精神病学是医学的一个分支，精神病学家是医生。他们的工作对象是心理失常的人，主要从事对精神疾病和心理问题的治疗。和其他医生一样，精神病学家在治疗精神疾病时使用药物；与此不同，尽管临床心理学家也关注精神病人，但他们不能使用药物进行治疗。要知道，大多数心理学研究都是针对正常人的，如儿童情绪的发展、性别差异、智力发展、老年人心理和跨文化的比较等都是心理学研究的内容。

误解六：心理学知识就是一般常识

很多人对心理学研究很不以为然，觉得心理学家整天、整月、整年地搞来搞去，搞出来的只不过是一些简单的、尽人皆知的常识。这是一种十分不公平的误解。心理学知识是来源于一般生活的，但并非一般常识，其研究的深度和广度远不是一般常识所能解决和解释的。下面几个常识性问题摘自《心理学与你》一书。试着回答一下，体会一下心理学知识与一般常识有什么区别。

1. 牛奶一样多吗

五岁的瑶瑶看见妈妈在厨房里忙，便走了进去。在桌子上放着完全相同的两瓶牛奶。她看见妈妈打开其中一瓶，把里面的牛奶全部倒进一个大玻璃坛子里。她的眼睛溜溜地转，目光在那只仍装满牛奶的瓶子和坛子间来回流转。这时妈妈突然记起她在一本心理学图书上读到的情况，便问：瑶瑶，是瓶子里的牛奶多呢，还是坛子里的牛奶多？

瑶瑶的可能回答：a. 瓶子里的多　b. 坛子里的多　c. 一样多

2. 哪一种决定风险更大一些

朋友们准备拿出一些钱进行投资。在每次投资前他们都分别写出意见，然后集中商讨，做出全组决定。在每个项目上，最慎重的决定是一点钱也不投，较为冒险的决定是在最有可能获利的项目上投少量的资金，而非常冒险的决定是在不大可能获利的项目上投入大量的资金。

与个人意见的平均情况相比，全组的决定可能：a. 更慎重　b. 更冒险　c. 既不更慎重也不更冒险

下面是基于心理学知识的答案：

（1）瑶瑶会认为瓶子里的牛奶比坛子里的多。一般情况下，儿童到了七岁左右才会明白同一瓶牛奶不管倒到哪里，体积都是不会变的。瑶瑶只有五岁，当她看见瓶子里的牛奶比坛子里的牛奶液面高很多时，便会认为是瓶子里的牛奶较多。一斤棉花和一斤泥土相比，哪个更重呢？恐怕这个问题，瑶瑶也会答错。

（2）较之个人决定的平均情况，全组的决定很可能更冒险一些。这个例子所揭示的现象称为集体极化。这种现象很难被直接地预测，但很容易在心理学教学示范中被展现出来。冒险转移是集体极化的一种特殊实例。

20世纪50年代末、60年代初，有两位心理学家分别发现了这种实例。尽管两位心理学家的研究方法很不相同，但都得出同样的结果：全组决定一般比个人决定更冒险。得出这种结论基于两种假设：第一，在小组讨论中，比较冒险的意见更容易被吐露，其他的人此时容易被说服；第二，在小组讨论中，由于一般人赞赏冒险精神，因此发现其他人的决定比自己的决定更冒险时，较为慎重的人会改变自己的决定。

误解七：心理学就是解梦

这种误解的产生同样和弗洛伊德分不开。对于多数了解心理学的人来说，解梦是弗洛伊德的理论中最吸引人的部分，这是因为人们总是喜欢挖掘自己和别人内心深处的秘密，而梦被当成是透视内心世界的一扇天窗。由于弗洛伊德的心理学工作的代表性，许多人把弗洛伊德的理论等同于对梦的分析，进而使解梦成了心理学的代名词。

第一章　民航服务心理学基础知识

好莱坞电影对此也是脱不了干系的，例如《最后分析》，是很多人对心理学的最初了解的来源。《爱德华大夫》是好莱坞首批涉及心理分析的作品之一，其票房成绩斐然，使心理分析题材开始在电影中盛行。这部电影的一个中心内容就是解梦，其中有一句经典台词，也是许多人以为的心理学家的口头禅："晚安。做个好梦，明天讲出来让我分析一下。"解梦只是心理学家所使用的心理治疗技术之一，仅仅是心理学"热带雨林中的一株树木"而已，怎么能等同于整个雨林呢？

（资料来源：http://www.cq.xinhuanet.com）

学习目标

（1）了解心理学的概念、构成、研究方法及应用领域。
（2）掌握民航服务心理学的概念，在民航服务中运用心理学知识。
（3）掌握服务、民航服务意识的概念，以及服务所包含的内容。
（4）掌握优质服务有哪些要求。
（5）运用自律训练法。

第一节　服务与民航服务

一、服务的概述

对民航服务心理学进行研究，首先必须弄清楚服务的本质和特征，下面就探讨服务的概念、特征、分类以及民航服务的相关内涵。

1. 服务的概念

对于服务的阐述和理解，国内外有很多种，其中比较有代表性的主要有以下说法：
《现代汉语词典》（第6版）对"服务"的解释是"为集体（或别人的）利益或为某种事业而工作"；也有专家给"服务"下的定义是这样的："服务就是满足别人期望和需求的行动、过程及结果。"前者的解释抓住了"服务"的两个关键点，一是服务的对象，二是说清了服务本身是一种工作，需要动手动脑去做；后者的解释则抓住了服务的本质内涵。

服务是一方能够向另一方提供的任何一项活动的过程和结果。它本质上是无形的，并且不会造成所有权的转移。

服务是指为他人做事，并使他人从中受益的一种有偿或无偿的活动，不以实物形式而以提供劳动的形式满足他人某种特殊需要。

服务的英语单词为Service，我们可以从每一个字母代表的含义来理解：
第一个字母S可理解为Smile（微笑），其含义是要为每一位客人提供微笑服务。

第二个字母 E 可理解为 Excellent（出色），其含义是服务员要将每一项微小的服务工作做得很出色。

第三个字母 R 可理解为 Ready（准备好），其含义是服务员要随时准备好为客人服务。

第四个字母 V 可理解为 Viewing（看待），其含义是服务员要把每一位客人都看成是需要给予特殊照顾的贵宾。

第五个字母 I 可理解为 Inviting（邀请），其含义是服务员在每一次服务结束时，都要邀请客人再次光临。

第六个字母 C 可理解为 Creating（创造），其含义是每一位服务员要精心创造出使客人能享受其热情服务的气氛。

第七个字母 E 可理解为 Eye（眼光），其含义是服务员始终要积极地寻找服务需求。

2. 服务的特征

根据服务的概念我们可以知道服务具有以下特征：

1）无形性

无形性是指服务不存在所有权交换问题，不能够注册专利，在购买之前看不见，无法了解其质量。顾客消费服务后所获得的利益也很难被衡量，或是要经过一段时间后，消费服务的享用者才能体会到利益的存在。事实上，同有形产品不同，面对许多服务，消费者很少能有客观的衡量标准，服务在很大程度上是无形的和抽象的。

2）品质差异性

差异性是指服务不像有形产品那样有固定的质量标准，具有较大的差异性。服务是由人提供的，顾客要参与服务的生产过程，生产和消费同时进行，员工与顾客都存在心理和观念差异，不同的服务员提供的服务不同，即使是同一个服务员，在不同地方、不同时间、不同情况下，面对不同的顾客，所提供的服务也是不同的。

3）不可分离性

不可分离性是指服务的产生和消费是同时进行的，当"服务产品"被生产出来的时候，其生产、消费也在同时进行，顾客只有加入到服务的生产过程才能最终消费到服务。

4）不可储存性

由于服务的无形性和不可分离性，使得服务不可能像有形产品一样被储存起来，以备未来销售。"服务产品"既不能在时间上被储存下来，以备未来使用，也不能在空间上被储存，比如将服务转移，带回家去安放下来，如客户不能及时消费，就会造成服务的损失。空座位意味着永远失去一笔利润，因为它没有办法被储存。

5）服务缺乏所有权

服务的生产和消费过程不涉及任何物品所有权的转移，服务在交易完成后便消失了，顾客并未因服务交易的结束而像商品交换那样获得实际的东西。

客户购买有形产品，拥有商品使用权、所有权，可以将其拿回家或者丢弃；购买无形服务，只是拥有服务的使用权，不能带走、不能损坏。

3．服务的分类

1）服务业的分类

服务的行业属性通常规属于服务业，服务业是生产或提供各种服务的经济部门和各类企业的结合。一般地，将服务业视同第三产业（包括除了农业、工业、建筑业之外的所有其他15个产业领域）。服务业主要有两种分类方法。一是根据产品性质分类，分为生产性服务业和消费性服务业；二是按照产业特征分类，分为传统服务业、现代服务业和新兴服务业。

生产性服务业，是指被其他商品和服务的生产者用于中间投入的服务。生产性服务业包括交通运输业、现代物流业、现代金融业、科技服务业、信息产业、服务贸易、会展业、中介服务业、农业生产服务业这9个行业。

消费性服务业，是指用于满足居民消费需求或基本民生要求的服务业，它也包括绝大部分公共服务在内。消费性服务业包括旅游业、商贸流通业、餐饮业、酒店住宿业、文化产业、房地产业、体育健身产业、社区服务业、市政与公共服务业、农村生活服务业这10个行业。

传统服务业，是指运用传统的生产方式经营，并且在工业化以前就已存在的服务业。传统服务业包括交通运输业、商贸流通业、餐饮业、酒店住宿业这4个行业。

现代服务业，是指其需求主要受工业化进程、社会生产分工的深入影响而加速发展的服务业和运用现代科学技术、新型服务方式及新型经营形态对传统服务业进行改造的服务业。现代服务业包括现代物流业、现代金融业、服务贸易、房地产业、社区服务业、市政与公共服务业、农村服务业这7个行业。

新兴服务业，指在工业化发展到一定阶段时，出现需求加速增长和大规模消费的服务业，这些行业的收入弹性一般较高。主要包括在后工业化时期迅速发展的教育、医疗、娱乐、文化和公共服务等。新兴服务业包括旅游业、文化产业、科技服务业、信息产业、会展业、中介服务业、体育健身产业这7个行业。

2）服务的分类

根据服务活动的本质分类，服务可以分为四种：第一，作用于人的有形服务，如民航、理发服务等；第二，作用于物的有形服务，如航空货运、草坪修理等；第三，作用于人的无形服务，如教育、广播等；第四，作用于物的无形服务，如咨询、保险等。

根据服务方式及满足程度分类，服务可以分为以下四种：第一，标准化服务，选择自由度小，难以满足顾客的个性需求，如公共汽车载客服务等；第二，易于满足要求但服务方式选择自由度小的服务，如电话服务、旅游服务等；第三，提供者选择余地大,而难以满足个性要求的服务,如教师授课等;第四,需求能被满足且服务者有发挥空间的服务,如美容、建筑设计、律师、医疗保健等。

二、民航服务概述

1. 民航服务的概念

民航服务是指以民航的各类设施为依托,将有形的技术服务和无形的个人影响力及情感传递融为一体的综合性活动。

民航服务一般具有以下特点:第一,高接触性服务,旅客全程参与,服务者的任何失误都会直接暴露在旅客面前;第二,灵活性服务,民航服务岗位工作的灵活性在于其服务对象、服务场景的多变性;第三,创造性服务,民航服务岗位的现有服务程序并不可能囊括将要面对的所有服务环节,尤其是对于一些服务细节的处理更需要员工发挥创造力;第四,主动性服务,主动服务是一种发自内心、充满真情实意的服务。

2. 民航服务的分类

民航服务根据旅客在不同地方接受,分为以下四种:

(1)售票处服务:要求售票人员耐心提供服务,为旅客提供促销优惠和礼品,告知相关的售票规定及信息。

(2)机场地面服务:如在值机处、候机室、问询处、安检处等。要求机场地面服务人员为旅客提供快捷、便利的优质服务,旅客问题多、要求多,要耐心予以回答,值机员工作要仔细,避免行李错挂、漏挂,避免给旅客带来不便。候机室的工作人员要及时公布延误或取消消息,并做好解释工作,安抚旅客情绪,提供更加个性化的服务。

(3)客舱服务:客舱服务不外乎安全提醒和餐饮服务,安全提醒是指提示旅客关闭手机、系好安全带,以及气流安全提醒。在进行客舱服务中要注意微笑服务,提供餐饮要注意安全,同时为旅客提供办卡和优惠活动介绍等服务。

(4)飞行后服务:在行李领取处要有清楚的通向行李转盘的标志,在服务中要注意微笑服务和对旅客的欢送。

拓展案例

海航呼叫中心

成立于 1997 年的海航呼叫中心是一个年轻的团队,是海航开展电话直销业务的窗口单位,从最初的 3 个座席,6 名接线员,发展至目前的上百名员工,可以同时办

理百余名客户的机票预订业务。海航呼叫中心的迅速成长是海航高速发展的一个缩影，也是海航扩展服务领域，打造"无缝隙"服务的全面深入表现。

"您好，春节愉快，很高兴为您服务。"这是呼叫中心的姑娘们在春节期间的电话用语。除了为旅客提供机票查询、预订、改签等服务外，呼叫中心的姑娘们还是旅客遇到困难时的第一选择，在细致、周到的春运服务工作中，姑娘们总结出两条工作经验：耐心和爱心。春节期间，很多旅客都会根据情况不断调整出行计划，查询电话内容多、信息量大，她们总能快速响应、应付自如，若没有好心态，根本无法胜任如此高负荷的工作。"想旅客之所想，急旅客之所急"，海航一直要求员工用一颗爱心为旅客服务，在呼叫中心姑娘们的心里，让旅客满意就是自己肩负的最高使命。

拓展案例

长沙黄花机场因天气原因导致旅客滞留

2009年12月24日，由于下雨和大雾天气影响，上万名旅客滞留长沙，长沙黄花机场、航空公司服务状况混乱，机场运营陷入瘫痪状态。

23日夜，长沙开始降雨，凌晨后雾气渐重。长沙黄花机场24日9点以前起降了13个航班。9点以后，所有进出港航班一律停止起降，共计305个航班滞港。

大批旅客在机场聚集，各航空公司柜台前挤满了改签、退票和问询的旅客。姜先生乘坐的是11点45分某航空公司飞往北京的航班，姜先生10点抵达机场，办理了乘机手续后，在登机口才得到航班延误通知。姜先生气愤地对记者说：面对大雾，他没有怨言，而机场方面的冷漠、航空公司的冷淡、中午发的冷白饭，如此的"三冷"服务，使他无法忍受。

在某航空公司的柜台前，聚集了约三百人，3名印度乘客由于语言不通一直没有得到问询的答复，柜台内3名服务人员态度生硬，对记者和乘客有关航班的询问不予理睬。

作为航空公司的柜台售票人员，在面对突发事件时应该如何为旅客服务呢？

拓展案例

呼叫中心服务人员素质提升修炼手册

良好的心理素质是电话呼叫服务人员综合素质的重要组成部分，一个情绪不稳定、性格孤僻、人际关系紧张的人是不可能做好呼叫服务工作的。良好的心理素质包括积极、谦虚、勇于承担责任和具备团队精神。

姿势会影响呼叫服务人员在电话交谈中的声音。在使用计算机时胳膊要弯曲110°，肩膀放松，上臂自然下垂，手腕要直，头部直立，眼睛略向下看，背部偏下部分要有支撑物，大腿放松，与躯干成60°角，脚完全接触地面或踏板。

倾听的注意事项：不要假装听，非必要时不要打断别人的话，不要带着偏见听人说话，不要匆忙下结论，不要让自己陷入争论，提问不要太多，对带着情绪的话不要过分敏感，不要用沉默代替听。

想一想：请写出"听"字的繁体字：_____

尝试解释什么是听：_____

_____

_____

_____

_____

_____

_____

_____

3. 如何创建优质民航服务

卓越的、超值的、令人满意的服务才是最好的服务，要做好优质服务，必须要让客人满意，更要让客人有惊喜，创建优质民航服务要做好以下几个方面。

1）良好的民航服务礼仪

民航服务礼仪是一种行为规范，是指民航员工在售票处、机场、飞机上的服务工作中应遵循的行为规范，在具体的民航服务环节中，包括从旅客购票、值机、安检到登机过程中与旅客沟通，为旅客提供餐饮服务，为特殊旅客提供更多贴心的服务。

2）丰富的专业知识

作为专业的服务人员应拥有专业知识，给予客人专业的服务，应注意服务专业技能的提升。

3）灵活的服务方式

根据不同的旅客群体给予不同的服务，如老年旅客应多一点关爱，携带婴儿的旅客应协助其照料婴儿。

4）标准的服务程序

服务是否需要标准化？我们的答案是：标准化是基础服务，在基础服务的前提下，才谈得上个性化服务，在服务素质不够高、服务智慧不够强的时候，所谓的个性化服务其实更加混乱和随意，根本谈不上个性化，要知道个性化服务是最高境界，它和服务者的个人素质息息相关，不是每个人都可轻松提供的。所谓"没有规矩，不成方圆"，做服务工作也是如此。服务工作的规章制度以及各种操作规程很多，这些规章制度是我们在服务工作中不断总结出来的带有共性的规律性认识，是做好服务工作的基本要求。

5）较高的服务效率

民航服务人员良好的专业素质是高效服务的重要基础，作为专业的民航服务人员应提供专业而娴熟的服务。

拓展案例

大新华百翔提高国际货物保障效率，完善服务

民航资源网 2012 年 9 月 26 日消息：自今年 9 月以来，国际航空货运市场交易额增长明显，货物保障压力陡增。为提高货物处理效率，确保货物顺利收运，大新华百翔物流有限公司（简称"大新华百翔"）广州货运处积极响应广州白云国际机场国际货站"尺寸诚信制"的规定，对国际货物的进仓流程及出港保障进行了全面优化提升。

为避免机场国际货站对包装尺寸的二次复查，大新华百翔广州货运处与机场国际货站沟通配合，建立了双方的互信机制，给予部分销售代理以"尺寸诚信制"的使用资格，免除对其货物包装尺寸的二次复查。该部分代理可直接向机场国际货站提交入仓申请，将货物直接装配在免除尺寸复查的专用拖车上后，进行正常的入仓处理，减少了货物审查环节的冗余程序，大大缩短了货物的交运时间。

同时，为确保货物的收运安全，避免出现监管漏洞，大新华百翔广州货运处要求该部分代理对诚信制负责，由机场国际货站不定期抽查考核，及时对违规现象进行重罚。

目前，大新华百翔广州货运处的国际货物保障流程运转顺利，形成了收运、入仓、出库、装机一体化的便捷式服务体系，得到了广大客户的认可。大新华百翔将坚持优化流程、完善服务，致力于打造物流行业的领军企业。

拓展案例

东航云南公司"巧用心思"提高地面服务工作效率

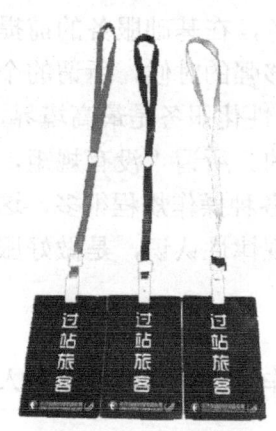

图 1-1　过站旅客挂牌

在昆明长水国际机场候机厅内可以看到一些旅客身上佩戴着印有"过站旅客"字样的彩色挂牌，这是东方航空云南有限公司（China Eastern Yunnan Airlines.，简称"东航云南公司"）地面服务部旅客服务中心国际组为提高国际航班保障工作效率而特别制作的过站旅客挂牌（见图 1-1）。

在保障国际航班的过程中，有几条国际过站航班保障流程较为特殊，是由国内出发经停昆明过站再飞往其他国家的。这样，一架飞机到达昆明，机上可能就存在国际过站及昆明到达两种旅客，如 MU2035/6，北京—昆明—达卡，从北京飞往达卡途中在昆明落地后，工作人员需要对下机旅客进行指引、区分，将过站昆明前往达卡的旅客找齐后统一带至国际到达口，经过边防检查后再返回相应出发登机口。在整个过站流程中，存在几个困难：一是所有旅客下机后，国际过站旅客是否能全部找齐；二是在带领国际过站旅客到边防及再次返回出发大厅通过安检的过程中，旅客容易走失，从而导致航班延误；三是一旦国际旅客走错至国内到达口，将造成严重的安全事件。

这些问题看似都是日常工作中的小问题，可是如果不引起足够的重视，不仅将降低航班保障效率及服务质量，还影响到国际航班安全保障。旅客服务中心国际组看到了工作中存在的这些问题后，积极开动脑筋，用红、黄、蓝三种颜色区分，制作了过站旅客挂牌，对国际过站航班及国内经停到达昆明的国际航班的旅客在下机后采用佩戴过站旅客挂牌的方式，对旅客进行有效的区分和清点。这样一个小小的举措，大大提高了实际工作的效率，过站旅客戴上挂牌后，工作人员对国际过站旅客及普通到达旅客便一目了然，带领和指引的过程也简单了许多，再也不需要几名工作人员一前一后地小心跟随，生怕旅客走丢或走错，不仅节约了人力资源，还提高了工作效率。

旅客服务中心国际组不仅在工作流程方面善于"解决问题"，他们还是一支喜欢"发现问题"的队伍。在保障北京—昆明—达卡这类航班的过程中，为了充分做好各方面的准备，他们自己制定了《旅客行李票号统计表》，把每一个过站旅客的行李票号都一一记录下来，以便在遇到突发事件时可以对此类没有过站旅客行李信息的航班进行查找。除此之外，他们为了更好地和日本、韩国旅客交流，还主动"求学"，向身边有这方面知识的工作人员请教，通过自己的学习加强和这些旅客的交流、沟通，进一步做好国际航班的工作保障。

第一章 民航服务心理学基础知识

6）齐全的服务项目

民航服务除了对旅客的常规不收费服务以外，还额外提供收费的服务，如进出港货物行李打包服务、行李寄存服务、易登机服务、贵宾室服务、临时乘机证明服务、机场安全控制区通行服务等。

拓展案例

海航新版宠物运输规定——小动物坐飞机享"五星级服务"

天津北方网2014年5月24日讯：不仅宠物猫、狗可以坐飞机，鹦鹉、观赏鱼甚至猴子都可加入和主人一起坐飞机的行列！如今越来越多市民出行愿意带上宠物，或者将宠物邮寄到另外一个城市的亲戚朋友家。记者昨日获悉，为了方便小动物乘机，海航将于近日实施新版的小动物运输规定，简化托运程序并给予小动物"五星级"的航空服务。

新规简化宠物托运申请程序。记者昨日从海航获悉，近期，海航将在全国各大机场全面推出新版《小动物（宠物）国内运输规定》，新规的亮点是简化了托运申请程序，专门为小动物建立信息档案，加固宠物运输箱及加强点对点的托运传递等。

简化托运申请程序主要指"三证合一"，以前旅客需要提供小动物检疫证明、宠物证、宠物箱消毒证，现在只提供小动物检疫证明即可。

据了解，每个月通过天津机场运输的小动物有30多只，以小猫、小狗居多，偶尔也有观赏鱼、鸟类、猴子这类"客人"。据负责托运工作的人员介绍，动物托运有规定，如怀孕期的动物、分娩48小时内的动物、哺乳期内的动物等是不能托运的。航空公司能够接受托运的小动物是指家庭驯养的小狗、小猫等宠物，而野生动物和具有形体怪异或易于伤人等特性的动物不属于此范围。为防止在飞行过程中动物出现不适，一般会要求主人让动物在乘飞机前10小时内不吃食物，登机前在兽医指导下服用镇定类药。

小动物也将享"五星级"服务，即将实施的海航新规承诺，旅客可放心将宠物交付给航空公司，让宠物享受海航五星级关爱服务。

"五星级"的服务如何体现呢？据海航工作人员介绍，活体动物与普通行李不同，海航接收到小动物托运申请信息后，首先会了解飞机机型是否满足动物托运条件，行李舱是否可以开放氧气。托运当天，工作人员将全程协助旅客办理托运手续，包括检查、打包及交付。另外，托运的小动物将会享受特别待遇：最后被送上飞机，位置靠近行李舱门口，同时保证其他行李不能挤压到宠物箱，周围不得被其他行李围堵，并防止空中颠簸时宠物箱移动而使宠物受到惊吓。抵达目的地后，小动物将优先下机。最后，工作人员亲自把小动物交付到接收人手中，才能"和小动物说再见"。

（资料来源：天津北方网讯，记者侯砚）

第二节 民航服务意识

一、服务意识的概念

人的行为是靠思想支配的，没有科学的理论，就没有正确的行动。因此，要做好服务工作，就必须首先解决思想认识上的问题，用科学的服务理念，去培养人们做好服务工作的意识，去指导服务工作的实践，创新服务的品牌，推动服务工作迈上新台阶。

服务意识是指企业全体员工在与本企业利益相关的一切人或企业的交往中所体现的为其提供热情、周到、主动服务的欲望和意识，即自觉主动做好服务工作的一种观念和愿望，它发自服务人员的内心。服务意识有强烈与淡漠之分，有主动与被动之分。这是认识程度问题，认识深刻就会有强烈的服务意识；有了强烈展现个人才华、体现人生价值的观念，就会有强烈的服务意识；有了以公司为家、热爱集体、无私奉献的风格和精神，就会有强烈的服务意识。服务意识的内涵是：它是发自服务人员内心的；它是服务人员的一种"本能"和习惯；它可以通过培养、教育训练形成。

具有服务意识的人，能够把自己利益的实现建立在服务别人的基础之上，能够把利己和利他有机协调起来，常常表现出"以别人为中心"的倾向。因为他们知道，只有首先以别人为中心，服务别人，才能体现自己工作的价值，才能得到别人对自己服务的认同。拥有服务意识的人常常会站在别人的立场上，急别人之所急，想别人之所想；为了别人满意，不惜自我谦让、妥协甚至奉献、牺牲。缺乏服务意识的人则会表现出"以自我为中心"和自私自利的价值倾向，把利己和利他对立起来。这违背了人与人之间服务与被服务关系的规律。缺乏服务意识的人越多，社会就越不和谐。

二、提升服务意识的常见障碍

民航服务人员的服务意识和服务质量难以提升，各方面的原因很多，但是究其根本，主要有两方面原因：第一，文化障碍，这也是最根本的因素。第二是心理障碍。

1. 文化障碍

在中国独特的历史文化背景下，国人有两大特性：一是喜欢人比人，拿自己的方方面面与别人比较；"比"是两把刀，伤的总是自己。二是谁都不服谁，同事之间互相瞧不起，甚至在心底对老板也是不服的，至于对外面的客户，自然也不会服气。同时，部分员工骨子里没有尊敬别人的习惯，但又都希望别人来尊敬自己，感

觉服务别人就是在低三下四地求别人，为了个人的饭碗、老板的利益，在牺牲自己的尊严。在这种人文特性的基础上，要求员工们做好对客户的服务工作，难度可想而知。

2. 心理障碍

（1）担心遭到拒绝。这是由以往曾经遭遇过顾客的拒绝所造成的心理障碍。有些顾客自主意识特别强，或者是有自闭症状，不喜欢被别人服务。但这种人所占比例不大，其他大多数顾客还是愿意接受主动服务的。假使因此而不再为顾客提供主动服务，是不是会影响到其他顾客呢？退一步想，即使遭到拒绝又能怎么样？由于服务是善意的，即使顾客不需要，通常也不会怪你的。

（2）担心服务不好。这是由于对自己要求过高，或对自己的服务素质缺乏自信所造成的。其实，顾客要求未必像自己的要求那样高，多数顾客更在意的是服务态度，而不是服务知识和服务技能。另外，没有几个顾客在服务知识和服务技能方面更内行，只要大胆服务，顾客是看不出缺陷的。记住：只要服务态度好，即使服务知识和服务能力暂时差些，也没有关系。因为只有在服务顾客的实践中，才能够发现自己的不足，也才能有意识地学习和改进。

（3）担心别人的嫉妒、嘲讽。如果总是担心别人嫉妒而不敢进步，那只好做一个平庸之辈了。其实，别人嫉妒你说明你比他强。只要对同事也像对顾客一样尊重和关心的话，不仅不会遭到他们的嘲讽，还会影响和带动他们学习。

（4）感觉心里委屈。这其实是因为感觉不平衡所造成的。本来人人平等，为何我要服务别人，而别人被我服务呢？为了挣这点钱，值得我付出这么多吗？这是很多人在服务意识尚未真正建立之前的一种正常心理活动。为了克服这一心理障碍，首先要明白这样一个道理：帮人就是帮自己。如果一个人总是获得他人的帮助，却从来不去考虑帮助他人的话，时间一长，他人还会愿意再继续帮助他吗？相信大多数人都是有情感、有头脑的，既然人人都知道这个道理，那么付出也就不会白费了。

（5）厌恶服务对象。在日常生活中我们喜欢谁才接近谁，讨厌谁就远离谁，但是，在工作岗位上，如此看客下菜的做法，却严重违背了一视同仁的普遍服务原则。要想克服这种心理障碍，必须调整自己的心态，让自己的心胸宽广起来，才能容纳各类人。

三、民航服务意识涉及的内容

1. 服务态度

态度决定一切，民航服务人员应具有以下态度和意识：

（1）大局态度：要站在全局的高度来看待服务工作。"服务工作无小事"，任何一个服务质量上的问题或差错，都会影响到企业的整体形象，都会给旅客带来诸多不便。周到而细致的服务工作，能够吸引更多的旅客、货主来乘坐飞机、托运货物，促进民航发展，为航空公司扩大经营奠定坚实的基础，营造良好的环境。像民航这样的窗口单位，无论在任何单位、任何岗位，在任何时候、任何情况下，都要把服务提高到一定的高度，把服务视为塑造企业良好形象、提高企业竞争力以及促进和谐民航建设的重要因素，把服务作为一件能够影响和带动全局的大事，切实抓紧、抓好。

（2）规范态度：要按规矩办事，"按套路出牌"。如果规章得不到有效而全面的执行，很容易成为一纸空文，执行走了样，效果就会大打折扣。

（3）细节态度："细节决定成败""细微之处见精神"，做服务工作也是如此，必须从大处着眼，从小处入手。如国内很多机场在卫生间内增设了婴儿打理台，在候机楼内的充电插座旁增设了座椅，虽然花费不多、投入不大，有的甚至是举手之劳，但却给旅客提供了方便，受到了旅客的一致好评。反之，如果不注重细节，则势必会影响服务的效果。"勿以恶小而为之，勿以善小而不为"，做好服务工作，需要我们从一点一滴的小事做起，不断巩固和扩大服务工作的成果，从而塑造出民航服务的良好形象。

（4）精品服务态度：要做到"人无我有、人有我精"。规范化的操作是做好服务工作的基础，但真正能打动旅客，给他们留下深刻印象的是那些有创意、有特色的服务。要做好服务，还必须不断研究服务对象的需求，不断提高自我创新能力，并结合实际打造出具有自身特色的精品服务，进一步提高民航的综合实力和竞争力。

（5）忧患意识：要居安思危，不断进取。一直以来，民航的服务质量在交通行业中一度领先，然而当下交通行业间的竞争日趋激烈，高铁、动车组、公路运输不仅在方便、快捷等方面力求向民航看齐，在服务工作方面也在不断地完善和提高。

2. 服务仪容仪表

仪容仪表通常指人的外观、外貌和服装修饰。在人际交往中，每个人的仪容仪表都会引起交往对象的特别关注，并将影响到对方对自己的整体评价。仪容美是"自然美"与"修饰美"的完美结合与统一。"清水出芙蓉，天然去雕饰"，仪容的自然美虽强调自然为美，但洁净是重点。一个长相再完美的人，如果不注意个人清洁卫生，那么他在别人心中的形象也会大打折扣。仪表美要求着装统一、庄重、得体。

3. 服务言谈

来有迎声、问有答声、走有送声。要学会用礼貌用语与旅客沟通，学会用委婉的方式来拒绝旅客的不当要求等。

> **拓展案例**

说"不"的技巧

拒绝对方时，可以先恭维对方。例如有人邀请你去参加宴会，但你不想去，或者去不了，你可以婉转转移对方的注意力。

在只能拒绝的时候，可以不直接跟客户说"不"，先把客户的注意力转移到"你还可以为他做什么"上面。虽然你帮不了客户，但是可以用你的真诚感动客户，让他了解你是真想帮助他，但确实无法满足他的要求，客户提出无理要求，并不是蛮横无理，只是希望通过这种方式引起重视，所以在与客户交流的时候，语言交流的技巧对于客户是否满意起了重要的作用。

4. 服务仪态

仪态，又称"体态"，是指人的身体姿态和风度。姿态是指身体所呈现的样子，风度则属于内在气质的外化。每个人总是以一定的仪态出现在别人面前，一个人的仪态包括他的所有行为举止：一举一动、一颦一笑、站立的姿势、走路的步态、说话的声调、对人的态度、面部的表情等，而这些外部的表现又是内在品质、知识、能力等的真实流露。优雅的体态不仅能给自己的个人形象增添魅力，也是公司形象的侧影。良好仪态的养成更体现出民航人的干练与潇洒。

5. 服务礼仪

用服务规范和标准来更好地为旅客服务，关心旅客。

四、民航服务意识提升

1. 树立旅客优先的意识

要优先考虑旅客的需求，而不是服务提供者的生产能力；服务时应以旅客为中心，以旅客满意为出发点，而不是以方便服务提供者为出发点；服务过程中，在言谈举止等行为方面，旅客为先。

2. 坚持旅客永远对的思想

坚持旅客永远对的思想，一定要做好以下几个方面：

1）充分理解旅客的需求

如果旅客的需求超越民航服务范围，但又是正当的需求，这并不是旅客过分，而是我们服务的不足，所以应该尽量采取特殊服务予以满足；如果确实难以满足，必须向旅客表示歉意，取得旅客的谅解。

2）充分理解旅客的想法和心态

对旅客因自身情绪而迁怒于民航，或因身体、情绪等原因大发雷霆，我们应该给予理解，并以更优的服务去感化旅客。

3）充分理解旅客的误会

由于旅客文化、知识、地位、身份和宗教信仰等差异，旅客对民航的规则和服务不甚理解而提出种种意见或拒绝合作，我们应真诚地向旅客做出解释，力求给旅客满意的答复。

4）充分理解旅客的过错

有很多时候旅客由于心情欠佳而故意找茬，或不讲道理，我们应该秉承"旅客永远对"的原则，理解旅客。

5）充分理解旅客的"无知"并接受我们的服务对象

接受服务对象要求不论旅客是谁，处于什么地位，具有什么素质，我们都要积极、热情、主动地接近旅客，亲和、友善地接受旅客，不能怠慢、冷落旅客，更不能挑剔、排斥服务对象。这不仅体现在思想上，更应该体现在实际行动上。

拓展案例

海航选空乘：亲和力、服务意识胜过帅气、美貌

身高不能太高也不能太低，皮肤明显部位不能有疤痕，外语水平要达标，学历要能在高等教育网查询到。2015年3月21日，海航集团有限公司空中乘务员招聘活动在沈阳君悦酒店举行，400名应聘者中有50人进入复试。

为了看清每位应聘者的"真面目"，考官要求应聘者保持脚跟、脚尖并拢，双手自然下垂并放在身体两侧，目视前方且微笑。"1号，把你的刘海撩起来，露出额头……"随后，考官又考查了每个人的仪态。

负责招聘的考官杜先生介绍，由于男生还要兼任安全员，所以裸眼或手术后视力应达到C字表0.7或以上，不能有O形腿等。杜先生说："帅气、美貌并不是首要条件，亲和力、服务意识才是最重要的。比如：女生能否在紧张情况下露出真挚笑容，这从另一个侧面体现出了她的心理素质高低。"

记者在现场看到，一个形象、气质等方面都不错的大三女生，就因为不够自信，遗憾落选。

海航工作人员梅先生说，与以往招聘相比，今年将英语口语和学历与身高一样定为了硬性指标。海航集团乘务员的招聘条件应满足教育部承认的全日制统招大专及以上学历，女性身高在165～175厘米，男性身高在173～185厘米；除了基本的形象要求外，还要求应聘者具有良好的外语听、说、读、写能力。

截至2015年3月20日晚6时许，参加面试的400名应聘者中只有70名通过初

试，而在英语口语面试环节又有 20 名应聘者被淘汰。记者了解到，最后通过英语口语面试的 50 名应聘者，还要经过复试、体检、政审等环节；全部通过后还要接受几个月的培训，才有机会成为一名实习乘务员。即便成为一名真正的空乘人员，每年也还要接受各类复训考核，如果不合格，也随时会被淘汰。

第三节　心理学概述

提起心理学，你会想到什么？也许你会想到杂志上看到的各种心理测验，也许会想到电影里的心理医生，也许你会觉得这是一门遥远、神秘而深奥的学问，其实在日常生活中，我们的任何活动都伴随着感觉、记忆、思维、想象、情感、意志以及个性特征等心理现象，因此心理学其实已经通过不同的途径出现在我们的生活中，解答人们对自身的各种困惑。

心理学的知识与人们的生活、学习、工作都有着非常密切的关系。了解人的心理特点，有助于研究、了解自己周围各种人的心理状态，恰如其分地处理好复杂的人际关系，创造良好的学习、工作与家庭环境。

人们对心理现象虽然都很熟悉，但并非都能有科学的理解，有时甚至感到很神秘。我们需要一种适用于日常生活的心理学来解释生活中发生的难以理解的事，比如：为什么有的人痴迷于买彩票？为什么会有"远亲不如近邻"的说法？为什么恋人相处会看不到对方的缺点？为什么我们购物或消费时总是受广告的影响等。

心理学是一门研究人的行为和心理过程，揭示人类自身心理活动规律的科学。

一、心理学究竟是什么

从某种角度而言，每个人都是心理学家。我们都会为了理解他人的所感所想而研究和分析其行为，并且试图对他下一步的行动做出预测。但是，平日里所用的类似于常识的心理学知识和心理学专业书籍中学到的心理学知识有着本质的区别。

心理学是一门涵盖多种专业领域的科学，但就其根本而言，心理学是一种研究行为和心理过程的科学。

我们可以在希腊语的词根中找到心理学（Psychology）一词最早的含义。"Psychology"这个单词可以分成两部分，"Psych(e)"在希腊语中是"心灵"的意思，希腊人相信心灵是有别于并且脱离于肉体的；而后缀"－ology"则表示对某一领域的研究。因此，从字面上解释"Psychology"这个词，就表示"对于心灵的研究"。但是，今天的心理学家所使用的定义比古希腊哲学家所使用的定义更加宽泛：心理学不仅对心理过程进行研究，还要对行为进行研究。也就是说，心理学研究领域包括可以直接观察到的行为（如对话、微笑、哭泣）以及只能被间接观察到的内部心理过程（如思维、情感和欲望）。正如心理学专业的学生容易感到困惑那样，心理学家对于心理学到底应该包括哪些领域这一问题并不能达成一致意见，特别是对于自称是科学的一门学科是否应该研究主观心理过程这一问题，心理学家们难以取得一致。

心理学这门科学基于客观的、可以被验证的证据，而这些证据的获得往往需要使用精心设计的方法。

这里要着重指出，心理学并不仅仅是对于人类本质的思索，也不是探究那些为众人所知的、关于人的常识。学习过心理学的人会发现，心理学研究多次证明许多这类"常识"是错误的。人们的一些看法是否也属于这类错误的"常识"呢？可以做做下面这个测试。

拓展案例

小测试——心理学到底是科学还是胡言乱语

"请拿出证据来！"这句话一直是批判性思维的战斗口号，但是这一信条并没有渗透到我们的流行文化之中。你能轻易发现，许多流行读物会告诉你男人"来自火星"而女人"来自金星"，告诉你有些人用左脑工作，而有些人则用右脑工作。其实，许多被大众传媒称为"心理学"的知识根本不是基于科学研究而得出的。同样，在你家附近书店里的"心理学和自助类"区域也能找到许多类似的书籍，这些书的内容也只是来自于猜想、夸张和误解。我们把这些都称为伪心理学，心理学家卡罗·塔夫里斯（Carol Tavris）更为严厉地称其为"心理胡言乱语"（Psychobabble）。不管你更喜欢哪种叫法，我们希望本文能够帮助你认清伪心理学的真面目。

现在，让我们来对一些所谓的"常识"进行检测。下面的一些陈述是正确的，而另一些则是错误的。如果你答错了一些题目，甚至都答错了，那也没关系，因为会有很多人像你一样。关键是认识到，那些有关心理过程的所谓常识也许经不住缜密的科学检验。请判断下列每个陈述是对还是错（答案将在测试的最后公布）。

（1）大多数人只用了大脑10%的能力的说法是荒谬的。　　　　（　）

（2）在梦境非常清晰的大多数时间里，你的身体是不能动弹的。　　　　（　）

（3）心理压力可以导致生理疾病。　　　　（　）

（4）红色仅仅是存在于你大脑中的一种感觉，在客观世界里不存在"红色"。

（　）

（5）躁郁症是由于潜意识层面的冲突造成的。　　　　（　）

（6）新生儿的头脑是一块白板，他所知道的任何事情都是通过经验习得的。

（　）

（7）我们生活中所发生的任何事情都会在记忆中留下永恒的记录。（　）

（8）你出生的时候，就已经具备了将来会用到的所有脑细胞。　　　　（　）

（9）智力几乎是一种纯粹的遗传特质，并且一生都固定在某个水平上。（　）

（10）由于测谎仪能够非常准确地测量被测者的生理反应，因此一位受过专业训练的检测者能够准确地指出嫌疑人是否在说谎。（　）

答案：前4个陈述是正确的，其余的是错误的。下面是对于每一题答案的简要解释。

（1）正确。这种说法没有根据。脑的各部分我们每天都要使用。

（2）正确。在梦境清晰的时候，也就是快速眼动期的睡眠阶段，除了控制眼球的肌肉以外，身体其他的肌肉都是不能活动的。

（3）正确。人的生理和心理是密切相关的，因此当你长期处于心理压力之下就会患有生理疾病。

（4）正确。也许听起来不可思议，有关颜色的任何感觉都是大脑创造出来的。虽然不同颜色的光的确具有不同的频率，但是它们本来并没有颜色。大脑将不同频率的光解读为不同颜色的光。

（5）错误。根本没有证据显示潜意识的冲突导致了躁郁症，倒是有证据显示造成这一心理疾病的"凶手"是一种生物化学物质。某些药物能够非常有效地治疗这种疾病，这说明该病病因与脑内某些致病的化学物质有关；而且研究还发现，这些化学物质的形成机制可能是遗传的。

（6）错误。新生儿的头脑远不是一块白板，而是已经具备了许多天生的能力和条件反射。这种认为新生儿的头脑是白板的说法忽略了由基因遗传下来的能力。

（7）错误。虽然我们能够记住生活中的许多细节，但是并没有证据显示我们可以记录所有的细节。其实，我们有充分的理由相信周遭的大部分信息根本就没有被我们记录，即便是被记录的信息也往往会被记忆所扭曲。

（8）错误。与科学家前些年所持观点相反，脑的一些部分将在一生中不断创造新的脑细胞。

（9）错误。智力受到遗传因素和环境因素的双重影响。正是因为智力部分取决于环境，因此你的智力水平（由智商测试测得）可以在一生中不断变化。

（10）错误。即便是最专业的测谎专家也可能误认为说实话的人在说谎，而放过真正的说谎者。客观的证据说明测谎仪并不可靠。

二、心理学的构成

1. 一切都起源于希腊

作为一门学问开始探究"心理活动是什么？"并且有历史记录可查的时期可以追溯到古希腊。最早系统描述心理活动的著作是哲学家亚里士多德的《灵魂论》。亚里士多德是生于公元前300年左右的人物，也就是说书中所讲述的内容也有2300年以上的历史了。真正以心理学命名的著作是1732年出版的沃尔夫的《心理学》，在这两者之间有一段相当长的历史空白。

古希腊时期产生了各种各样的学说，其中哲学家笛卡儿已经想到了大脑是心理活动的中心这一问题。当然，他的图示仅仅是一个简单的模型。

2．从生理学诞生出来的关于"感觉"的学问

在人类不断探究心理活动的长达2000年的时间里，对"身体"构造的研究突飞猛进。19世纪时生理学领域的研究就已经明确了脑和神经的区别。

虽然生理学也把"感觉"作为研究对象，但是物理学家费希纳已经注意到，物理刺激的量与感觉的量并非简单的一对一关系。例如，在一个黑暗的房间里，你会感到手电筒的灯光十分明亮，但如果是在一个明亮的房间里，就不会感到那么亮了，所以感觉是带有主观成分的。费希纳所研究的心理物理学从物理学观点出发研究感觉的特质，因此可以说为科学的心理学奠定了基础。

3．关注意识的冯特

19世纪中叶，德国心理学家冯特将以前作为哲学和心理学的一部分进行研究的"心理"问题进行了总结，标志着"心理学"开始成为一门单独的学科体系。1879年他在世界上首创心理学实验室并得到社会承认，因此这一年被称为"心理学独立年"。

冯特对心理物理学所提出的"感觉的主观性质"进行了更深入的思考，称其为"意识"。他的研究对象是人们"如何感觉"所看到和听到的事物。由于他的目标是与此前的哲学完全脱离的客观的科学，所以必须尽量排除意识的主观性。那么冯特究竟是如何解决这个问题的呢？

4．实验心理学的方法

冯特所选择的方法就是实验。心理学上所说的实验即"观察在各种条件下出现的反应"。在制定好的条件下进行实验，通过收集被试者的意识体验报告，对得到的意识内容进行客观分析。这和检查视力时让被检查者指出左、右，从而得到客观数据是十分相似的。

尽管冯特积极地研究了被其命名为"意识"的更具精神性的内容，但是由于他是从比较简单的构成方式出发进行思考的，因此有人评价他的研究说："最后他所做的不过是对感觉的测定"。然而，不可否认的是，他使心理学独立出来，是奠定了现代心理学基础的一位伟大人物。

5．弗洛伊德对"无意识"的认识

冯特的研究在科学性上出类拔萃，一时间受到人们的瞩目，而同时在其研究领域内也出现了各种批判的声音。对冯特的批判者中最著名的就是一直提倡精神分析

学的精神科医生弗洛伊德。他的思想对众多领域都有影响，但是其中最受人关注的还是他对"无意识"的重视。也就是说，人们的行为并不是全部都通过意识支配的。弗洛伊德将"梦"和"口误"也作为无意识存在的证据，并认为其对于研究心理活动有着极其重要的意义。

精神分析学是在对精神病患者的实际治疗中产生的实践性学问，提供了很多无法通过实验得到的理论和知识。

6. 矛盾中的自己

弗洛伊德提出了很多理论，让我们一起看看其中最具代表性的理论。他假设心理结构分为本我、自我和超我3个部分。

本我就是沉睡在心理最底层的无意识的代表，它只考虑自己想做的事情，是人类最任性的本能的部分。与此相对的超我是在各种教育中不断成长，严密地监视着本我，追求理想的理性部分。自我则是相对来说具有更多意识的部分，为了在现实中生存而不断调整本我与超我之间的对立，化解其间的矛盾。为了健康的心理，必须要保持这3个部分的平衡，一旦这种平衡被破坏，就可能造成人格分裂。

7. 华生：忘记"心理"吧

无论是意识还是无意识，冯特和弗洛伊德所研究的仍然还是心理内部的问题。这时再次给心理学界带来震撼的华生出现了，他摒弃了此前心理学锲而不舍地进行研究的"心理"这个主题，而仅仅将"行为"作为研究对象，抛出了行为主义心理学的研究方法。他最著名的主张就是只要继续把"心理"作为研究对象，就不可避免其主观性的部分，也就不能使心理学成为一门具有科学性的学问。的确，将行为作为研究对象的话就不用区分意识和无意识，能进行更为广阔的心理学研究。但是，华生仅仅从"外界信息（刺激）"和"对信息的自然反应"的角度来研究人类行为，这种想法过于简单和机械化，因此受到众多心理学家的批判。

8. 阿尔伯特为什么讨厌小白鼠？

我们通过华生的一个著名的实验来看他对于"行为"的思考方法。

首先他找到了一个名叫阿尔伯特的男孩，他本来很喜欢小白鼠，在实验中当给他看小白鼠的同时故意用很大的声音吓唬他。反复几次之后，阿尔伯特就算没有听到声音，看到小白鼠也会觉得害怕。华生解释为"如此就把小白鼠和恐怖联系起来了"。他认为人们的行为就是由众多这种简单的"联系"构成的。

9. 重新审视心理

自从华生提出了基于"行为"的科学研究方法后，心理学有了突飞猛进的发展。

但同时,"行为"的复杂性也被指出。例如,行为并不是像华生所认为的那样,都是受到外界刺激才会产生的,有些时候行为是自发产生的,还有一些时候如果没有必要就不会产生行为。结论是如果不研究"心理活动"就无法超越心理学发展的界限。因此,研究者们在避免重复过去痛苦失败的前提下,又慎重地重新展开了对"心理活动"的研究。

10. 如果有心理活动的话

"如果有心理活动的话,那它是什么样的呢?"从这个假设出发,产生了被广泛地称为"认知心理学"的方法,它是现在最主流的方法论。以这种方法论为指导的学者以此前的心理学知识为基础,不时展开全新的构想,为了说明"为什么产生这样的行为"而假想了一个"心理活动构成模型",然后通过一个个实验来验证这个模型是否正确。

认知心理学的发展有赖于大脑生理学和计算机技术的进步。因为"大脑是像计算机一样处理信息的器官。这样,这个处理的过程就可以称为心理活动"。就像笛卡儿从空气动力学的角度研究心理活动一样,对事物的研究方法一定带有那个时代的印记。

三、心理学的研究方法

1. 实验法

自从冯特提出实验心理学以来,实验就被认为是心理学研究中最具科学性的方法,时至今日它依然是相当重要的研究方法。但是由于能够进行实验的环境和能够观察到的反应都是有限的,因此它的弱点就是只能捕捉到个体一部分的心理活动。

2. 观察法

虽然实验是一种有效、科学的研究方法,但是也并不是说什么样的行为都能通过实验引发出来。有人可能会因为接受测试而紧张,反而不会产生什么行为。

观察法是一种对在正常环境中产生的自然行为进行调查的方法。研究儿童行为时经常会使用这种方法。

3. 调查法

这是一种针对实验室中难以处理的问题,或现实社会中出现的一些现象,通过广泛的问卷调查等收集到大量资料,然后对结果进行分析的研究方法。"民意测验"也是调查法之一。

第一章 民航服务心理学基础知识

4. 个案法

这是临床心理学最主要的研究方法。将某一个体作为研究的重点,通过对其性格、家庭环境等的研究调查,分析他(她)在实际治疗过程中心理或行为上的变化,从而为治疗提供帮助。与其他的研究方法不同,它所研究的不是心理活动的一般法则,而是个体的特殊性,缺点是研究者容易把自己的主观意识加进去。

四、心理学的基础领域

1. 生理心理学

生理心理学研究心理现象的生理机制,主要指各种感官的机制、神经系统(特别是脑)的机制、内分泌腺对行为的调节机制、遗传在行为中的作用等。生理心理学以脑的形态和功能参数为自变量,观察在不同生理状态下,行为或心理活动的变化。例如,损伤海马体会引起遗忘,刺激颞叶会使人回忆起童年的事情等。这些研究对揭示心理现象和它的物质本体——神经的关系,科学地解释各种心理现象,进而指导临床实践都有重要的意义。

2. 普通心理学

普通心理学是研究正常成人的心理过程和个性心理特征的一般规律的学科,是心理学最基本、最重要的基础研究。普通心理学研究心理过程的发生、发展和个性心理特征形成的最一般的理论和规律,建立心理学研究最一般的方法论原则和具体的方法。普通心理学既包括过去研究中已经确定的、为科学实践所证实并为科学家所公认的理论和规律,也包括虽不一定为大家所公认,但却有重大影响的学派的理论和学说,还包括处于科学发展前沿的新成果和新发现。因此,普通心理学的内容不是一成不变的。它在已形成的理论体系上,不断地充实着新的内容,并且由于心理学尚属一门较新的科学,这一点尤为重要。

在普通心理学的范围内,按照心理活动的基本过程和个性心理特征,还可将其分为知觉心理学、情感心理学、学习心理学等很多分支基础学科。

3. 认知心理学

20世纪中期,世界科学史上诞生了探索人类智慧产生和发展的前沿性尖端科学——认知科学。认知科学的诞生,受到了计算机科学、语言学和神经科学等的影响,它是关于人类心智的多学科、跨学科的合作性研究,由心理学、计算机科学、语言学、人类学、神经科学和哲学六个领域组成。认知心理学作为认知科学的核心学科之一,对人类的认知活动过程及其心理机制进行探讨。

认知心理学自诞生以来得到了迅速发展,其影响力在心理学发展过程中是罕见的，也是过去任何一个心理学思潮或流派都无法比拟的。当代认知心理学的产生，不仅具有深远的历史渊源，有心理学百年来内部矛盾发展的根本原因，而且还是现代科学技术的迅速发展对其施加影响的结果，如控制论、信息论、计算机科学和语言学等。可以这么说，没有现代科学技术的发展，认知心理学不会出现，至少不会发展到现在这样的形态。

五、心理学的应用领域

1. 发展心理学

发展心理学是研究人类个体心理发展的科学，又常被称为毕生发展心理学。毕生发展心理学按照人生的阶段，分成婴幼儿心理学、儿童心理学、少年心理学、青年心理学、成年心理学、中年心理学和老年心理学。毕生发展心理学探讨各个年龄阶段的心理特征并揭示个体心理从一个年龄阶段发展到另一个年龄阶段的规律。儿童及青少年时期是个体生长、发育的时期，是长身体、长知识的时期。了解儿童心理发展的规律，有助于儿童的教育和培养工作。近20年来，由于儿童心理学研究的发展，人们对早期教育的重要性有了进一步认识，这对各国教育事业的改革和发展、人才的培养，产生了深远的影响。

2. 教育心理学

教育心理学研究教育过程中所包含的各种心理现象，揭示教育同心理发展的相互关系。教育心理学研究的主要问题包括受教育者道德品质的形成、知识与技能的掌握、心理的个别差异和受教育者的心理品质及其形成等。教育心理学的研究直接关系到教育的改革、人才的培养及选拔，因而在我国现代化建设中有重要意义。从20世纪60年代以来，美国的教育心理学工作者提出了一系列教育改革的原理与原则，推动了美国教育事业的发展。我国近年来涌现的一些教改实验，也和教育心理学的深入研究有着密切的关系。

3. 人格心理学

人格心理学可简单定义为研究一个人所特有的行为模式的心理学。"Personality"一般都会被译为"性格"，心理学界则把它译为"人格"。"人格"不单包括性格，还包括信念、自我观念等。准确地说，"人格"是指一个人一致的行为特征的群集。人格的组成特征因人而异，因此每个人都有其独特性。这种独特性致使每个人在同一情况下都可能有不同反应。人格心理学家会研究人格的构成特征，从而预计它对塑造人类行为和人生事件的影响。

4. 心理异常研究、临床心理学

心理异常可由遗传和社会适应不良而产生。临床心理学是研究心理异常的发生原因、发病机制、症状与诊断、预防与治疗的学科，并从中分出心理治疗与心理咨询等面向社会和医疗服务的专门事业。临床心理学研究的对象既包括严重的心理变态疾病（如精神分裂症），也包括轻度的单纯由心理因素所引起的神经症（如神经性焦虑）或忧郁症，还包括由心理因素所引起的躯体疾病（如高血压，后者称为心身医学；并从治疗的角度研究病因、诊断与预防，形成一门新兴的健康心理学。

对心理异常的研究，不仅对医疗实践有重要作用，而且从异常与正常的比较中，可以揭示心理的工作机制。因此，从学科的观点和学术研究的角度，对心理异常的病因、机制、诊断与治疗方面的研究，称为变态心理学。

5. 犯罪、不良行为心理学

犯罪心理学是研究犯罪行为以及处理犯罪行为中的心理学问题的学科。它涉及犯罪、侦查、审讯以及改造罪犯等过程，以及对犯罪原因、侦讯技术、改造手段的研究。侦查和审讯人员应具备的心理素质和心理技能也是研究的组成部分。不良行为心理学着重研究犯罪行为的心理原因。青少年犯的心理特点、心理动机、个体人格和情绪特征是研究的重要方面。对罪犯的个人成长背景及家庭、学校、社会的致犯罪因素等方面也要进行调查研究。

6. 社会、工业心理学

社会心理学是系统研究社会心理与社会行为的科学。它研究大团体中的社会心理现象，如社会情绪、阶级和民族心理、宗教心理、社会交往与人际关系等；也研究小团体中的社会心理现象，如团体内的人际关系、心理相容、团体气氛、领导与被领导、团体的团结与价值取向等。社会心理学还研究人格的社会心理学问题，如人格倾向性、自我评价、自尊和自重等。社会心理学的应用范围很广泛，对它的研究有助于解决生产管理和劳动的科学组织、生产集体的形成、新工人的适应、群众性的信息沟通与宣传、对年轻一代的教育、预防违法行为和对罪犯进行再教育，以及家庭组织、婚姻、恋爱等问题。

工程心理学与管理心理学统称为工业心理学。工程心理学是心理学与现代工程科学相结合的产物。它研究人与机器之间的配置和机能协调，实现人、机器、环境系统的最佳匹配，使人能在安全有效的条件下从事工作。这种研究有利于改善工人的劳动条件，保障生产的安全，发挥人在生产过程中的积极作用，提高产品的数量和质量。管理心理学以企业中的人际关系为研究对象，如企业中的群体、组织人事管理和产品经销中的心理学问题。这种研究对改善企业的管理工作有重要意义。

7. 运动心理学

运动心理学研究体育活动和竞赛活动所涉及的心理学问题。在一般的体育运动中，研究各种体育运动所涉及的骨胳肌肉系统的解剖特点和器官活动的灵敏度与感受性以及受意识支配的能力，研究运动技能和技巧形成的一般规律。在运动竞赛中，研究竞赛条件下应具备的情绪特征、意志品质和人格特点，以及竞赛中的动机水平、情绪状态对运动技能发生的影响。在运动员选拔方面，心理选拔和测量方法的制定也是重要的研究领域。

第四节 民航服务心理学概述

一、民航服务心理学是什么

民航服务心理学就是在民航服务工作中运用心理学的知识，更好地为乘客服务的一门心理学应用学科。

民航服务心理学与其他心理学之间既有区别又有相同的理论基础，需要辩证统一地进行学习和应用。

1. 普通心理学

它与民航服务心理学的主要区别是：前者是基础理论，后者是基础理论在民航服务过程中的应用，一个是基础学科，一个是应用学科。

2. 社会心理学

它是探讨基础群体心理理论的基础学科，而民航服务心理学则是研究这些群体心理理论在民航服务过程中具体表现的应用学科。

3. 管理心理学

二者的关系是：民航服务心理学是管理心理学基本理论和研究成果在民航服务过程中的具体反映。

学习民航服务心理学具有十分重要的意义。首先，学习民航服务心理学是民航企业生存和发展的需要。其次，学习民航服务心理学是民航服务工作的内在要求。再者，学习民航服务心理学是从根本上提高民航服务质量的关键。最后，学习民航服务心理学有助于民航服务人员了解自我、完善自我。

二、在民航服务中运用心理学知识

在民航服务中应用心理学知识，就能更好地了解乘客心理，更好地为乘客服务。

1. 从众心理

在新闻中，我们多次看到由于受天气影响飞机无法正常起降，发生大面积航班延误和取消时，部分乘客情绪激动，出现了冲击柜台、打砸电话电脑、阻挡其他乘客登机等过激行为的新闻报道。近年来冲击机场的非正常事件屡有发生，甚至还有乘客阻挡飞机起飞的极端事件发生。这些过激事件的发生，原因是多方面的，既有社会沟通层面的，也有乘客素质方面的，还有管理不善、惩戒不到位等各种因素。在这里，我们用心理学知识来分析一下。

从众是指个人的观念与行为由于群体的引导或压力，而向与大多数人相一致的方向变化的现象。学者阿希曾进行过从众心理实验，结果在被测试人群中仅有1/4～1/3的被试者没有发生过从众行为，保持了独立性，可见从众是一种常见的心理现象。从众性是与独立性相对立的一种意志品质，从众性强的人缺乏主见，易受暗示，容易不加分析地接受别人意见并付诸实行。

生活中有不少从众的人，也有一些专门利用人们从众心理来达到某种目的的人，某些商业广告就是利用人们的从众心理，把自己的商品炒热，从而达到销售目的。生活中也确有些震撼人心的大事会引起轰动效应，群众竞相传播、议论、参与，但也有许多情况是因人为的宣传、渲染而引起大众关注的。常常是舆论一"炒"，人们就爱跟着"热"。广告宣传、新闻媒体报道本属平常之事，但有从众心理的人就常会跟着"凑热闹"。

从众现象在我们生活中比比皆是。大街上有两个人在吵架，这本不是什么大事，结果，围观的人越来越多，最后连交通也堵塞了。

拓展案例

美国人詹姆斯·瑟伯著有一段十分传神的文字，来描述人的从众心理：突然，一个人跑了起来，也许是他猛然想起了与情人的约会，并且已经迟到了。不管他想些什么吧，反正他在大街上跑了起来，向东跑去。另一个人也跑了起来，这可能是个兴致勃勃的报童。第三个人，一个有急事的胖胖的绅士，也小跑起来……十分钟之内，这条大街上所有的人都跑了起来。嘈杂的声音逐渐清晰了，可以听清"大堤"这个词。"决堤了！"这充满恐惧的声音，可能是电车上一位老妇人喊的，或许是一个交通警说的，也可能是一个男孩子说的。没有人知道是谁说的，也没有人知道真正发生了什么事。但是两千多人都突然奔逃起来。"向东！"人群喊叫了起来。东边远离大河，东边安全。"向东去！向东去！"

从众行为表现在方方面面，工作中、生活中、学习中都存在。我们了解人的从众心理，并恰当地处理其行为，是很有意义的。因此，对于民航服务人员来说，了解了人的从众心理，对改善和提高自己的工作水平，是很有帮助的。

（1）什么样的人容易产生从众心理？一般来说，女性从众多于男性；性格内向、自卑的人从众多于外向、自信的人；文化程度低的人从众多于文化程度高的人；年龄小的人从众多于年龄大的人；社会阅历浅的人从众多于社会阅历丰富的人。

（2）什么样的情况下人容易产生从众心理？第一，当情境模糊不清时，这是最关键的变量，决定着人们在多大程度上会以别人作为信息的来源。当人们不确定什么是正确的反应、适当的行为、正确的观点时，最容易受到他人的影响。你越是不确定，就会越依赖他人。第二，当处于危急时刻，危急是另一个促使人们以别人作为信息来源的因素，而且常常与模糊情境同时发生。在危急时刻，我们通常没有时间可以停下来思考应该采取什么行动，但我们又需要立即行动，因此就很自然地去观察别人的反应，然后照着做。第三，当别人是权威人士时，一般地，一个人在他人眼里越有权威，则在模糊情境下别人越可能跟从于他。例如，一名乘客看到飞机的引擎正在冒烟，他可能会去观察飞机乘务员的反应，而不是他身边乘客的反应。个人在群体中的地位的高低可在群体结构中得到反映。居于较低地位的群体成员常常感到高地位者施加给他们的从众压力，人们往往愿意听从权威者的意见，而忽视一般成员的观点。高地位者之所以能影响低地位者，使之屈服于群体规范，是因为他被认为有权和有能力酬赏从众者而处罚歧异者，此外高地位者比低地位者显得比较自信、能干、经验丰富，能得到比较多的信息，这样，就赢得了低地位者的信赖。因此，一般来说，群体中那些地位越高的人，越不容易屈服于群体的压力，反之，个体的地位越低，就越容易发生从众行为。第四，群体凝聚力较强时，一般情况下，群体的凝聚力越强，群体成员之间的依赖性、意见的一致性及对群体规范的从众倾向就越强烈，个体越有可能为了群体的利益而放弃个人的意见，与群体的意见保持一致。相反，如果群体是一个松散群体，群体成员之间的意见存在分歧，则群体中个人的从众行为就会大大减少。第五，群体达到一定规模。群体规模影响从众行为，但也并不是群体规模越大则群体带来的压力越大，研究表明，由三四个人形成的群体对群体成员的从众行为影响最大。

根据对从众心理的了解，我们可以知道，民航服务要加强，需要改进机场或航空公司的管理。乘客冲击机场等负面的从众行为不总是来自于航班延误，而时常来自于信息的传递不完善或闭塞。从传播机制来看，航班延误时期的机场，是一个半封闭的"场"，若信息不畅，负面情绪一旦滋生，便很容易通过语言、肢体等进行传播，影响到整个"场"的情绪。消除群体不良从众行为的产生，沟通引导很重要。实际上绝大多数乘客对于因天气原因造成的航班延误或取消常常是有心理准备的，只要沟通到位，进行正确的信息宣传和引导，一些突发情况是可以避免的。

拓展案例

在应对航班延误方面，新加坡樟宜机场的做法值得借鉴。新加坡是国际物流中心、金融中心和购物中心等，樟宜机场是亚洲主要的航空枢纽、民用机场，也是世界上最繁忙的货运机场之一。虽然在新加坡下雨是家常便饭，但在巨大吞吐量面前，樟宜机场仍然能够保持高效、有序运转，航班的准点率有目共睹。即便航班因极端天气、目的地机场拒降等原因造成延误，机场和航空公司也会安排人员及时向乘客解释说明。与此同时，新加坡航空公司对航班延误有明确的投诉渠道，服务人员热情周到，会尽力协助乘客减少损失，比如食宿、交通，以及提升乘客的舱位水准等。除此以外，机场还会以丰富的购物、饮食、游玩设施，帮助旅客化解疲劳。

航班的延误有诸多因素，但从航班延误到机场群体性事件的滋生还有一段距离，如果了解乘客心理，正确沟通引导，虽然不一定能够完全解决问题，至少会降低打砸机场柜台等恶性事件的发生概率。当然，对于乘客来说，如果机场、航空公司已经尽其所能，解释到位，服务合格，多数乘客也会给予理解与配合。

2. 旁观者效应

旁观者效应是一种社会心理学现象，指在紧急情况时由于有他人在场而没有对受害者提供帮助的情况。救助行为出现的可能与在场旁观人数成反比，即旁观人数越多，救助行为出现的可能性就越小。

在美国纽约郊外某公寓前，曾经有一位叫朱诺比白的年轻女子在结束酒吧间工作回家的路上遇刺。当时她绝望地喊叫："有人要杀人啦！救命！救命！"听到喊叫声，附近住户亮起了灯，打开了窗户，凶手吓跑了。当一切恢复平静后，凶手又返回行凶。当她又叫喊时，附近的住户又打开了电灯，凶手又逃跑了。当她认为已经无事，回到自己家上楼时，凶手又一次出现在她面前，将她杀死在楼梯上。在这个过程中，尽管她大声呼救，她的邻居中至少有38位到窗前观看，但无一人来救她，甚至无一人打电话报警。这件事引起纽约社会的轰动，也引起了社会心理学工作者的重视和思考。人们把这种众多的旁观者见死不救的现象称为旁观者效应。

对于旁观者效应形成的原因，心理学家进行了大量的实验和调查，结果发现：这种现象不能仅仅说是众人冷酷无情或道德日益沦丧的表现。因为在不同的场合，人们的援助行为确实是不同的。当一个人遇到紧急情况时，如果只有一个人能提供帮助，他会清醒地意识到自己的责任，对受难者给予帮助。如果他见死不救，会产生罪恶感、内疚感，这需要付出很高的心理代价；而如果有许多人在场的话，帮助求助者的责任就由大家来分担，造成责任分散，每个人分担的责任很少，旁观者甚至可能连他自己的那一份责任也意识不到，从而产生一种"我不去救，由别人去救"的心理，造成"集体冷漠"的局面。

如何打破"集体冷漠"局面，这是心理学家正在研究的一个重要课题。在执行民航服务工作任务或者日常生活中，我们也可能遇到突发事件需要他人帮助，如果你认为有人可能需要帮助，就应果断采取行动。如果现场还有其他人，你要意识到大家的第一反应都是推卸责任，只要意识到这一点，你就会担起责任。当你还需要发动更多的人一起帮忙时，你要指定具体的一个人上去救人，另外一个人打电话报警——具体的指定会打消人们推卸责任的心理。如果你不幸成了受害者，需要别人的帮忙，一定要让周围的人明确知道这是危急状况。你要主动让旁观者中的一个人感到有责任帮你渡过难关——在一大群看客围观之下，我们以为大声求救肯定会有人出手，但正确的做法是死死盯住一个人，向着他恳求，告诉他你需要帮忙。这会让他突然感到帮你是责无旁贷的，而且会带动其他人帮忙。比如在航班中出现突发情况，高呼"大家帮帮忙"不如明确地说出"这位男士请你帮助我扶住跌倒的女士""旁边的这位大姐可以帮忙把外套盖在这位女士身上吗"等。

心理学知识在日常的生活以及工作中应用很广泛，在这里就不逐一详细解释其应用方法了，也希望大家在本书的学习中，能够对心理学知识活学活用，使你的民航服务工作更得心应手。下面来了解帮助我们在紧张的工作中进行调节的心理学方法。

三、自律训练法

1. 简单的放松方法

一说到心理疗法，我们立刻就会想到去找心理治疗师或是去看精神科医生，进而接受什么特别的治疗，但是其实也存在一些平时我们在家里就可以进行的事项。下面就来介绍一种每天只要在家里重复数次就能达到精神放松效果的放松方法，称为自律训练法。这个方法是德国精神科医生舒尔茨发明的，有缓解精神紧张和增强集中力的效果，同时也对促进健康有着很大作用。

2. 自律训练法的基础

实行自律训练法不需要准备任何物品，只需要一个平静的环境，几分钟的放松时间。抬头挺胸坐好，闭目，放松全身。至此，准备工作已经基本完成，接下来就将进入实际的训练中了。必须做的事情只有一件，就是在头脑中反复诵读"公式"。

"公式"实际上是表示人在放松状态下身体状况的语句。不断重复某个公式，就能注意到自己的身体状态。如果符合了一个公式，那么就接着向下一个公式进发。

或许一开始很多人无法很快适应，所以当进行到3分钟左右时就先休息一下，等习惯之后就改为10～15分钟休息一次。结束的时候需要不断做扩胸和伸拉背部的动作。目标定为每天3次。最重要的就是要持之以恒。如果坚持每天训练，总会有一天忽然感到自己已经获得了轻松的状态。

3. 自律训练法的基本练习

背景公式（平静练习）——"让心情平静下来"。

（1）第一公式（重感练习）——"双手双脚感觉到重感"。

如果不能适应，那么就以"感到右手重""感到左手重""感到双手都重"的顺序，一部分一部分地进行。

（2）第二公式（温感练习）——"双手双脚感到温暖"。

与重感练习相同，如果一时无法适应则分部分循序渐进。

（3）第三公式（心律调整）——"心静，让心脏有规律地跳动"。

（4）第四公式（呼吸调整）——"深呼吸"。

（5）第五公式（腹部温感练习）——"感觉到腹部温暖"。

（6）第六公式（额头凉感练习）——"感到额头凉爽"。

4. 自律训练法的要点

（1）首先把手中的事情全部做完。

（2）营造一个平静的环境。

（3）如果是在没有暗示的情况下就出现了实验要求的状态则视为无效。

（4）在头脑中不断重复公式，并确认身体已经有了相应的感觉。

（5）戒骄戒躁。最重要的是要一直坚持。

心理学知识

生活中的心理学——心理学家和精神科医生的区别

学生们有时会担心他们的心理学老师会对他们进行精神分析。显然，他们认为心理学家总是时刻保持警惕，等待着心理疾病信号的出现。人们总是以为所有的心理学家都是临床心理学家。这种看法只是种刻板印象，事实上，许多心理学家根本没有接受过诊断和治疗心理障碍的专业训练。

让大众搞不清的另一点是心理学和精神病学的区别：精神病学（Psychiatry）是医学而不是心理学的一个专业。精神科医生拥有医学学位，并且接受过治疗精神和行为疾病的专业训练，因此，精神科医生拥有行医和开具处方的权利，所以，精神科医生往往从医学的角度来审视病人。然而，在大众的心目中，精神病学往往和临床心理学混为一谈，因为两种行业的从业人员治疗的都是饱受心理障碍折磨的人。心理学家要指出的是，虽然精神病学专业训练重视心理疾患，但对于心理学的一些基本内容却只是一笔带过，这些内容包括感知、学习、心理测试和发展等。

与精神病学相比，心理学所涵盖的内容更为广泛，并包括许多不同的专业。每一个专业，如实验心理学、工程心理学、心理学教学和工业组织心理学等都有各自关心的问题。我们已经看到，大多数专业领域并不涉及心理障碍的诊断和治疗。此外，虽然心理学家也拥有学位，但他们所接受的训练并不是医学训练。只有少数心理学家为了获得治疗心理疾病的处方权而学习必要的医学课程。心理学研究生阶段的训练主要集中在研究方法和特定心理学领域的高级专业学习上。

心理学知识

容易得心脏病的 A 型性格

在日本，心脏病患者的死亡率仅次于癌症患者，心脏病与脑中风、癌症一起被称为日本人的三大死因。因心脏病死亡的人数占了总死亡人数的近 20%，我们不得不承认心脏病是一种重大的疾病。虽说统称为心脏病，但它又分为很多种，其中大家都知道的心绞痛、心肌梗塞等冠状动脉疾病都和压力有关。

美国医生弗里德曼和罗森曼在调查饮食与冠状动脉疾病的关系失败后，开始正式研究压力与心脏病的关系。弗里德曼注意到，心脏病候诊室的椅子前半部分磨损异常严重。他观察了候诊室患者的行为，发现不少患者就连在候诊时间里都显得焦躁不安，一会站起来一会又稍欠身坐到椅子边上。以此为契机，弗里德曼认识到容易感到压力的特定性格及行为可以引起冠状动脉疾病。

这种性格的主要特征就是：①攻击性，②有被时间追赶的感觉，③竞争性，④精力旺盛。弗里德曼和罗森曼将这些热血白领式的行为特征称为 A 型行为模式。他们在调查中发现，具有 A 型行为模式的人患冠状动脉疾病的概率是其他人的两倍以上。A 型行为模式中，攻击性方面受到特别关注，人们正在进行更为详细的研究。

本单元小结

（1）常用的心理学研究方法包括实验法、观察法、调查法和个案法。

（2）心理学包括基础心理学与应用心理学两大领域，基础心理学可以简单划分为生理心理学、普通心理学、认知心理学等，应用心理学包括发展心理学、教育心理学、异常心理学、犯罪心理学、社会心理学、工业心理学、健康心理学、运动心理学等，还有很多与社会实践相结合的应用。

（3）民航服务心理学就是在民航服务工作中运用心理学的知识，更好地为乘客服务的一门心理学应用学科。

（4）根据乘客可能出现的从众心理及旁观者效应，在遇到问题时积极引导，需要帮助时指定人员。运用自律训练法缓解心理紧张。

（5）服务是一方能够向另一方提供的任何一项活动的过程和结果。它本质上是

无形的，并且不会造成所有权的转移。

（6）服务的特征：无形性、品质差异性、不可分离性、可储存性，服务缺乏所有权。

（7）民航服务是指以民航的各类设施为依托，将有形的技术服务和无形的个人影响力及情感传递融为一体的综合性活动。

（8）民航运输服务一般具有以下的特点：第一，高接触性服务，旅客全程参与的服务，服务者的任何失误都会直接暴露在旅客面前；第二，灵活性服务，民航运输服务岗位工作的灵活性在于其服务对象、服务场景的多变性；第三，创造性服务，民航运输服务岗位的现有服务程序并不可能囊括将要面对的所有服务环节，尤其是对于一些服务细节的处理更需要员工发挥创造力；第四，主动性服务，主动服务是一种发自内心、充满真情实意的服务。

（9）服务意识是指企业全体员工在与本企业利益相关的一切人或企业的交往中所体现的为其提供热情、周到、主动的服务的欲望和意识。

思考与讨论

一、填空题

（1）心理学是一门涵盖多种专业领域的科学，但就其根本而言，心理学是一种研究＿＿＿＿＿＿和＿＿＿＿＿＿的科学。

（2）常用的心理学研究方法包括＿＿＿＿＿＿、＿＿＿＿＿＿、＿＿＿＿＿＿和＿＿＿＿＿＿。

（3）弗洛伊德最具代表性的理论中假设心理结构分为＿＿＿＿、＿＿＿＿和＿＿＿＿3个部分。

（4）从众是指＿＿＿＿的观念与行为由于＿＿＿＿的引导或压力，而向与大多数人相一致的方向变化的现象。

（5）旁观者效应是一种＿＿＿＿心理学现象，指在紧急情况时由于＿＿＿＿而没有对受害者提供帮助的情况。救助行为出现的可能与在场旁观人数成＿＿＿＿，即旁观人数越＿＿＿＿，救助行为出现的可能性就越小。

（6）服务的英语单词为＿＿＿＿，我们可以从每一个字母代表的含义来理解：第一个字母S，即＿＿＿＿，其含义是服务员要为每位客人提供＿＿＿＿；第二个字母E，即＿＿＿＿，其含义是服务员要将每一项＿＿＿＿；第三个字母R，即＿＿＿＿，其含义是服务员要＿＿＿＿；第四个字母V，即＿＿＿＿，其含义是服务员要把每一位客人都看成是＿＿＿＿；第五个字母I，即＿＿＿＿，其含义是服务员在每一次服务结束时，都要＿＿＿＿；第六个字母C，即＿＿＿＿，其含义是每一位服务员要精心创造出＿＿＿＿；第七个字母E，即＿＿＿＿，其含义是每一位服务员始终要用_____。

（7）服务的特征：_____、品质差异性、_____、可储存性、_____。

（8）民航服务是指以民航的各类设施为依托，将_____和无形的_____及_____融为一体的综合性活动。

（9）服务意识是指企业全体员工在与本企业利益相关的一切人或企业的交往中所体现的为其提供_____、_____、主动的服务的_____。

二、简答题

（1）心理学的主要研究方法有哪些？
（2）基础心理学有哪些分支？
（3）讨论在生活中现代心理学应用的一些分支。
（4）什么样的人容易产生从众心理？
（5）什么样的情况下人容易产生从众心理？
（6）简述民航运输服务具有哪些一般特点。
（7）简述如何提升民航服务人员的服务意识。

三、训练项目

人格测试

在下面各特质中，从左到右的 7 个数字代表从左面的态度到右面态度的符合程度，你认为哪个数字最符合你的行为特点？

（1）不在意约会时间 1 2 3 4 5 6 7 8 从不迟到
（2）无争强好胜心 1 2 3 4 5 6 7 8 争强好胜
（3）从不感觉仓促 1 2 3 4 5 6 7 8 总是匆匆忙忙
（4）一时只做一事 1 2 3 4 5 6 7 8 同时要做好多事
（5）做事节奏平缓 1 2 3 4 5 6 7 8 节奏极快（吃饭、走路等）
（6）表达情感 1 2 3 4 5 6 7 8 压抑情感
（7）有许多爱好 1 2 3 4 5 6 7 8 除工作之外没有其他爱好

计分：累加 7 个问题的总分，分数高于 40 分，表明是极端的 A 型人格；分数低于 30 分，表明是极端的 B 型人格。

答案：_____

四、案例分析

案例一：

海航推出 Care More 特殊旅客关爱提升服务

近日，记者从海南航空股份有限公司（简称"海航"）官方网站了解到，海航最新推出了 Care More 特殊旅客关爱提升服务，主要面向携带婴儿的旅客及婴儿、孕妇、残障旅客、老年旅客、儿童旅客以及需要特殊设备的其他旅客等特殊旅客群体，旅客通过海航官方网站或者拨打特殊旅客专线，即可申请享受细致周到的特殊旅客专项服务。

为了给特殊旅客提供更贴心的服务，海航对特殊旅客的生理特点、心理特征和服务需求进行了深入的研究，并为其量身定制了个性化的全系列服务。针对行动不便的旅客，比如视力、听力、语言障碍旅客，孕妇、儿童、老年旅客等，海航为其提供个性化定制的点对点航班陪伴服务，做到向每一名旅客提供的服务都是唯一的。轮椅的申请截止时间缩短为航班起飞前24小时，担架申请截止时间缩短为航班起飞前48小时，有效保证旅客申请流程的快捷高效。根据孕妇、婴儿旅客乘机的特殊需求，空中服务增加各类母婴产品，32周（含）以上、36周（含）以下孕妇乘机申请截止时间缩短为航班起飞前60分钟，婴儿摇篮的申请截止时间缩短为航班起飞前24小时，让特殊旅客服务变得更具"人情味"，使旅客真切体会到出行乐趣和浓浓关爱。

另据海航客舱与地面服务部相关负责人介绍，海航 Care More 系列产品对比同类产品主要做到了六个方面的优化：包含的特殊旅客范围广、申请便捷高效、处置优先主动、产品丰富多样、信息传递流畅、特情及时掌控。为保证各项服务措施得到切实落实和执行，海航特别聘请了专业教员，在全公司范围内广泛开展了特殊旅客服务流程、礼仪、心理等一系列的专业培训，使员工能够充分了解特殊旅客的心理特点，熟练掌握与特殊旅客沟通的技巧和方法。

此外，记者还了解到，特殊旅客服务在国际上已有先进标准，但国内相关服务略显滞后，海航 Care More 系列产品全部对接国际标准，为中国航空公司服务标准国际化迈出了坚实的一步。通过多问一句、多看一眼、多做一点的无缝隙服务，关注及满足旅客的深层次需求，改变旅客期望，体现了海航普世仁爱的 Smile 服务精神，从"为他人做点事"当中折射出了企业社会责任和价值观。

案例思考：

（1）此案例体现了海航什么样的服务意识？

（2）海航还可以从哪些方面来提升地面服务人员的服务意识？

案例二：

某航空公司的上海至深圳航班发生延误，当时的地面服务人员在没有完全搞清楚延误原因的情况下，告诉旅客该航班是因为目的地机场的航班流量控制原因造成的延误。殊不知，有位 VIP 旅客马上给对方机场有关部门的一位朋友打电话，得知对方机场正常放行。这位 VIP 旅客大怒，说航空公司不诚信，飞机延误的真正原因为何不说清楚？这位旅客一时成了群众领袖，代表旅客与航空公司谈判，航空公司的地面服务人员面对此种场面感到十分尴尬。

案例思考：

（1）在上述案例中，地面服务人员在方法上存在哪些缺陷？

（2）依据心理学知识该如何妥善处理上述冲突事件？

案例三：

小悦悦事件发生于 2011 年 10 月，广东省佛山市南海区黄岐镇广佛五金城，一名 2 岁女童（小悦悦）在阴雨天黑夜独自跑出家门百米外后，先后被两辆汽车撞伤倒地，最初路过的 18 名行人未及时施救，唯第 19 名路人陈贤妹（生于 1953 年，佛山本地人，职业是清洁工）救起小悦悦，随后送往广州军区广州总医院急救。第二天两位肇事司机中的第一位自首。2011 年 10 月 21 日凌晨，小悦悦在广州军区广州总医院宣告抢救无效离世。

案例思考：

（1）这一事件反映了什么心理学现象？

（2）结合学习的知识谈谈你的看法。

第二章 民航服务与感觉、知觉

导入案例

2014年10月4日上午8时28分，南航CZ6929航班从长沙机场飞往乌鲁木齐，在起飞后不久，乘务员听到了第46排乘客的呼叫铃。乘务员发现按铃求助的乘客张女士怀里正抱着一名处于昏迷状态的女童，女童父亲许先生在一旁怎么呼唤，女童都没有回应。乘务长获悉后，赶紧拿来氧气瓶给女童吸氧，并广播寻找医生。幸好机内有一名来自新疆的医生。他随即用体温计、听诊器和血压计为女童诊断，初步确定病因是发烧引起的热惊厥。8时52分，医生使用冰袋为女童降温。9时，女童睁了一下眼睛，但仍处于昏迷状态，且手脚开始发凉。紧急关头，机长成城立即决定返航长沙。9时18分，飞机在长沙落地。此时，长沙黄花机场医疗急救中心的救护车早已在停机坪等候。经过医疗急救中心医生的简单救护后，女童在父母的陪护下，被迅速送往离机场最近的长沙市第八医院。截至下午13时，女童已经脱险，正住院观察，等待进一步检查结果。CZ6929航班返航后，于4日10时53分重新起飞。航班虽延误两个多小时，但机内乘客一致表示理解。

从上述案例可以看出，民航运输服务过程关系到每位旅客，服务人员必须时刻保持敏锐的观察能力，准确地感知旅客在运输过程中的状态，才能采取合理有效的措施来处理各种紧急事件。

学习目标

（1）了解感觉的定义和特征。
（2）掌握感觉和知觉的区别及影响知觉的因素。
（3）掌握旅客对于民航服务过程中的感觉、知觉主要体现在哪些方面。

第一节 感觉及知觉概述

一、感觉概述

心理学的研究对象是人的心理现象，心理现象包括心理过程和个性心理两个方面。心理过程中的认知过程，是人类获得各种知识和经验所表现出的心理活动，是心理活动的基础，主要包括感觉、知觉、记忆、想象和思维等。

日常生活中，我们常常会说到"感觉"这个词，如"我感觉这个人很不错，值得交朋友"等，这里的"感觉"的意思是"觉得、认为"，与心理学的专有名词"感觉"的意思并不相同。

1. 感觉的概念

在心理学中，感觉指人脑对直接作用于感觉器官的事物的个别属性的反应。因此，感觉是认知的起点，通过感觉可以获取事物具体的属性信息。

物体的属性包括颜色、声音、气味、形状、硬度、温度等。物体的这些属性可以通过不同的感觉器官如眼睛、耳朵、鼻子、皮肤等被反映至人的大脑。人们看到颜色、听到声音、嗅到气味、尝到滋味、感受到温暖或寒冷等，就是不同的感觉。

2. 感觉的意义

人类在生存的过程中时刻都在感知自身存在的外部环境，感觉就是客观事物的各种特征和属性通过刺激人的不同感觉器官引起的兴奋，经神经传导反映到大脑皮层的神经中枢，从而产生的反应，而感觉的综合就形成了人对这一事物的认识及评价。

1954年，加拿大某心理学家进行了"感觉剥夺（Experiment of Sensory Deprivation）"实验。感觉剥夺是指将志愿者和外界环境刺激高度隔绝的特殊状态。在这种状态下，各种感觉器官接收不到外界的任何刺激信号，一段时间之后，就会产生这样或那样的病理、心理现象。实验中给被试者戴上半透明的护目镜，使其难以视物；用空气调节器发出的单调声音限制其听觉；手臂戴上纸筒套袖和手套，腿脚用夹板固定，限制其触觉。被试者单独坐在实验室里，几小时后开始感到恐慌，进而产生幻觉……连续三四天后，被试者产生许多病理、心理现象：出现错觉、幻觉；注意力涣散，思维迟钝；紧张、焦虑、恐惧等，实验后数日方恢复正常。

感觉剥夺实验表明：世界是广泛联系的，人的成长和成熟，也必然建立在尽可能多地和外界接触的基础上。只有更多地感受到和外界的联系，并加强和改进这些联系，人才可能更多地拥有力量，更好地发展，人的心理和思想境界也才能达到最优。在没有刺激因素的环境中长期生活，人的意志就会衰退，智慧就会枯竭，理想就会丧失，才能就会退化。只有经常给予适度的刺激，才能激发起人的事业心、责任感和惊人的毅力。

任何个体不可能离开与外界的接触，不可能离开对外界刺激产生的感觉，因此，感觉在人的成长及生活过程中至关重要。

（1）感觉提供了内外环境的信息。只有通过感觉，才可能分辨事物的个别属性，了解自身的运动、姿势以及内部的器官的工作情况。

（2）感觉可以保持机体与环境的平衡。

（3）感觉是一切较高级、较复杂心理现象的基础，是人的全部心理现象的基础，感觉为其他心理活动提供原始资料。

（4）感觉是客观事物的主观映像，受到个体经验、身体状态、个性等因素的影响。

3．感觉的分类

可以根据各种不同的标准，对感觉进行分类（见表 2-1）。根据感觉刺激是来自机体外部还是内部，可把各种感觉分为外部感觉和内部感觉。外部感觉（External sensation）接受机体外的刺激，了解外界事物的个别属性。属于外部感觉的有视觉、听觉、嗅觉、味觉、皮肤感觉。内部感觉（Internal sensation）接受机体内的刺激，了解身体的位置、运动和内脏器官的不同状态。属于内部感觉的有运动感觉、平衡感觉、内脏感觉等。

表 2-1　感觉的分类

感觉种类		适宜刺激	感受器	反映属性
外部感觉	视觉	波长为 0.39～0.8 微米的光	视网膜上的棒状和锥状细胞	黑、白、彩色
	听觉	频率为 16～20000Hz 的声波	耳蜗管内的毛细胞	声音
	味觉	溶解于水或唾液中的化学物质	舌面、咽后部、腭及会厌上的味蕾	甜、酸、苦、咸等味道
	嗅觉	有气味的挥发性物质	鼻腔黏膜的嗅细胞	气味
	皮肤感觉	物体机械的、温度的作用或伤害性刺激	皮肤和黏膜上的冷点、温点、痛点、触点	冷、温、痛、压、触
内部感觉	运动感觉	肌肉收缩，身体各部分位置变化	肌肉、肌腱、韧带、关节中的神经末梢	身体运动状态变化
	平衡感觉	身体位置、方向的变化	内耳、前庭和半规管的毛细胞	身体位置变化
	内脏感觉	内脏器官活动、变化时的物理化学刺激	内脏器官壁上的神经末梢	身体疲劳、饥渴和内脏器官活动不正常

根据刺激能量的性质，可把感觉分为电磁能的、机械能的、化学能的和热能的四大类。视觉感受器感应光的电磁能；听觉感受器感应声波的机械能；味觉和嗅觉感受器感应化学能；皮肤上的感受器感应触压的机械能和热能。

4．感觉的特性

1）适应现象

感觉适应是指由于刺激物对感受器的持续作用，使感受性发生变化的现象。适应可以使感受性提高，也可以使感受性降低。除痛觉外，适应现象几乎在所有感觉中都存在，但适应的表征和持续时间是不同的。

视觉适应包括明适应和暗适应两种。当我们从暗处来到光亮处，刚开始会觉得目眩，看不清周围的东西，几秒钟以后才逐渐看清周围的物体，这叫明适应。明适应使视觉器官在强光的刺激下感受性降低了。当我们从光亮处来到暗处，开始时什么也看不清，过段时间后才逐渐看清周围事物的轮廓，这叫暗适应。暗适应使视觉器官在弱光的刺激下感受性提高了。

听觉适应会使听觉感受性暂时降低，而且听觉适应具有选择性。也就是说，在一定频率的声音作用下，人耳对该频率声音及邻近频率声音的感受性会降低，而对其他频率声音的感受性不会有变化。

对于不同的刺激，嗅觉适应的时间不同，有的只需一两分钟，有的需要十几分钟甚至更长。嗅觉的适应也具有选择性，即对某种气味适应后，不影响对其他气味的感受性。"入芝兰之室，久而不闻其香；入鲍鱼之肆，久而不闻其臭"说的就是嗅觉适应。

触压感觉的适应较快、较明显。例如，戴手表的人平时不觉得手腕上有重物。温度感觉的适应也较快，大约三四分钟后便能感受到。痛觉是很难适应的。

感觉适应对于机体来说具有积极的意义，使机体能够在变化的环境中不断感知外界事物，进而调整自己的行为。

2）感觉的对比规律

感觉对比指感受器因接受不同刺激而产生的感受性发生变化的现象。

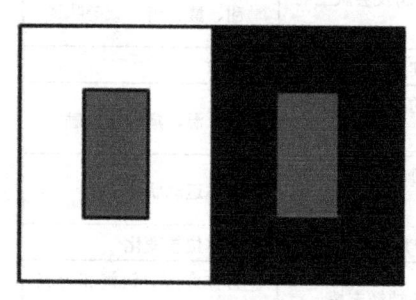

图 2-1　感觉对比

（1）同一感觉的相互作用。同一感觉的相互作用指不同的刺激物作用于某一特定感受器而使感受性发生变化的现象。感觉的对比可以分为同时对比（Simultaneous contrast）和继时对比（Successive contrast）。

不同刺激同时作用于同一感受器时，便产生同时对比。例如一个灰色方块放在黑色背景上比放在白色背景上看起来亮些（见图2-1）。"月明星稀"也是感觉对比现象。

不同刺激先后作用于感受器时，便产生继时对比。例如吃了糖果后再吃苹果，会觉得苹果是酸的；凝视红色物体后，再看白色物体就显得带有青绿色等。

（2）不同感觉的相互作用。不同感觉的相互作用指不同感受器因接受不同刺激而产生的感觉之间的相互影响，也就是说，对某种刺激的感受性会因其他感受器受到刺激而发生变化。不同感觉的相互作用的规律尚未被揭示，但一般表现为：对一个感受器的微弱刺激能提高其他感受器的感受性，对一个感受器的强烈刺激会降低其他感受器的感受性。例如，微弱的声音刺激可以提高视觉对颜色的感受性，强噪声会降低视觉的差别感受性。生活中，我们能体验到味觉和嗅觉的相互作用。

3）联觉

不同感觉的相互作用还有一种特殊表现——联觉，指一种感觉兼有另一种感觉的心理现象。例如，切割玻璃的声音会使人产生寒冷的感觉；看见黄色使人产生甜的感觉，看见绿色使人产生酸的感觉；红、橙、黄色使人产生暖的感觉，绿、青、蓝使人产生冷的感觉。因此，对某种刺激的感受性，不仅取决于对该感受器的直接刺激，而且还取决于同时受刺激的其他感受器的机能状态。这种不同感觉相互作用的一般规律是：较弱刺激能提高另一种感觉的感受性；而较强刺激则使这种感受性降低。

4）感受性和感觉阈限

对刺激的感觉能力叫感受性。感受性的大小是用感觉阈限的大小来度量的。每种感觉都有两种感受性和感觉阈限：绝对感受性与绝对阈限，差别感受性与差别阈限。

（1）绝对感受性与绝对阈限：刺激只有达到一定的强度才能被人发觉，像空气中的尘埃落在人的皮肤上等过弱的刺激，人是发觉不了的。我们把那种刚刚能够感觉到的最小刺激量称为绝对阈限，刚刚能够感觉到最小刺激量的能力称为绝对感受性。

绝对阈限不是一个单一的强度值，而是个统计学上的概念。按照惯例，心理学家把有 50%的次数被感觉到的刺激值定为绝对阈限。

绝对感受性与绝对阈限在数值上成反比关系。如果用 E 代表绝对感受性，R 代表绝对阈限，则它们之间的关系可以表示为：$E=1/R$。各种感觉的绝对阈限是不同的（见表 2-2）。在适当的条件下，人的绝对阈限是很低的。不同个体的绝对阈限有相当大的差异，即使是同一个体，其绝对阈限也会因机体状况和动机水平而发生变化。

表 2-2　各种感觉的绝对阈限

感 觉 种 类	绝 对 阈 限
视觉	清晰无雾的夜晚 25 公里处的一支烛光
听觉	安静条件下 12 米处表的滴答声
味觉	一茶匙糖溶于 8 升水中
嗅觉	一滴香水扩散到三室一厅的整个空间
触觉	一只蜜蜂的翅膀从 1 厘米高处落在你的背部

（2）差别感受性与差别阈限：在刺激物能引起感觉的基础上，如果改变刺激，并不是量的任何变化都能被感觉出来的。只有刺激增加或减少到一定的程度，才能引起一个差别感觉。我们把刚刚能够引起感觉变化的事物属性的最小差异量称为差别阈限，人能够感觉到事物属性变化的最小差异量的能力叫差别感受性。差别阈限和差别感受性也成反比关系。

1834 年，德国生理学家韦伯在研究感觉的差别阈限时发现，如果以 I 表示原初刺激的强度，以 $I+\Delta I$ 表示刚刚感觉出较原初刺激强些的刺激强度，那么在一定的范围内，每一种感觉的差别阈限都是一个相对常数，公式如下：

$$K=\Delta I/I$$

上式表明，当 I 的大小不同时，K 的大小也会不同，但对每次测量来说，此数值是一个常数。所以上述 K 值又称为韦伯常数，又由于这个常数值小于 1，故 K 值亦称韦伯分数。例如，举重的 K 为 1/30，这意味着对一个重量为 30g 的物体来说，至少 31g 的重量才能使其被感知略重一些，这里的差别阈限是 1g。如果原来物体的重量是 60g，那么至少 62g 的重量才能使其被感知比 60g 的重量略重一些，这里的差别阈限是 2g。

差别阈限值是相对的，把韦伯分数称为相对差别阈限。不同感觉的韦伯分数是不同的。例如，重量感觉的韦伯分数为 1/30，听觉为 1/10，视觉为 1/10。但是韦伯分数只有在中等刺激强度的范围内才是正确的，在接近绝对阈限或刺激过分强烈时，相对差别阈限会有明显的变化。

5）感受性的发展

随着个体年龄的增长和生活实践的丰富，人的感受性会随之逐渐发展，不同人的感受性呈现出极大的差异。

这一规律在感觉缺陷（盲、聋）者和专门从事某种职业的人身上表现得特别明显。这种某一感觉系统的技能丧失后而由其他感觉系统的技能来弥补的现象，称为感觉的代偿作用。

专门从事某种特殊职业的人由于长期使用某种感官，相应的感觉就发展起来了。例如，印染工人能分辨 40 多种深浅不同的灰色；加工面粉的工人凭触觉可以正确地评定面粉的品质；有经验的飞行员能听出发动机每分钟 1300 转与每分钟 1340 转的差别，而常人只能听出每分钟 1300 转与每分钟 1400 转的差别；音乐家有高度精确的听觉；调味师有高度完善的味觉和嗅觉等。

感受性通过后天的训练而得到发展的事实说明，只要感官健全，人的各种感觉发展都有很大的潜力。

二、知觉概述

1. 知觉的概念

对客观事物的个别属性的认识是感觉，对同一事物的各种感觉的结合，就形成了对这一事物的整体的认识，也就形成了对这一事物的知觉。因此，知觉是直接作用于感觉器官的事物的整体在脑中的反映，是人对感觉信息的组织和解释的过程。例如，看到一个苹果，听到一首歌曲，闻到花香等，这些都是知觉现象。

2. 感觉和知觉的关系

1）感觉和知觉的区别

知觉是各种感觉的结合，它来自于感觉，但又不同于感觉。感觉只反映事物的个别属性，知觉却反映了事物的整体；感觉是单一感觉器官活动的结果，知觉却是各种感觉器官协同活动的结果;感觉不依赖于个人的知识和经验,知觉却受个人知识、经验的影响。同一事物,不同的人对它的感觉可能是相同的,但对它的知觉就会有很大差别,知识经验越丰富,对事物的知觉越完善、越全面。例如,旅客在接受安全检查的过程中,安全门或金属探测仪可能会发出报警声音,第一次乘坐飞机的旅客可能只听到报警声,但没有意识到是怎么回事,而常坐飞机的旅客就会"知觉"到自己可能有金属物品等没有完全交出,会主动配合安检人员进行再次检查。

2)感觉和知觉的联系

知觉是对事物整体的认识,比感觉更高级,但知觉来源于感觉,而且二者反映的都是事物的外部现象,都属于对事物的感性认识,所以感觉和知觉又有不可分割的联系。在现实生活中当人们形成对某一事物的知觉时,各种感觉就已经结合到了一起,甚至只要有一种感觉信息出现,都能引起对事物整体形象的反应。现实生活中很难有单独存在的感觉,对单一或狭隘感觉的研究往往只能产生于实验室中。

感觉和知觉既有联系又有区别,两者密不可分。感觉是知觉的基础,知觉是感觉的深入。

3. 知觉的分类

知觉的种类很多,根据不同的标准,可以对知觉进行不同的分类。

(1)根据知觉印象和客观事物是否相符,可将知觉分为正确的知觉和错误的知觉(错觉)。

错觉是在特定条件下产生的对客观事物的歪曲知觉,是不符合客观实际的知觉,包括几何图形错觉(高估错觉、对比错觉、线条干扰错觉)、时间错觉、运动错觉、空间错觉、光渗错觉、整体影响部分的错觉、声音方位错觉、形重错觉、触觉错觉等。如图2-2所示为部分视错觉举例。

① 缪勒—莱尔错觉(Maller-Lyer Illusion):末端加上向外的两条斜线的线段比末端加上向内的两条斜线的线段看起来长一些,其实两条线段等长。

② 艾宾浩斯错觉(Ebbinghause Illusion):看起来左边中间的圆比右边中间的圆大一些,但实际上这两个圆的大小相同。

③ 庞佐错觉(Ponzo Illusion):中间的四边形是矩形,而不是顶边比底边宽的四边形。

④ 厄任斯坦错觉(Ebrenstein Illusion):中间矩形的四条边看起来是弯曲的,实际上不是。

⑤ 黑灵错觉(Hering Illusion):中间两条线是平行的直线,但看起来像弯的。

⑥ 菲克错觉(Fick Illusion):垂直线段与水平线段等长,但看起来垂直线段比水平线段长。

⑦ 冯特错觉(Wundt Illusion):中间两条线是平行的,但看起来是弯的。

⑧ 波根多夫错觉(Poggendoff Illusion):被两条平行线切断的同一条直线,看

上去不在一条直线上。

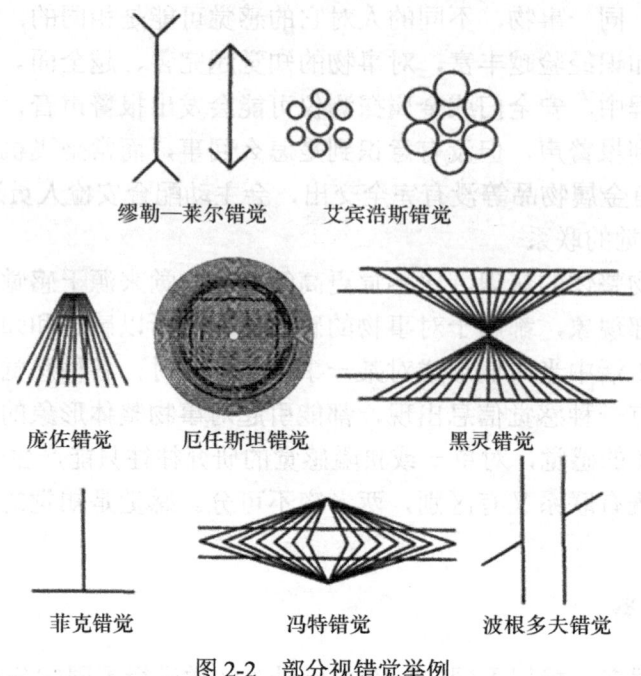

图 2-2 部分视错觉举例

除了视错觉，还有听错觉、嗅错觉等。上面列举的都是发生在同一感觉通道内的错觉，还有发生在不同感觉通道间的错觉，如形重错觉，例如，一公斤铁和一公斤棉花的物理重量相同，但人们用手比较时会觉得一公斤铁比一公斤棉花重得多。视听错觉，看着台上讲话的人会觉得声音是从前边传过来的，闭上眼睛就发现声音是从旁边的扬声器中传来的。

（2）根据知觉所获得的主要感觉信息来源的不同，可将知觉分为视知觉、听知觉、嗅知觉、味知觉等。

（3）根据知觉对象的不同，可将知觉分为物体知觉和社会知觉。

① 物体知觉。物体知觉就是对自然界中机械、物理现象、化学反应、生物等的知觉。任何事物都具有空间、时间和运动的特性，因而物体知觉又分为空间知觉、时间知觉、运动知觉。

a．空间知觉是对客观世界三维特性的知觉，具体指物体大小、距离、形状和方位等在头脑中的反映。空间知觉是一种较复杂的知觉，需要人的视觉、听觉、运动感觉等的联动来实现。在民航运输过程中，空间知觉具有重要作用。例如，候机楼是旅客办理各种手续的场所，候机楼的外观、大小、空间布局，以及飞机的型号、大小、座位布局等是影响旅客对航空运输质量整体判断的重要因素。

空间知觉包括形状知觉、大小知觉、深度与距离知觉、方位知觉等。

形状知觉：指对物体的轮廓和边界的整体知觉。形状知觉是人类和动物共同具有的知觉能力，但人类的形状知觉能力比动物的更高级，因为人类能识别文字。形状知觉是靠视觉、触觉、运动感觉来实现的。

大小知觉：指对物体长短、面积和体积大小的知觉。依靠视觉获得的大小知觉，取决于物体在视网膜上投影的大小和观察者与物体之间的距离。在距离相等的条件下，投影越大，则物体越大；投影越小，则物体越小。在投影不变的情况下，距离越远，则物体越大；距离越近，则物体越小。大小知觉还受个体对物体的熟悉程度、周围物体的参照的影响。

深度与距离知觉：对物体深度和距离的判断可以依据的线索很多，如小的物体似乎远些，大的物体似乎近些；被遮挡的物体远些；远处的物体看起来模糊，能看到的细节少；远的物体显得灰暗，近的物体色彩鲜明。

方位知觉：人依靠视觉、听觉、运动感觉等来判断方位，这种能力是后天形成的。依靠视觉进行方位判断必须借助参照物。不同方位辨别由易到难的次序分别是上、下、后、前、左与右。

b．时间知觉。时间知觉是对事物发展的延续性、顺序性的知觉，具体表现为对时间的分辨、对时间的确认、对持续时间的估量、对时间的预测。生活中，我们对时间的知觉既可以借助于自然界的变化，如太阳的东升西落、月的圆缺、四季变化等，也可以借助于生活中的具体事件或自身的生理变化，如数数、打拍子、节假日、上下班等，还可以借助于时钟、日历等计时工具。在不同的心理状态下，人们对时间的估计有很大差别。研究表明，在悲伤的情绪下，人们在时间估计方面会出现高估现象；在欢快的情绪下，在时间估计方面会出现低估现象。

c．运动知觉。运动知觉是指物体在空间的位移特性在人脑中的反映。世界上万事万物都处在运动当中，因而，运动和静止是相对而言的。物体运动速度太慢或太快都不能使人产生运动知觉。人没有专门感知物体运动的器官，对物体运动的知觉是通过多种感官的协同活动实现的。当人观察运动的物体的时候，如果眼睛和头部不动，物体在视网膜上形成的像的连续移动，就可以使人产生运动知觉。如果用眼睛和头部追随运动的物体，这时视像虽然保持基本不动，眼睛和头部的动觉信息也足以使我们产生运动知觉。如果观察的是固定不动的物体，即使转动眼睛和头部，也不会产生运动知觉，因为眼睛和头部的动觉抵消了视网膜上视像的位移。

运动知觉又可具体细分为真动知觉、似动知觉和诱动知觉。

真动知觉是对物体本身以一定速度和轨迹进行连续位移的知觉。真动知觉依赖于物体适宜的运动速度。我国心理学者用实验证明，当对象在距离两米处时，运动知觉的下阈是 0.6 毫米/秒，上阈是 600 毫米/秒。

似动知觉是指在特定条件下静止的物体看起来是运动的，没有连续位移的看成是连续运动的现象（见图 2-3）。

诱动知觉指不动的物体因其周围物体的运动而使它看起来好像在运动的现象。例如，有风的夜空中移动的云后面的月亮相对观察者是不动的，但是由于风吹云动，导致看起来月亮在移动，而云是静止的。

图 2-3　似动知觉

② 社会知觉。社会知觉就是对人的知觉，对由人的社会实践所构成的社会现象的知觉，具体包括对他人的知觉、对自己的知觉、对人与人之间关系的知觉等。

我们每个人都是社会中的人，不可避免地要和各种各样的人交往，良性交往的前提是了解对方。我们不仅会通过与对方交谈来了解对方，也会根据面部表情、目光接触、身体姿态和活动等形成对对方的印象。

4. 知觉的特征

人的知觉活动表现出以下基本特征。

1）知觉的选择性

人所处的环境复杂多样，不可能对众多事物进行感知，而总是根据某种需要有意识地、有目的地、有选择地把某一事物作为感知对象，与此同时把其他事物作为知觉背景，这就是选择性。知觉的选择性保证了人能够把注意力集中到重要的刺激或者刺激的重要方面，排除次要刺激的干扰，因此背景往往是衬托着、弥漫着、扩展着的，而对象往往轮廓分明、结构完整。

知觉感知的对象从背景中分离，与知觉的选择性有关。当知觉指向某种事物时，这种事物便成为知觉感知的对象，而其他事物便成为知觉的背景。当知觉从一个对象转向另一个对象时，原来的知觉感知对象就成为背景，而原来的背景转化为知觉感知的对象。因此，知觉选择性的规律同时也就是知觉对象从背景中分离的规律。

有时人可以依据自身目的进行调整，使对象和背景互换，例如双关图（见图 2-4）中的酒杯与人脸、少女与老妪。图 2-4（a）中选择明亮部分作为感知对象，选择黑暗部分作为背景时，图片的内容是酒杯；选择黑暗部分作为对象时，图片是两张相对的人脸。

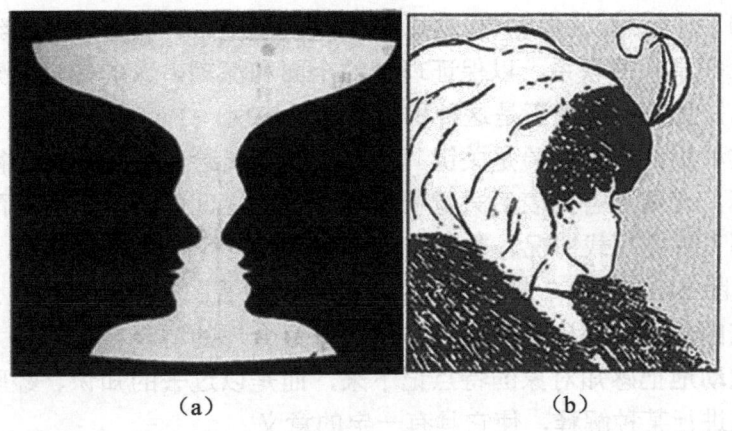

图 2-4 双关图

2）知觉的整体性

知觉感知的对象具有不同的属性，由不同的部分组成。但是人们并不把知觉对象感知为个别的、孤立的几个部分，而倾向于把它们组合为一个整体。如图 2-5 所示，白背景中的白色三角形和黑背景中的黑色三角形，是作为一个整体被知觉感知的，尽管背景图形似乎支离破碎，但构成的却是一个整体。知觉的这种特性叫知觉的整体性（或完整性）。这些三角形虽然实际上都没有边缘，没有轮廓，可是，在知觉经验上却都是边缘最清楚、轮廓最明确的图形。像此种本身无轮廓，而在知觉经验上却显示"无中生有"的轮廓，称为主观轮廓（Subjective contour）。

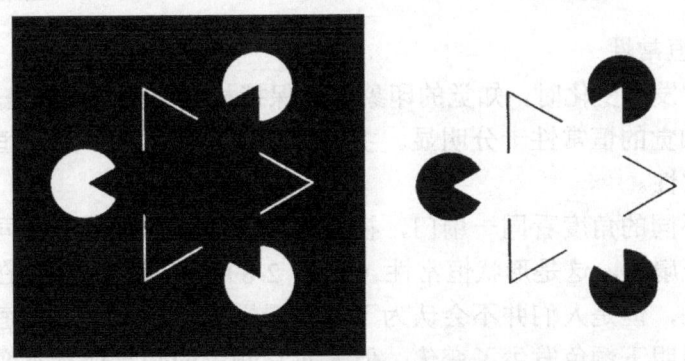

图 2-5 知觉的整体性

当人感知一个熟悉的对象时，哪怕只感知了它的个别属性或部分特征，就可以由经验判知其他特征，从而产生整体性的知觉。当一个残缺不全的部分呈现到眼前时，人脑中的神经联系马上被激活，从而把感知对象补充完整；而当感知对象是没经历过的或不熟悉的时，知觉就更多地以感知对象的特点为转移，将它组织为具有一定结构的整体，即知觉的组织化。

3）知觉的理解性

知觉的理解性是指在知觉感知过程中，人用过去所获得的有关知识经验，对感知对象进行加工、理解，并将其以概念的形式表示出来，其实质是旧经验与新刺激建立多维度、多层次的联系，以保证理解的全面和深刻。人的知觉感知是一个积极主动的过程，知觉的理解性正是这种积极主动的表现。

在理解过程中，知识经验是关键。例如，配载员绘制一张载重平衡图表，表中全是数据计算，普通人看到表后只觉得是很多数据之间的计算，可是配载员可以通过数据来了解飞机的超载情况、重心位置情况及对飞行产生的影响等。

再如，看图2-6和图2-7时，人并不是消极地观看图片上的黑白斑点，而是力求理解这些斑点的关系，提出种种假设，对它进行合理的解释。可见，人在感知的过程中，不是被动地把感知对象的特点记下来，而是以过去的知识、经验为依据，力求对感知对象进行某种解释，使它具有一定的意义。

图2-6　隐匿图形

图2-7　斑点图

4）知觉的恒常性

当感知条件发生变化时，知觉的印象仍然保持相对不变，这就是知觉的恒常性。在视知觉中，知觉的恒常性十分明显。主要包括大小恒常性、形状恒常性、亮度恒常性、颜色恒常性。

例如，从不同的角度看同一扇门，视网膜上的投影形状并不相同，但人们仍然把它感知为同一扇门，这是形状恒常性（见图2-8）。飞机起飞后，在视网膜上的成像是越来越小的，但是人们并不会认为飞机在慢慢变小，这是大小恒常性。香蕉皮在不同灯光的照明下颜色发生了变化，但人对它颜色的知觉保持不变，这就是颜色恒常性。另外，知觉的恒常性还表现为声音的恒常性、方向恒常性等方面。

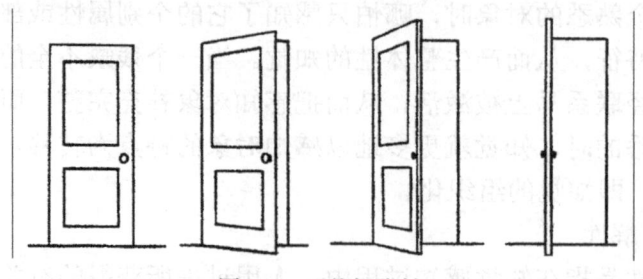
图2-8　形状恒常性

5）知觉的组织性

在感觉资料转化为心理性的知觉经验过程中，显然要对这些资料经过一番主观的选择处理，这种主观的选择处理过程是有组织的、系统的、合逻辑的，而不是紊乱的。因此，在心理学中，称此种由感觉转化到知觉的选择处理过程为知觉组织（Perceptual organization）。支持格式塔学派论的心理学家指出，对整体的知觉大于个别感觉的总和，格式塔学派提出的知觉组织原则被普遍接受，也称格式塔原则，主要有以下几种。

（1）相似法则（Law of similarity）。当有多种刺激物同时存在时，各刺激物在某方面的物理特性（如大小、形状、颜色等）是相似的，在知觉上即倾向于将之归属于一类，如图2-9所示。

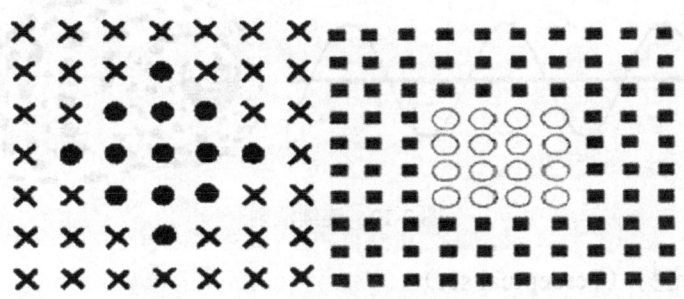

图2-9　相似法则

（2）接近法则（Law of proximity）。距离上相近的物体容易被知觉组织在一起。如图2-10所示，（a）图与（b）图同样是由20个圆点组成的方阵，如单就各个圆点去看，它们之间不容易找出可供分类的特征，但如仔细观察，两图中点与点之间的间隔距离不尽相等；（a）图中相邻两点之间的上下距离较其左右间隔更为接近，故而看起来，20个点自动组成四个纵列。（b）图中相邻两点之间的左右间隔较其上下距离更为接近，故而看起来是20个点自动组成四行。

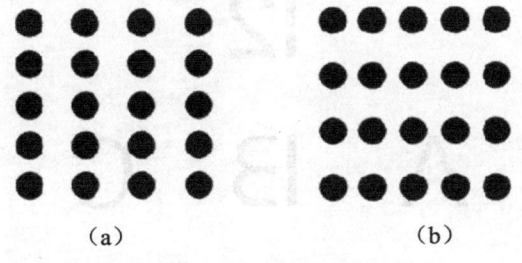

（a）　　　　　　　　　（b）

图2-10　接近法则

（3）闭合法则（Law of closure）。人们倾向于将缺损的轮廓加以补充使其在知觉中成为一个完整的封闭图形。如图2-11所示，乍看，图中只是有些不规则的黑色碎片和一些只有部分连接的白色线条。但如仔细看，就会觉得，那是一个白色立方体和一些黑色圆盘；也可能觉得，是白色立方体的每一拐角上有一个黑色圆盘。而这些在实际的图形中是根本不存在的,只在观察者的知觉经验中存在,而此种存在是根据闭合法则建立起来的。

（4）连续法则（Law of continuity）。凡具有连续性或共同运动方向的刺激容易被看成一个整体。如图2-12所示,一般总是将它看成由一条直线与一条曲线多次相交而成;没有人会将其看成由多个不连接的弧形与几条线段构成。由此可知,知觉上的连续法则所指的"连续",是指心理上的连续。知觉上的连续法则在绘画艺术、建筑艺术以及服装设计上早已被广泛应用。

图2-11 闭合法则

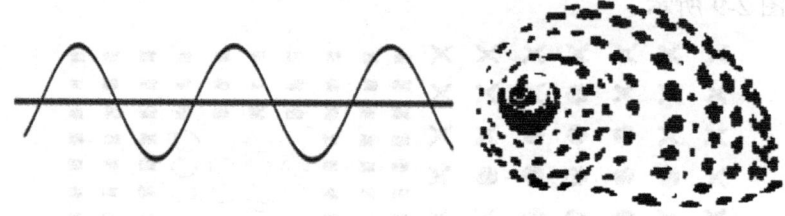

图2-12 连续法则

6）知觉的定势（Perceptual set）

知觉定势是指主体对一定活动的特殊准备状态。人们当前的活动常受前面曾从事过的活动影响,倾向于带有前面活动的特点,它一般由早先的经验造成。同时,知觉主体的需要、情绪、态度和价值观念等,也会产生定势作用。如人的情绪在非常愉快时,对周围事物也可产生美好的知觉倾向。定势具有双向性,积极作用是使感知过程变得迅速、有效;消极作用则是使定势显得刻板,妨碍知觉形成或引起知觉误导。在图2-13中,从左往右看时,总是把图中间的符号看成是字母"B";但如果是从上往下看时,我们总会把图中间的符号看成是数字"13"。

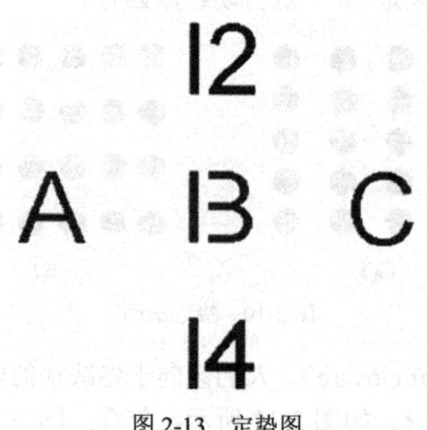

图2-13 定势图

第二节　知觉的影响因素

知觉首先取决于客观事物本身，除此之外，知觉的客观影响因素主要还有知觉情境和知觉对象的组合方式。

一、影响知觉的客观因素

1. 知觉感知的对象

观察对象的特点影响到知觉感知内容。感知强度较强、体积较大、运动变化、色彩鲜艳的事物，更容易被人注意到而被选择成感知对象；相反那些感知强度弱、体积小、静止不动、色彩灰暗的事物，则容易被忽略。所以，新奇、运动、声音、大小、背景、临近以及感知对象的其他因素都能影响到知觉。

例如，航空公司在设计公司标志时，特别注重独特性、美观性和欣赏性，其目的是为了吸引旅客的注意力，给旅客留下深刻的印象。

中国东方航空公司使用了 20 年的标志已经在 2014 年 9 月底更换，在飞机机身、机票、登机牌、座椅、员工制服上，都采用了新的标志。诞生于 20 世纪 80 年代的原标志（见图 2-14），设计理念基于红日与大海间翱翔的一只飞燕，而新标志保留了原标志的核心元素"燕子"（见图 2-15），但突破了当时国内企业普遍采用的圆框设计风格，优化了工业设计痕迹浓重的对称式硬朗线条，以灵动舒展的流畅线形和红蓝品牌基准色，将东航简称（China Eastern）的首字母"CE"与核心视觉元素"燕子"融为一体，呈现出一只轻盈灵动的"领头燕"振翅高飞的形象。

图 2-14　中国东方航空原标志

图 2-15　中国东方航空 2014 年新标志

2. 知觉情境

知觉情境是影响知觉的重要因素，每一种知觉都是在特定的情境中产生的，情境的特点会影响一个人的知觉。典型的情境可能来自于危急时刻、截止时间等，情境作用主要表现在三个方面：一是选择怎样的刺激；二是如何解释刺激；三是对刺激的添加和想象。知觉情境的另一方面是指感知者感知时的具体环境，感知者与感知对象发生互动的时间、场所、自然环境，以及特征、联系和社会环境等。例如，同一件商品放在高级商场里和摆在地摊上，消费者对其质量感知是不同的。这种知觉的上下联系或情境对感知结果的影响称为境联效应。

3. 知觉感知对象的组合方式

知觉感知对象的组合方式就是知觉感知对象的时空排列方式。知觉感知对象的组合特性对感知过程也有一定的影响。格式塔学派提出的知觉组织原则被普遍接受，主要包括接近法则、相似法则、闭合法则、连续法则。

二、影响知觉的主观因素

作为知觉的主体，感知者本身的特点及主观因素都会影响到知觉。人们在感知中表现的个性特征，称为知觉方式或知觉风格。美国心理学家赫尔曼·威特金认为有些人感知时较多地受其所看到的环境信息的影响，有些人则较多地受身体内部因素的影响。他把个体较多地依赖自己所处的周围环境的外在参照，以环境的刺激定义知识、信息的特性称为场依存性，反之称为场独立性。

感知者的这种差异性与本身的兴趣、动机、经验、态度、个性、心理因素等相关。

1. 兴趣

1）兴趣定义

兴趣是人们积极探究特定的事物、活动及人或者从事某种活动的意识倾向，兴趣是积极的和带有倾向性、选择性的态度和情绪。兴趣不只是对事物的表面的关心，任何一种兴趣都是由于获得这方面的知识或参与这种活动而使人体验到情绪上的满足而产生的。

2）兴趣的作用

兴趣对一个人的个性形成和发展，以及对一个人的生活和活动有巨大的作用，这种作用主要表现在以下几个方面：

第一，对未来活动的准备作用。例如，对于一名学生来说，对飞机构造及飞行原理感兴趣，就可能激励他积累各种相关知识，研究各种空气动力学现象，为将来研究和从事航空、航天方面的工作打基础，做准备。

第二，对正在进行的活动起推动作用。兴趣是一种具有浓厚情感的志趣活动，它可以使人集中精力去获得知识，并创造性地完成当前的活动。著名学者丁肇中教授就曾经深有感触地说："任何科学研究，最重要的是要看对自己所从事的工作有没有兴趣，换句话说，也就是有没有事业心，这不能有任何强迫……比如搞物理实验，因为我有兴趣，我可以两天两夜甚至三天三夜在实验室里，守在仪器旁，我急切地希望发现我所要探索的东西。"正是兴趣和事业心推动了丁教授所从事的科研工作，并使他获得巨大的成功。

第三，对活动创造性态度的促进作用。兴趣会促使人深入钻研、创造性地工作和学习。就学生来说，对一门课程感兴趣，会促使他刻苦钻研，并且进行创造性的思考，不仅会使他的学习成绩大大提高，而且会大大地改善学习方法，提高学习效率。由此可知，人的兴趣不仅是在学习、活动中发生和发展起来的，而且又是认识和从事活动的巨大动力。它可以使人智力得到开发，知识得以丰富，眼界得到开阔，并会使人善于适应环境，对生活充满热情。兴趣确实会对人的个性形成和发展起巨大作用。

3）兴趣的分类

第一，物质兴趣和精神兴趣。物质兴趣主要指人们对舒适的物质生活（如衣、食、住、行方面）的兴趣和追求；精神兴趣主要指人们对精神生活（如学习、研究、文学艺术、知识）的兴趣和追求。就中学生来说，由于人生观和世界观尚未完全形成，无论物质兴趣和精神兴趣都需要师长进行积极的引导，以防止在物质兴趣方面的畸形发展，在精神兴趣方面的消极发展和追求。

第二，直接兴趣和间接兴趣。直接兴趣是指对活动过程的兴趣。例如，有的中学生想象力丰富，富于创造性，喜欢制作各种模型，在制作过程中全神贯注，表现出浓厚的兴趣。间接兴趣主要指对活动过程所产生的结果的兴趣。有的中学生业余时间喜欢绘画，每当完成一幅画，他都会对自己取得的成果表现出极大兴趣。直接兴趣和间接兴趣是相互联系、相互促进的，如果没有直接兴趣，制作各种模型的过程就很乏味、枯燥；而没有间接兴趣的支持，也就没有目标，过程就很难持久，因此，只有把直接兴趣和间接兴趣有机地结合起来，才能充分发挥一个人的积极性和创造性，才能持之以恒，目标明确，取得成功。

第三，个人兴趣和社会兴趣。个人兴趣是个体以特定的事物、活动及人为对象，所产生的积极的和带有倾向性、选择性的态度和情绪。社会兴趣指社会成员对某一领域的普遍兴趣，或社会某一领域对社会成员的普遍需求。

4）兴趣对知觉的影响

兴趣是影响知觉的关键因素。人们通常把自己感兴趣的事物作为知觉感知对象，而把不感兴趣的事物作为背景，或者排除在知觉以外。感知者的兴趣影响了知觉的选择性，因此具有不同兴趣爱好的人对感知对象形成的知觉会不尽相同。

2．动机

1）动机定义

动机是引起个体活动，维持并促使活动朝向某一目标进行的内部动力。

2）动机的作用

动机在人类行为中起着十分重要的作用，动机在刺激和反应之间提供了清楚而重要的内部环节。动机是个体活动的动力和方向，它既给人的活动以动力，又对人的活动的方向进行控制。

（1）引发功能。动机对活动具有引发功能。人类各种各样的活动总是由一定的动机所引起的，没有动机也就没有活动。动机是活动的原动力，它对活动起着始动作用。

（2）指引功能。动机像指南针一样指引着活动的方向，它使活动具有一定的方向，朝着预定的目标前进。

（3）激励功能。动机对活动具有维持和加强作用，可强化活动以达到目的。不同性质和强度的动机，对活动的激励作用是不同的。高尚的动机比低级的动机更具有激励作用，动机强比动机弱具有更大的激励作用。

3）动机的分类

根据动机的性质可将动机划分为生理性动机和社会性动机。

（1）生理性动机主要指人作为生物性个体，由于生理的需要而产生的动机。例如，人为了维持生命和发展自己，就需要食品，就需要吃饱肚子，这种生理需要就会使人产生寻找食物的动机。

（2）社会性动机是指人在一定的社会、文化背景中成长和生活，通过各种各样的经验，懂得各种各样的需要，于是就产生了各种各样的动机，例如交往性动机、威信性动机、地位性动机等。例如，随着商品经济的发展，人们在经商过程中，需要各种各样的商品信息和市场信息，于是产生了与人交往的动机，通过与人交往，及时了解行情，避免由于判断失误而带来经济损失。成就动机和交往动机被认为是两种主要的社会性动机。

成就动机指个体在完成某种任务时力图取得成功的动机。麦克莱伦认为，各人的成就动机都是不相同的，每一个人都处在一个相对稳定的成就动机水平。阿特金森认为，人在竞争时会产生两种心理倾向：追求成就的动机和回避失败的动机。影响成就动机的因素有：

① 成就动机的高低与所接受的家庭教育关系密切。
② 教师的言行影响学生成就动机的强弱。
③ 经常参加竞争和竞赛活动的人比一般人的成就动机强。
④ 学生的学习成绩与其成就动机正相关。
⑤ 个人对工作难度的看法影响成就动机。
⑥ 个性因素影响成就动机。
⑦ 群体的成就动机的强弱与自然环境和社会文化条件有关。

交往动机指个体愿意与他人接近、合作、互惠，并发展友谊的动机。

4）动机对知觉的影响

凡是符合人的动机的事情，往往会成为感知的对象和关注的中心，反之，与人的需要和动机无关的事情，往往不被注意。

例如，民航旅客根据出行次数划分为首次坐飞机的旅客和飞行常客，也可根据出行目的划分为旅游、探亲、访友、商务等。不同旅客的出行动机不同，对民航运输过程中的感知对象也不同，如表 2-3 所列。因此，可以根据旅客类型和感知对象的不同进行有侧重的差异化服务。

表 2-3　旅客类型和感知对象

旅客类型	主要感知对象
首次坐飞机的旅客	机场的环境、服务人员的亲切程度
飞行常客	机场设备设施的便捷程度、机场延伸性服务、飞机座椅的舒适程度、服务人员的业务水平和服务质量
旅游	机场环境、飞机外形、服务人员的亲切程度
探亲、访友	机场环境、机场设备、设施的便捷程度，服务人员的亲切程度
商务旅客	机场设备设施的便捷程度、飞机座椅的舒适程度、服务人员的业务水平和服务质量、机上餐饮等

3．经验

人们所获得的经验也会影响其知觉的选择和对刺激的解释，经历不同，所获取的经验不同，观察问题的角度和内容就不同。经验影响知觉的整体性、选择性和理解性等。

民航类门户网站发布 2013 年第四季度《航空公司服务测评报告》，如图 2-16 所示，通过"飞常准"客户端提交的民航服务问卷调查总样本量为 41322 份，涵盖国内外共计 167 家航空公司，最终产生此《航空公司服务测评报告》。根据真实乘机旅客测评，全面解读国内各航空公司的整体服务水平，厦航的机上餐饮、客舱设施、机上娱乐等多个单项名列前茅，至此厦航连续六个季度斩获"最佳航空公司"称号，成为中国大陆唯一获此殊荣的航空公司。调查分析结果显示，2013 年第四季度航空服务排名依次为：厦航、川航、海航、深航、山航。

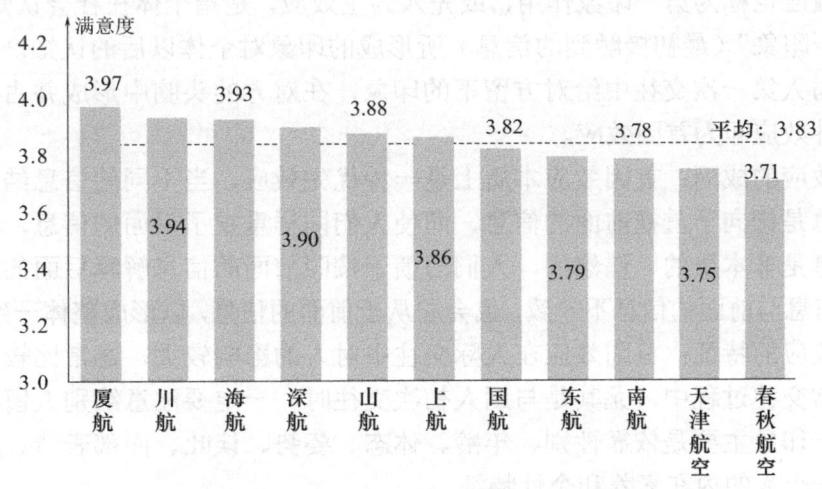

图 2-16　2013 年第四季度航空公司服务测评

可以发现，有丰富乘机经验的旅客，会对不同航空公司的服务做出评价，并成为形成良好印象的航空公司的忠实乘客。这些飞行常客还会把经验和体会向其他旅客进行宣传，提高了航空公司的知名度。

4. 态度

对待事物的态度不同，人所选择的外部刺激就不同，从而导致知觉的不同。

5. 个性

现代心理学一般把个性定义为一个人的整个精神面貌，即一个人在一定社会条件下形成的、具有一定倾向的、比较稳定的心理特征的总和。

人的个性是在先天的自然素质的基础上，通过后天的学习、教育与环境的作用逐渐形成的，因此个性存在差异，构成个性的各种因素在每个人身上的侧重点和组合方式是不同的，如在认识、情感、意志、能力、气质、性格等方面反映出每个人独特的一面，有的人感知事物细致、全面，善于分析；有的人感知事物较粗略，善于概括；有的人情感较丰富、细腻，而有的人情感较冷淡、麻木等。

个性差异通常是指人们在个性倾向和个性心理特征方面的差异。正是由于个性的差异使得不同个性的人对心理活动的引导作用表现不同，使心理活动有目的、有选择地对客观现实进行反映。

6. 心理因素

在感知过程中，感知者除了受自身兴趣、动机、经验、态度和个性的影响外，还受到自身心理因素的影响，这些因素主要表现在以下几个方面：

1）首因效应

首因效应也称为第一印象作用，或先入为主效应，是指个体在社会认知过程中，通过"第一印象"（最初接触到的信息）所形成的印象对个体以后的认知产生的影响作用。人与人第一次交往中给对方留下的印象，在对方的头脑中形成并占据着主导地位，这种效应即为首因效应。

首因效应的成因：首因效应本质上是一种优先效应，当不同的信息结合在一起时，人们总是倾向于重视前面的信息，即使人们同样重视了后面的信息，也会认为后面的信息是非本质的、偶然的，人们习惯于按照前面的信息解释后面的信息，即使后面的信息与前面的信息不一致，也会屈从于前面的信息，以形成整体一致的印象。

首因效应的特征：首因效应在人际交往中对人的影响较大，通常比较难改变。因此在日常交往过程中，尤其是与别人初次交往时，一定要注意给别人留下美好的印象。第一印象主要是依靠性别、年龄、体态、姿势、谈吐、面部表情、衣着打扮等，判断一个人的内在素养和个性特征。

首因效应的产生与个体的社会经历、社交经验的丰富程度有关。如果个体的社会经历丰富、社会阅历深厚、社会知识充实，则会将首因效应的作用控制在最低限度；另外，通过学习，在理智的层面上认识首因效应，明确首因效应获得的评价，一般都只是依据对象的一些表面的、非本质的特征而做出的评价，这种评价应当在以后的进一步交往认知中不断地予以修正、完善，也就是说，第一印象并不是无法改变，也不是难以改变的。

2）晕轮效应

晕轮效应又称光环效应、成见效应、光晕现象，它是一种影响人际感知的因素。这种强烈知觉的品质或特点，就像月晕的光环一样，向周围弥漫、扩散，所以人们就形象地称这一心理效应为光环效应。晕轮效应指人们对他人的认知判断是根据个人的好恶得出的，然后再从这个判断推论出认知对象的其他品质的现象。如果认知对象被标明是"好"的，他就会被"好"的光环笼罩着，并被赋予一切好的品质；如果认知对象被标明是"坏"的，他就会被"坏"的光环笼罩着，他所有的品质都会被认为是坏的。

晕轮效应的成因：从心理学的角度看，晕轮效应的形成原因与我们感知特征之一"整体性"有关。人们在感知客观事物时，并不是对感知对象的个别属性或部分孤立地进行感知的，而总是倾向于把具有不同属性、不同部分的对象感知为一个统一的整体，这是因为感知对象的各种属性和部分是有机地联系成一个复合刺激物的。

晕轮效应的特征：晕轮效应是一种以偏概全的主观心理臆测，其错误在于：第一，它容易抓住事物的个别特征，习惯以个别推及一般，就像盲人摸象一样，以点代面；第二，它把并无内在联系的一些个性或外貌特征联系在一起，断言有这种特征必然会有另一种特征；第三，它说好就全都肯定，说坏就全部否定，这是一种受主观偏见支配的绝对化倾向。总之，晕轮效应是人际交往中对人的心理影响很大的认知障碍，我们在交往中要尽量地避免和克服晕轮效应的作用。

3）刻板效应

刻板效应，又称刻板印象、社会定型、定型效应，是指对某人或某一类人产生的一种比较固定的、类化的看法，并以此固定印象作为判断和评价他人依据的心理现象。刻板印象是还没有进行实质性的交往，就对某一类人产生了一种不易改变的、笼统而简单的评价，这是人们认识他人时经常出现的现象。

刻板效应的成因：

（1）受习惯性思维影响。

（2）本位主义思想。人们经常站在自己的立场来认识事物，因此，只能看到事物的表面或部分，而不能对事物进行多角度分析，久而久之就形成了固定的思维模式。

（3）交际圈较小。个人交际圈子过于狭窄，只能获取较少的信息量，由于信息量的不足而导致认识的片面性，就易形成刻板印象。

（4）所处环境过于单一。由于我们所处的环境过于单一，该环境中的群体对外界事物认知存在局限性，并容易产生共鸣，对外界事物的分析判断就会产生刻板印象。

刻板效应的特征：对社会人群进行简单化的分类和泛化概括。

同一社会人群中刻板印象具有很高的一致性。

刻板印象常常是一种偏见，与事实不符，甚至有时完全错误。例如：老年人是保守的，年轻人是爱冲动的；北方人是豪爽的，南方人是善于经商的等观点。

它常常是造成人们认知偏差或偏见的主要原因，但在某些条件下有助于把现实中的人们加以归类，进行概括性地认识，成为感知他人的捷径。

克服刻板效应的关键：要善于用"眼见之实"去核对"偏听之辞"，有意识地重视和寻求与刻板印象不一致的信息。

深入到群体中去，与群体中的成员广泛接触，并重点加强与群体中典型化、有代表性的成员的沟通，不断地验证原来刻板印象中与现实相悖的信息，最终克服刻板印象的负面影响而获得准确的认识。

4）从众心理

从众心理指个人受到外界人群行为的影响，而在自己的知觉、判断、认识上表现出附和公众舆论或多数人的行为方式。实验表明只有很少的人保持了独立性，没有从众，所以从众心理是大部分个体普遍具有的心理现象。

从众心理的成因：一般说来，群体成员的行为，通常具有跟从群体的倾向。当他发现自己的行为和意见与群体不一致，或与群体中大多数人有分歧时，会感受到一种压力，这促使他趋向于与群体一致。群体规模大、凝聚力强、群体意见的一致性强等，都易于使个人产生从众行为；当信息具有模糊性与存在权威人士的影响力时易于产生从众心理；智力低下、自信心不足、性格软弱者，较易从众。

从众可能是盲目的，也可能是自觉的；可能是表面的顺从，也可能是内心的接受，而就其意义来说，从众可能是消极的，也可能是积极的。

5）投射效应

投射效应是指将自己的特点归因到其他人身上的倾向，是指以己度人，认为自己具有某种特性，他人也一定会有与自己相同的特性，把自己的感情、意志、特性投射到他人身上并强加于人的一种认知障碍。"以小人之心度君子之腹"就是一种典型的投射效应。当别人的行为与我们不同时，我们习惯用自己的标准去衡量别人的行为，认为别人的行为违反常规；喜欢嫉妒的人常常将别人行为的动机归纳为嫉妒，如果别人对他稍不恭敬，他便觉得别人在嫉妒自己。

一般说来，投射作用主要在以下两种情况下发生：

（1）对方的年龄、职业、社会地位、身份、性别等与自己相同。人们总是相信"物以类聚，人以群分"，认为同一个群体的人总是具有某些共同的特征，因此，在认识和评价与自己同属一个群体的人时，人们往往不是实事求是地根据自己的观察所得到的信息来判断，而是想当然地把自己的特性投射到别人身上。

（2）当人们发现自己有某些不好的特征的时候，为了寻求心理平衡，就会把自己所不能接受的性格特征投射到别人身上，认为别人也具有这些恶习或观念。"五十步笑百步"就是这样的一个例子。

为了克服投射效应的消极作用，我们应该正确地认识自己和他人，做到严于律己，客观待人，尽量避免以自己的标准去判断他人。有时对方并非我们所想象的那样，只有深入了解了才会知道。

6）旁观者效应

旁观者效应也称为责任分散效应，指在紧急情况下由于有他人在场而没有对受害者提供帮助的情况，即在紧急事件中有他人在场而产生的对救助行为的抑制作用。旁观者人数越多，抑制程度越高。

旁观者效应的成因：

（1）社会抑制作用（社会比较理论）：每当有其他人在场时，个体在行动前就比无人在场时更加小心地评估自己的行为，把自己准备做出的行为和他人进行比较，以防出现尴尬难堪的局面。结果是当他人都不采取行动时，就会产生对个体利他行为的社会抑制作用。

（2）社会影响结果（从众心理）：个体在紧急情况下，即使意识到有责任上前帮助，但若别人没有行动的话，个体往往会遵从大家一致的表现。

（3）多数人忽略：他人在场和出现影响了个体对整体情境的认知、判断和解释，尤其是在紧急情况下对陌生情况的判断。

（4）责任扩散：当有许多人在场时，就造成了责任扩散，即个体不清楚到底谁应该采取行动。帮助人的责任被扩散到每个旁观者身上，这样每一个人都减少了帮助的责任，容易造成等待别人去帮助或互相推诿的情况。

第三节　民航服务的感觉、知觉

民航服务贯穿整个地面和空中的运输过程，旅客在这个过程中的感觉、知觉直接影响到旅客对航空运输服务质量的整体评价，影响着旅客对航空公司的信赖程度。因此作为民航服务人员要了解旅客的感觉、知觉特点，掌握影响旅客感觉、知觉的因素，出色地完成民航交往的每个环节。

一、影响旅客感觉、知觉的客观因素

1. 航班时刻

随着我国航空业的快速发展，航班时刻资源变得稀缺，根据民航协会对民航运输市场的点差分析，在影响旅客选择航班的因素中，航班时刻、航空公司品牌、服务项目和服务质量、机型等占前几位，比例达 40%左右，其中航班时刻是影响旅客选择航班的首要因素。

另外，航班的正点率也影响旅客对航空公司的选择，因此，航空公司应强化运行管理，从航班编排、运力配置、运行规范、运行监控等方面着手，提高航班飞行正点率；机场要实行快速过站保障，提高航班放行正常率；空管系统要优化空域结构，严格执行运行标准，规范协同决策，地区管理局应建立航班延误处置协调机制，运行监控部门应加强复杂情况下的监控与协调。

2. 机型及其特点

据不完全统计，截至 2014 年 10 月，我国民航运输飞机数量达 2300 余架，主要以波音 B737-800 和空客 A320-200 机型为主，其中中国南方航空公司飞机数量最多，约 470 架，主要以空客系列飞机为主；海南航空有飞机约 340 架，主要以波音系列飞机为主（见图 2-17～图 2-20）。不同型号的飞机其座位布局、座位宽度及间隔、客舱环境等不同（见表 2-4，表 2-5），因此机型也成为旅客感知和选择航空公司的重要因素。

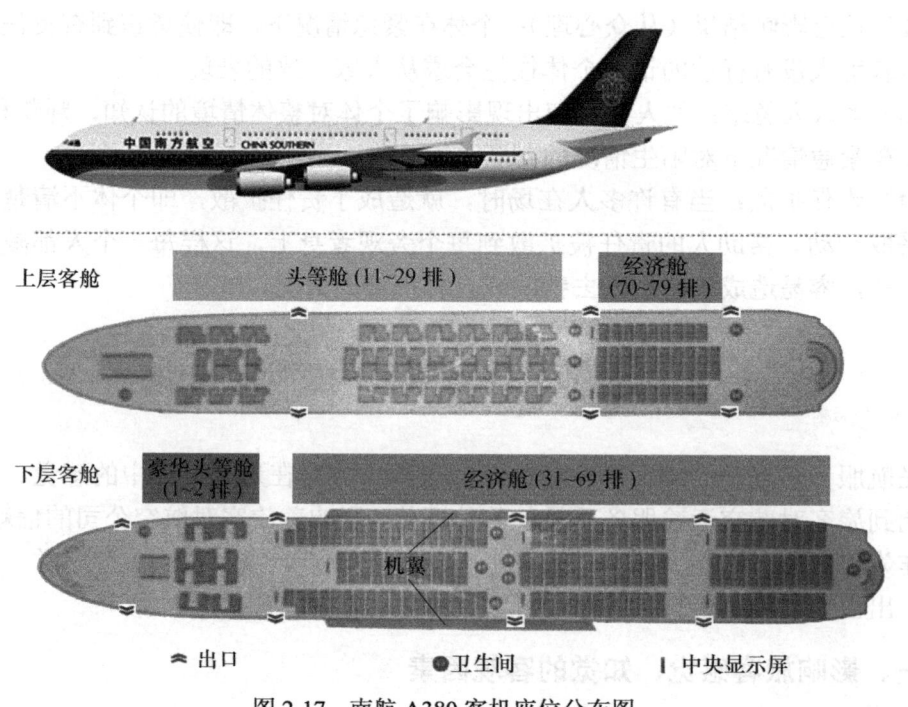

图 2-17　南航 A380 客机座位分布图

第二章 民航服务与感觉、知觉

图 2-18 A380 客机头等舱座位情况

表 2-4 南航 A380 客机座位基本情况

机型：A380			
飞机数量	5		
座位总数	506		
座位类型	豪华头等舱	头等舱	经济舱
座位数	8（主层）	70（上层）	76（上层）+352（主层）
座位间距/英寸	83	77	32
座椅宽度/英寸	28	27.5	20.5
座椅倾斜度	180°	180°	100°

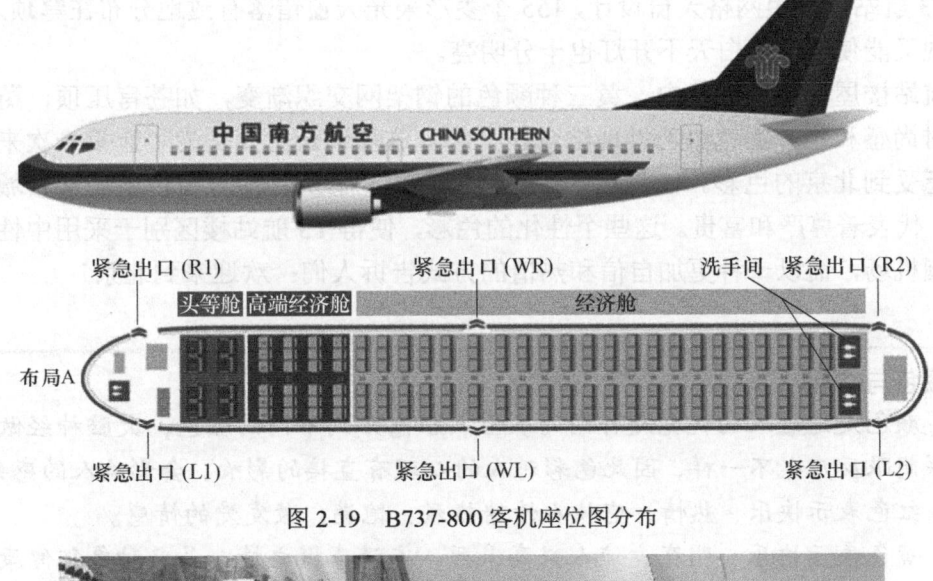

图 2-19 B737-800 客机座位图分布

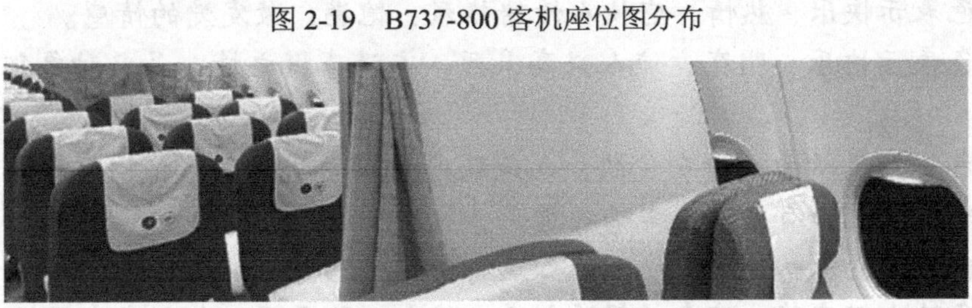

图 2-20 B737-800 客机座位情况

表 2-5　南航 B737-800 客机座位基本情况

机型：B737-800			
构型	布局 A	飞机数量	73
座位总数	164		
座位类型	头等舱	高端经济舱	经济舱
座位数	8	24	132
座位间距/英寸	42～44	34～36	29
座椅宽度/英寸	24.13	16.5～19.7	16.5～19.7
座椅倾斜度	120°	100°	100°

3. 候机楼环境

民航旅客登机前的主要活动场所就是候机楼，因此候机楼的外观、内饰、颜色、明暗、整洁度、温度等方面会影响旅客的感知，进而影响旅客对民航服务质量的评价。

首都机场 T3 航站楼是世界上较大的单体航站楼之一，整个建筑宏伟大气、完整连贯，犹如一条巨龙静卧在北京的东北角，其中国风的设计风格很好地融入了现代化的建筑格局，皇家园林、苏州园林以及毛竹秀林、水、瀑布、圆廊等很多中国元素都有所体现，乘客可以在候机时徜徉在中国山水之间。

T3 航站楼采用网格天窗设计，155 个菱形采光天窗错落有致地分布在穹顶之上，既美观又能使航站楼白天不开灯也十分明亮。

航站楼屋顶采用红、白、黄三种颜色的钢架网交织渐变，如苍穹压顶，蔚为壮观，时尚感和雄浑的气势巧妙地结合在一起，这种设计主要是为了让第一次来北京的人感受到北京的色彩。红色代表着热情、奔放和喜庆，而金黄色则是紫禁城的主色调，代表着尊严和富贵。这些个性化的色彩，使得 T3 航站楼区别于采用中性色调的各国机场，而以一种更加自信和热情的方式告诉人们：欢迎来到北京！

> **小知识**
>
> **颜色与情绪**
>
> 颜色是通过人的视觉起作用的。当人眼感知到不同的颜色，大脑神经做出的联想跟反应也不一样，因此色彩对人的心理有直接的影响，会影响人的感知。
>
> 红色表示快乐、热情，它使人情绪热烈、饱满，激发爱的情感。
>
> 黄色表示快乐、明亮，使人兴高采烈，充满喜悦之情，是一种象征健康的颜色。
>
> 橙色能产生活力，诱发食欲，也是暖色系中的代表色彩，同样也是代表健康的色彩，它也含有成熟与幸福之意。
>
> 绿色表示青春、健康，使人的心里有安定、恬静、温和之感。
>
> 蓝色给人以安静、凉爽、舒适之感，使人心胸开阔，令人产生遐想。

灰色使人感到郁闷、空虚。

黑色使人感到庄严、沮丧和悲哀。

白色使人有素雅、纯洁、轻快之感。

粉色是温柔的最佳诠释。经实验，让发怒的人观看粉色，情绪会很快冷静下来，因粉色能使人的肾上腺激素分泌减少，从而使情绪趋于稳定。

总之，不同颜色会给人的情绪带来不同的影响，使人的心理活动发生变化。

4. 服务设施、设备

随着民航旅客数量的增加，旅客对于机场或航空公司的服务需求也随之增加，除了要满足办理乘机手续的需求外，还要满足更多延伸性的需求。

以首都机场 T3 航站楼为例，楼内总共 330 个值机柜台连接着总长度达 68 千米的传送系统。该系统将高速托盘传送带和翻盘分拣机结合起来，由一个复杂的计算机物流系统控制，每小时可分拣和运输行李物品 19200 件。数量充足和先进的设备可以缩短旅客办理各项手续的时间，提高机场的服务效率和质量，得到了旅客充分肯定。

首都机场 T3 航站楼重视旅客乘机流程的设计，更加注重人性化的需求，例如，行李提取大厅里准备了独立的更衣室；想抽根烟，登机口附近就能找到空气新鲜的环保吸烟室；如果怀中的小宝宝饿得哭起来，洗手间旁的母婴室为妈妈们提供了绝对私密的小空间；航站楼之间的捷运小火车全程无人驾驶，最多可以搭乘 160 人，每节车厢内只有 4 个座位，其中一个为老弱病残孕专座。T3 航站楼为旅客出行提供方便，餐饮方面吸引了 40 多个品牌的餐饮企业布店其中，共建了 64 家餐厅，分布于航站楼的地面交通中心、出发大厅、到达大厅、国内隔离区、国际隔离区等区域。

5. 服务人员

在民航服务过程中，交往的主体是民航旅客和民航服务人员，因此，旅客对民航服务人员的感知尤为重要，会影响旅客对航空运输服务的整体水平的评价。旅客对民航服务人员的感知主要体现在服务人员的仪容仪表、语言、表情等方面。

1）通过仪容仪表感知

在民航服务中，旅客对于民航服务人员最直观的感知首先是仪容仪表，如着装、发饰、仪表、姿态等方面，从以上几个方面获得最初的印象。因此，航空企业非常重视服务人员的仪表，以海航为例，从 1993 年到 2010 年，海航的空中乘务服装经历了 3 次变革，服务人员形象气质也获得了旅客越来越高的评价（见图 2-21）。

第 1 代：绿色修身西装配百褶裙，艳丽的色彩和短裙造型是 20 世纪 90 年代最流行的时尚元素，今天看来仍然青春活泼、朝气逼人。

第 2 代：筒裙是黎族妇女最喜爱的服装之一，裙头裙脚同样宽窄，无褶无缝，用各种彩色线织成花纹或几何图案，民族特色浓郁。蓝白主色调象征着蓝天、白云、大海。

图 2-21　乘务服装

第 3 代：民族风浓郁的夏季制服更是广受好评。制服以纯蓝为底色，胸前两列花团锦簇的牡丹花仿佛脖子上挂着漂亮的花环，与飞机尾翼的牡丹喷绘相互呼应，和空乘如花笑靥相得益彰，也成为海航空乘制服历史上的经典。

第 4 代：与"国际灰"对应，冬装也被戏称为"高贵紫"。与新制服相配套的各种配饰也一起更新，肉色丝袜改为黑色，以前的制服重视图案和颜色的统一，而新制服则采用立体剪裁，更显身材曼妙。

2）通过服务人员的语言感知

语言是社会共有的交际工具，人们通过不同的语言和肢体语言进行交流。因此在民航交往过程中，采取规范的、适当的、合理的语言进行交流，能够加深旅客的感知，给旅客留下良好的印象。

3）通过服务人员的表情感知

表情是情绪、情感等主观体验的外部表现模式。随着社会分工的不断发展，人与人的相互合作越来越频繁和复杂，人与人之间的利益联系也变得越来越紧密和多变，这就要求每个人一方面通过情感表达来及时、准确而有效地向他人展示自己的价值关系，以便求得与他人的有效合作；另一方面又通过识别他人的情感表达来及时、准确而有效地了解他人的价值关系，以便更好地与他人进行合作。

民航服务人员为了交流的需要通过表情、态度等表达感情、情意，旅客通过服务人员的表情来感知民航的服务过程。

广义的表情主要包括面部表情、语言声调表情和身体姿态表情。

面部是最有效的表情显示部分，人类面部表情的丰富性来源于人类价值关系的多样性和复杂性。人的面部表情主要表现为眼、眉、嘴、鼻、面部肌肉的变化。

语言声调表情是情绪在语言的音调和节奏速度等方面的表现。语言不仅是交流思想的工具，也是传达情绪信息的手段。例如，喜悦时音调高，说话速度较快，语音高低差别较大；悲哀时音调低，说话缓慢，语音高低差别较小，声音断续；愤怒时声音高而尖，且在颤抖。

人的情感状态、能力特性和性格特征有时可以通过身体姿态来自发地或有意识地表达出来，从而形成身体姿态表情。当人处于强烈的兴奋、紧张、恐惧、愤怒等情感状态时，往往抑制不住身体姿态的表情变化。

二、影响旅客感知的主观因素

虽然感知的基础是被认知事物本身的属性，但感知者的主观因素也会对感知的过程和结果产生重要的影响。因此，旅客的感知也受到自身的经验、兴趣、情绪及其他心理因素的影响，例如首因效应、刻板效应等。

三、民航服务人员的感知

民航运输服务质量不仅取决于旅客的体验，更重要的是服务人员在为旅客提供服务过程中，对旅客的感知。如果服务人员能够准确地感知到旅客的需求及需求特征，就能够加强服务的准确性，避免误差，从而赢得旅客的肯定和赞扬。服务人员对旅客的感知主要表现在对旅客的直接感知和交往过程中对旅客产生的感知。

1. 民航服务人员对旅客的感知

1）对旅客构成的感知

2010年某单位对我国民航国内旅客进行调研，涵盖25个机场，其中，全国两舱（头等舱和公务舱）旅客占总数约7%。从图2-22和表2-6可以看出，国内民航旅客出行的主要目的是公/商务出差、度假旅游和探亲访友，其中度假旅游和探亲访友的比例增长较快。

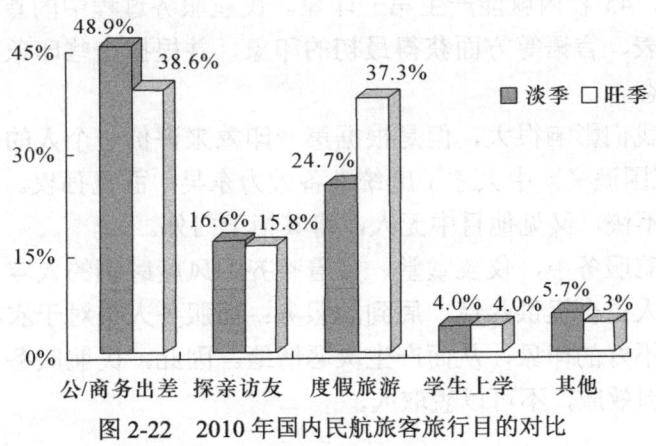

图2-22 2010年国内民航旅客旅行目的对比

表 2-6　1999—2010 年我国国内民航旅客旅行目的变化趋势

调查时间		公/商务	探亲访友	度假旅游	其　他
淡季	2010 年	48.9%	16.6%	24.7%	9.8%
	2008 年	48.9%	19.6%	23.9%	7.6%
	2006 年	49.8%	16.4%	27.8%	6.0%
	2004 年	59.1%	11.2%	28.3%	1.4%
	1999 年	77.3%	10.1%	12.6%	0
旺季	2010 年	38.6%	15.8%	37.3%	8.3%
	2008 年	43.6%	19.5%	28.2%	8.7%
	2006 年	43.5%	15.7%	33.7%	7.1%
	2004 年	43.9%	12.6%	42.1%	1.4%
	2002 年	61.2%	10.7%	28.1%	0
	1999 年	57.4%	29.9%	12.6%	0.1%

资料数据来源：《2010 年民航旅客特征研究报告》（民航管理干部学院）

服务人员可以通过旅客购买的票价了解舱位等级情况，通过旅客的服饰、装束、年龄、职业等来了解旅客特征及出行目的，形成初步印象。不同类型的旅客对民航服务的要求不同，因此在服务过程中，准确了解旅客的类型，才能提供更加有针对性的服务。

2）对旅客情绪的感知

民航服务人员应当了解旅客在民航服务过程中的情绪、情感，进而了解旅客对服务过程的体验和满意程度，从而使服务人员改进服务方式，提高服务质量。

民航服务人员可通过表情感知旅客的情绪、情感。例如可通过面部表情、语言声调表情和身体姿态表情感知旅客的心理活动，从而为旅客提供优质的服务。

2. 克服民航服务过程中的感知偏差

1）克服服务过程中的首因效应

首因效应是在短时间内以片面的信息为依据形成的印象。心理学研究发现，与一个人初次会面，45 秒内就能产生第一印象。民航服务过程中的首因效应指服务人员通过旅客的外表、言语等方面获得最初的印象，并根据这些印象来判断旅客的行为状态和心理状态。

第一印象对我们影响很大，但是根据第一印象来评价一个人的行为和心理有失偏颇，例如，《三国演义》中大才子庞统准备效力东吴，面见孙权。孙权见庞统相貌丑陋，心中先有不快，又见他目中无人，将其拒于门外。

同样，在民航服务中，仪表堂堂、穿着整齐、风度翩翩的人容易给人留下好的印象，进而服务人员会提供热情、周到的服务；而服务人员对于衣衫不整、举止粗俗的旅客会产生不好的印象，从而产生厌恶情绪。因此，民航服务人员应当在理智的层面上认识首因效应，不可以貌取人。

2）克服服务过程中的刻板效应

刻板效应指的是人们在见到他人时，常常会自动地根据人的外表、行为特征，结合自己头脑中的定型，对人进行归类，以此来评价一个人职业和性格特点。

如见到一个肌肉发达、穿着运动服的人，就很自然地认为他是一个运动员；见到一个皮肤黑黑的壮汉，就很自然地认为他是个农民；见到戴着眼镜、文质彬彬的人，则认为其是书生。服务人员往往通过以上职业判断来提供不同的服务方式和服务态度。

但是，各类人群当中广泛存在着个体差异，无论是哪一类群体，即使是同一个人，在不同时期和不同的环境下也会发生语言、行为甚至性格等方面的变化，所以，以不变的固定形象为依据去认识不断变化着的人们及其行为方式，显然会使认知出现偏差，导致得出错误的判断和决策。因此，民航服务人员必须克服刻板效应带来的负面影响，力求正确地认识我们周围的人和事，减少判断和决策的失误。

心理学案例

铱星公司破产

2000年3月，号称给全球通信业带来革命的铱星公司向纽约破产法庭提出了破产清算申请，宣告公司正式破产。

铱星公司是由以美国摩托罗拉公司为首的几家国际公司组建的，这家公司经过近十年的策划，于1999年1月开始正式运营。铱星公司总共投入了50亿美元组建一个覆盖全球的低轨道卫星网络，为世界各地的用户提供卫星电话服务。该公司的铱星电话价格高达3000美元，通话费用高达每分钟7美元，一般用户很难承担。连美国国防部这样的为数不多的大客户，也只购买了800部铱星电话。由于公司的设备和运营费用过高，致使公司负债累累，终于因债务过多而破产倒闭。

铱星公司破产的教训是：技术和市场是缺一不可的，只看到事物的一个方面，必然导致失败。

心理学定律

氨基酸组合效应

氨基酸组合效应：指组成人体蛋白的八种氨基酸，只要有一种含量不足，其他七种就无法合成蛋白质。当缺一不可时，"一"就是一切。

本单元小结

（1）感知是人类认识周围环境和社会交往过程中的重要心理过程。民航服务过程中的主体是民航旅客和民航服务人员，民航服务的结果是让旅客感知到专业化、人性化、个性化、周到的服务。因此民航服务人员应当了解旅客感知的对象及感知的特点，同时应当克服在服务过程中的感知偏差，进而提供更加有针对性的服务。

（2）影响感知者差异性的因素：本身的兴趣、动机、经验、态度、需要、职业和个性。

（3）影响旅客感知的客观因素：航班时刻、机型、候机楼环境、服务设施与设备、服务人员。

（4）克服民航服务过程中的感知偏差：克服服务过程中的首因效应、克服服务过程中的刻板效应。

（5）感觉指人脑对直接作用于感觉器官的事物的个别属性的反应。知觉是直接作用于感觉器官的事物的整体在人脑中的反映，是人对感觉信息的组织和解释的过程。

思考与讨论

一、填空题

（1）感觉指人脑对直接作用于_____的事物的个别属性的反应。根据感觉刺激是来自机体外部还是内部，可把各种感觉分为_____和_____。

（2）对刺激的感觉能力叫_____。感受性的大小是用感觉阈限的大小来度量的。

（3）知觉是直接作用于_____在人脑中的反映，是人对感觉信息的_____的过程。

（4）错觉是在特定条件下产生的对客观事物的_____。错觉又叫错误知觉，是指不符合客观实际的知觉，包括_____、时间错觉、运动错觉、_____以及_____、整体影响部分的错觉、声音方位错觉、形重错觉、触觉错觉等。

（5）知觉的恒常性是指当感知条件发生变化时，知觉的印象仍然保持相对不变，主要包括_____、_____、_____、_____。

（6）首因效应，也称为_____或_____，是指个体在社会认知过程中，通过"第一印象"（最初接触到的信息）所形成的印象对个体以后的认知产生的影响作用。

二、简答题

（1）什么是感觉？什么是知觉？
（2）感觉和知觉的区别是什么？
（3）感觉和知觉的分类有哪些？
（4）影响知觉的主要因素有哪些？

三、训练项目

在飞机起飞前和下降过程中，乘务员会要求旅客打开遮光板，并且进行客舱安全检查。根据白天和晚上亮度的不同，乘务长会调亮或者调暗客舱灯光。结合感知的相关理论，回答以下问题。

（1）根据同学们坐飞机或执行航班任务的经验，为了更好地消除感知偏差，在白天起飞前和下降过程中应调亮还是调暗客舱灯光？如果是在晚上，应调亮还是调暗客舱灯光？

（2）请用相关理论阐述，为什么在飞机起飞前和下降过程中需要打开遮光板并根据客舱外不同亮度调亮或调暗客舱灯光。

四、案例分析

2010年12月在合肥骆岗国际机场，地面服务部得知由海口飞往合肥的CZ3837次到达航班有一名老人需要轮椅服务，可当航班到达后，工作人员发现该名旅客情况非常特殊，并且同行人员也需要一部轮椅。老人的状况很不好，瘦弱无力，处于半瘫痪状态，右脚和整个右腿有大面积烧伤，涂有黄色烫伤药膏，并不时有液体流出，老人的老伴腿脚也不太方便，行走需要搀扶。

由于情况特殊，服务科紧急抽调了两名男同志上飞机协助老人下机。老人虽然不重，可是为了不弄痛老人，服务人员决定一人抱着老人的腿，一人从后面抱住老人的后背，将老人抬下飞机，可是客舱空间狭小，想顺利地将老人抬下飞机不那么容易，第一次尝试失败了。于是将老人放下后，大家重新商量了方案。为了既能让老人顺利出客舱，又能让老人少受痛苦，服务人员先抱着老人的腿移出座位，再将老人从后背抬起，平行移到客舱过道，终于老人被成功地从座位上抬起并移出客舱。由于是远机位，从高高的客梯车上下来需要大家协力完成。也许是老人太瘦，在抬的过程中，老人的裤子开始向下滑落，随身的尿不湿暴露在外，老人微张着双眼呻吟了一声，服务人员领会到老人的意思，顾不上是否卫生，迅速将尿不湿给老人放好。

在众人的努力下，老人终于顺利地下了飞机，当被问到有没有人来接他们时，老人的老伴顿时慌了神，说有人接，可是没带手机不知道怎么联系，服务人员立刻掏出自己的手机，在老人的提示下拨通了号码。得知老人的孩子已经在到达厅等候，地服人员的心放了下来。在帮老人领取完托运行李后，等候多时的老人儿女连忙跑了过来，当看到重病的老父亲没有遭人嫌弃，被这么多人照顾得这么好时，连声道谢："谢谢你们，太谢谢你们了。"

在日常工作中，时常会有坐轮椅旅客、老人、孕妇等特殊旅客乘机，作为一线地面服务工作者，能给他们多一点热情，多一分关心，都会让他们感到温暖。合肥机场候机楼管理部服务科一直将真心服务旅客作为最高服务目标，让旅客在机场就能感受到像回到家一样的细致和贴心的关怀。

（资料来源：民航资源网）

案例思考：
（1）民航服务人员对旅客的感知主要从哪些方面获得？
（2）民航旅客对民航服务过程的感知主要体现在哪些方面？
（3）从感知的角度来评价本案例中民航服务人员值得表扬的方面。

第三章 民航服务与个性

导入案例

米开朗基罗作品——《大卫》

《大卫》是意大利文艺复兴时期伟大的雕塑家（画家）米开朗基罗的代表作。这尊雕像被认为是西方美术史上最值得夸耀的男性人体雕像之一。雕像高 2.5 米，连基座高 5.5 米，用整块大理石雕成。米开朗基罗准备雕刻石像时，会花很长的时间挑选大理石。最终他创作的每一份作品都是独特的。他总结道："材料的质地将决定作品的美感"。艺术家可以改变作品的外形，但不能改变它的基本成分。即便从同样的石头上切割一块下来，二者也至多是相似，但不相同。

人的气质就像是大理石本身的花纹，而我们可以改变的主要是大理石的外观，就像塑造人的性格。

作为民航业的各岗位服务人员，更要了解自己的气质、性格、能力等，提升自身的能力，更好地为旅客服务。

学习目标

（1）掌握性格、气质的概念及特点，掌握职业能力概念及其提升方法。
（2）理解特殊旅客的心理特征，把握对特殊旅客的服务要点，提升服务质量。
（3）了解针对不同气质、性格的民航旅客，应如何服务。
（4）灵活应用民航服务人员气质和性格的提升方法。

第一节 气质与民航服务

一、气质概述

1. 气质的概念

气质（Temperament）是指人的相对稳定的个性特点和风格气度。心理学认为气质是不以人的活动目的和内容为转移的心理活动的典型的、稳定的动力特征。要理解气质就必须知道：气质是指个人的性情或脾气。气质指个人心情随情境变化而改变的倾向，亦即个体的反应倾向。气质也指一个人的风格和气度。

对于气质的解释还有一种说法，这种说法主要阐述了人的生理与情绪之间的内在的化学反应，认为气质是由人的生理素质或身体特点反映出的人格特征，是人格形成的原始材料之一。气质对人的影响在新生儿期即有表现，如有的婴儿安静，有的好哭，必然影响其父母或哺育者与婴儿的互动关系，从而影响人格的形成。气质对人的影响表现在心理活动的动力特征上，如心理过程的速度、强度、稳定性、指向性和灵活性等；具体表现为情绪体验的强弱、意志力的大小、注意力集中时间的长短、感知或思维的快慢等，使个体的全部心理活动呈现独特的色彩。气质与人格的区别在于：人格的形成除以气质、体质等先天禀赋为基础外，社会环境的影响起决定作用；而气质是人格中的先天倾向。

2. 气质的特征

气质是表现在人的心理活动和行为动力方面的稳定的个人特点，根据这一定义可以知道，气质具有以下特征：

1）气质是个体心理活动和行为的外部动力特点

气质是人的心理活动的动力方面的特性，即表现在心理活动的强度、速度、稳定性、灵活性和指向性等方面的特点。心理过程的强度是指情绪的强弱、意志努力的程度等。心理过程的稳定性包括注意力集中时间的长短、一定心理状态持续的时间等。心理过程的灵活性包括思维的灵活程度、心理活动适应环境的能力等。心理活动的指向性是指心理活动倾向于外部事物，从外界获得新印象，还是倾向于内部，经常体验自己的情绪，分析自己的思想和印象。气质作为人的心理活动的动力特征，与人心理活动的内容、动机无关。它使人在各种不同的活动中有着近似的表现，使人的心理活动到处都染上特定的色彩，形成独特的风貌。也就是说，只有那些不论时间、地点、场合，不论活动内容、兴趣、动机，都稳定地表现出来的心理活动的动力特征才称为气质。

2）气质是个性心理特征中受先天的生物学因素影响较大的部分

气质的遗传性多半是与生俱来的自然特性。因此，在人出生的最初阶段就可以观察到某些气质特点。例如，有的婴儿活泼好动，不怕生，对外界刺激反应灵敏；有的婴儿安详文静，胆小怕生，对外界刺激反应迟缓。

3）气质将稳定性和可变性集于一身

气质的稳定性表现在它难以改变上。俗话说："江山易改，秉性难移。""秉性"就是气质。当然，就气质的外在表现来说，在环境和教育的影响下，随着自身修养的增强，它也会发生某些改变。好发脾气的人不发脾气了，急性子的人变稳重了。但仅仅是外部表现的改变，称为气质的掩蔽现象。气质内部产生质的变化是很难的。

第三章　民航服务与个性

总之，气质与能力、性格等个性心理特征相比，更具有稳定性。

二、气质的分类

气质类型是指在某一类人身上共同具有的气质特征的有规律的结合。本书主要介绍四根说和四液说。

1. 四根说

古希腊医学家恩培多克勒提出了"四根说"，四根是指土、水、火、空气，固体的部分是土根，液体的部分是水根，维持生命的呼吸是空气根，血液主要是火根；思维是血液的作用。火根离开了身体，血液变冷些，人就入眠。火根全部离开身体，血液就全变冷，人就死亡。

┃ 拓展案例 ┃

气质的血型说

1901 年，维也纳大学的学者发现血液的不同类型，创立 ABO 系统，以解决输血过程的排异问题。这引发了日本心理学家古川竹二的灵感。1927 年古川竹二很敏感地将四种血型和四种气质类型联系在一起。他在大量调查基础上认为，希波克拉底提出的四种气质类型不是由胆汁和黏液决定的，而是由血型决定的。他把 ABO 系统与四种气质类型相结合，创立了"气质的血型说"。

根据血型把人的气质划分为 A 型、B 型、O 型和 AB 型四种：

具有 A 型气质的人精明、理智、内向，不善交际，沉思好静，情绪稳定，忍耐力强；具有独立性，易于守规；做事细心谨慎，但不果断；责任心强，固执；感情含蓄，注重仪表，但不新奇，是处理家务的能手。

B 型人聪明、活泼、敏捷，外向，善交际；兴趣广泛多变，精力分散；大事故少，小事故却不少，行动奔放，不习惯被束缚；感情易冲动，热心于工作，不怕劳累；缺乏细心和毅力；动作语调富于感情，易引起他人注意；爱情上，女性比男性主动。

O 型人外向直爽，热情好动，富于精力，爱憎分明，见义勇为，有主见，主观自信，急躁好强，有野心；易激发感情；说话易用教训人的口气，易得罪朋友；动作粗犷，不灵活，不易做需要耐心的工作；爱情上多属主动，易被别人爱，也易接受别人的爱；长寿者多。

具有 AB 型气质的人属于复合气质类，具有机智大方，办事干净利落，冷静、不浮夸；行动有计划，喜分担责任；兴趣广泛的特质。因倾向不同，有的人有领导能力，有的人则沉默寡言、满腹心事，待人接物缺乏经验、易吃亏。

2. 四液说

希波克拉底是古希腊著名的医生，他认为体液即是人体气质的物质基础。他在"四根说"发展为"四液说"的基础上，进一步将其系统化。希波克拉底认为人体中有四种性质不同的液体，它们来自不同的器官，其中，黏液生于脑，是水根，有冷的性质；黄胆汁生于肝，是气根，有热的性质；黑胆汁生于胃，是土根，有渐温的性质；血液出于心脏，是火根，有干燥的性质。人的气质不同，是由于人含有四种体液的比例不同所致。各气质类型对应的神经活动类型详见表3-1，各气质类型对应的神经活动特点详见表3-2，各气质类型对应的心理特征见表3-3。

表 3-1 各气质类型对应的神经活动类型

气质类型	神经系统的基本特点	神经活动类型
胆汁质	强、不平衡	兴奋型
多血质	强、平衡、灵活	活泼型
黏液质	强、平衡、不灵活	安静型
抑郁质	弱	抑制型

表 3-2 各气质类型对应的神经活动特点

气质类型	强度	均衡性	灵活性	行为特点
兴奋型（胆汁质）	强	不均衡	—	攻击性强、易兴奋、不易约束、不可抑制
活泼型（多血质）	强	均衡	灵活	活泼好动、反应灵活、好交际
安静型（黏液质）	强	均衡	惰性	安静、坚定、迟缓、有节制、不好交际
抑制型（抑郁质）	弱	—	—	胆小畏缩、消极防御、反应强

表 3-3 各气质类型对应的心理特征

气质类型 心理特征	多血质	胆汁质	黏液质	抑郁质
感受性	低	低	低	高
耐受性	较高	较高	高	低
速度与灵活性	快、灵活	快、不灵活	慢、不灵活	慢、不灵活
可塑性、稳定性	有可塑性	可塑性小	稳定	刻板
不随意反应性	强	强	弱	弱
内向与外向	外向	外向	内向	内向
情绪兴奋性	高	高	低	体验深
情绪与行为特征	愉快、机敏、不稳定	容易被激怒	冷漠	悲观

根据四液说，心理学界普遍认同将人的气质划分为四种典型类型：

1）胆汁质

气质为胆汁质的人属于兴奋型、不可抑制型。此种类型的人精力旺盛、反应迅速、情感体验强烈、情绪发生快而强、易冲动,但平息很快。例如:张飞、李逵、鲁智深、孙悟空、猪八戒。

2)多血质

气质为多血质的人属于活泼型。此种类型的人活泼好动,反应迅速,思维敏捷,灵活而易动感情,富有朝气,情绪发生快而多变,表情丰富,但情感体验不深。例如:王熙凤、曹操、赫尔岑(俄罗斯)、小燕子。

3)黏液质

气质为黏液质的人属于安静型。此种类型的人安静、沉着、稳重、反应较慢;思维、言语及行动迟缓、不灵活;注意力比较稳定且不易转移。例如:林冲、薛宝钗、沙僧。

4)抑郁质

气质为抑郁质的人属于抑制型。此类型的人感受性高,观察仔细,对刺激敏感,善于观察别人不易发觉的细微小事,反应缓慢,动作迟钝,多愁善感,体验深刻和持久,但极少外露。例如:林黛玉、唐僧、果戈里(俄罗斯)。

拓展知识

希波克拉底简介

希波克拉底为古希腊伯里克利时代的医师,后世人们普遍认为其为医学史上杰出人物之一。在其所身处之时代,医学并不发达,然而他却能将医学发展成为专业学科,使之与巫术及哲学分离,并创立了以之为名的医学学派,对古希腊的医学发展贡献良多,故今人多尊称其为"医学之父"。

三、民航服务中的气质

气质无好坏之分,气质类型不能决定人的社会价值大小与社会成就的高低,但是任何气质都有积极的一面,也有消极的一面。例如,多血质的人情绪丰富,接受能力强,容易适应新的环境,但也可能情绪多变,注意力不稳定;胆汁质的人精力充沛,生气勃勃,也可能暴躁、冲动,感情用事,缺乏自制力;黏液质的人安详沉静,有自制力,有耐心,也可能冷淡、刻板,顽固不化;抑郁质的人感情细腻、深刻,观察敏锐,也可能多疑、孤僻、怯懦。

1. 不同气质的服务人员如何提升服务

人的气质对行为、活动的进行及其效率有着一定的影响,因此了解气质对于组织生产、选拔人才、工作分工等方面都有重要的意义。气质不影响活动的性质,但可以影响活动的效率。如果在学习、工作、生活中考虑到这一点,就能够有效提高自己和他人的效率。人的气质无好坏之分，气质类型也无好坏之分，在评定人的气质时不能认为一种气质类型是好的，另一种气质类型是坏的。

1）胆汁质

此类民航服务人员属于兴奋型、不可抑制型，适合从事机场问询等工作。具有此种气质类型的民航服务人员在工作中精力旺盛，对服务反应迅速，情感体验强烈，情绪发生快而强，易冲动，但平息很快，在工作中应该注意控制自己的情绪。

2）多血质

此类民航服务人员属于活泼型，适合从事问询、贵宾服务、顾客投诉处理、空中乘务等工作。具有此种气质类型的民航服务人员工作中适应新环境能力强，工作能力强，活泼好动，反应迅速，思维敏捷，灵活而易动感情，富有朝气，情绪发生快而多变，表情丰富，但情感体验不深，无恒心，工作中应注意有计划、有自己的目标。

3）黏液质

此类民航服务人员属于安静型，适合从事细腻、单调的工作，如售票员、值机员、配载员、塔台管制员、飞行员、空中警察、安全员等。具有此种气质类型的民航服务人员工作中安静、沉着、稳重，反应较慢；思维、言语及行动迟缓、不灵活，注意力比较稳定且不易转移，工作中应更多地重视反应力的提升，加强灵活度的训练。

4）抑郁质

此类民航服务人员属于抑制型，适合从事单调或重要耐心的工作，如收益管理员、策划人员等。具有此种气质类型的民航服务人员工作中感受性高，观察力敏锐，对刺激敏感，善于观察别人不易发觉的细微小事，反应缓慢，动作迟钝，多愁善感，体验深刻和持久，容易感到疲劳，但极少外露，在工作中应更多地关注工作中的积极面。

2. 针对不同气质的旅客如何服务

1）胆汁质

此类旅客属于兴奋型、不可抑制型，表现为精力旺盛，反应迅速，情感体验强烈，情绪发生快而强，易冲动，但平息很快。此类旅客对人热情，感情外露，说话直爽而快，言谈中表现自信，容易激动，通常喜欢与人争论问题，而且力求争赢。他们对服务的评价易走极端。他们在旅行中常常显得粗心，可能丢失东西。在服务工作中，对他们应注意谦让，不要激怒他们，不要计较他们有时不顾后果的冲动言语，一旦出现矛盾，应当尽量回避。一定要注意尽量、快速地满足此类旅客的合理需要。对于不能满足的需求，服务人员要给出耐心的解释，平和地说出不能满足的原因，避免和旅客发生冲突。

2）多血质

此类旅客属于活泼型，表现为活泼好动，反应迅速，思维敏捷，灵活而易动感情，富有朝气，情绪发生快而多变，表情丰富，但情感体验不深。在服务此种旅客时一定要注意尽量满足他们喜欢交际、爱好交谈的特点，做好的倾听者，还要注意他们好动的特点。比如，在候机楼里常常有旅客不停地走来走去，在飞机上这类旅客对先进的客舱设备有新鲜感，服务人员应注意防止其损坏客舱设备。

3）黏液质

此类旅客属于安静型。此种类型的旅客安静、沉着、稳重，反应较慢，思维、言语及行动迟缓，不灵活，平时表现安静，喜欢清静的环境。他们很少主动与人交往，交谈起来很少滔滔不绝和大声说笑，使人猜不透他们想什么或需要什么。但此类旅客自制能力很强，做事总是不慌不忙，力求稳妥，生活有固定规律，很少打扰别人。他们反应慢，希望别人讲话慢些或重复几次，自己讲话也慢条斯理，显得深思熟虑。在服务工作中，对他们介绍或交代事情时，应当注意讲话的速度，重点适当重复一遍。一般不要与他们过多交谈，如有交谈，尽量简单明了，不要滔滔不绝，以免他们反感。还要注意此种旅客话很少，服务人员很难猜到他们想说什么，需要什么，在服务中应避免大声或用激动的口吻和语调与他们沟通，不要过多地打扰他们，可以鼓励这样的旅客多表达自己的意见和观点。

4）抑郁质

此类旅客属于抑制型。此类型的旅客感受性高，观察仔细，对刺激敏感，善于观察别人不易发觉的细微小事，反应缓慢，动作迟钝，多愁善感，体验深刻和持久，感情很少向外露，心里有事一般不愿对别人讲，宁愿自己想。在服务工作中，对他们应当十分尊重，讲话要清楚明了、和蔼可亲；尽量少在他们面前谈话，绝对不要与他们开玩笑，以免产生误会和猜疑。当他们丢失物品、生病时，服务人员应当特别关心和给予帮助，想办法安慰他们。

拓展案例

暴雨导致深圳机场取消300多个航班，部分滞留旅客打砸柜台

2014年3月，持续的暴雨给深圳机场造成重大影响，30日和31日两天内共取消300多个航班，数千名旅客受到影响。一些航班受延误的旅客情绪激动，出现了霸占柜台、打砸办公用品、阻挡其他旅客登机等行为。

深圳市气象局于2014年3月30日晚发布暴雨红色预警信号，狂风暴雨持续到31日，严重影响了机场的正常运作，30日晚，深圳机场将大面积航班延误预警提升到红色，31日17时才将其降为橙色。仅30日，被延误的旅客就超过5000人。

记者31日下午在机场新航站楼看到，虽然降雨已经缓解，候机大厅仍然滞留了大量的旅客，他们排着长队改签，或者向航空公司咨询最新的航班信息。由于长时间等候，一些旅客情绪激动，他们质疑航空公司为何不早点通知信息、不提供住宿、不支付赔偿。有目击者告诉记者，30日晚间和31日凌晨，部分滞留旅客数次与工作

人员发生争执，打砸了柜台。在候机楼，记者看到被推倒在地的办公用品。

深圳机场方面表示，确实出现了几起冲击柜台、打砸电话、阻挡其他旅客登机等过激行为，公安人员出动警力进行现场处置，有多名旅客被带走进行调查。机场方面为保障秩序投入了大量精力，据机场初步统计，两天来由深圳机场代理地面服务的航班，累计安排旅客住宿4721人次，发放餐食5206份、饮料6735份、点心2675份。机场各单位已累计投入保障人员2000多人次。但仍有部分旅客对于出现的问题心怀不满："航班延误了这么久，他们也不安排住宿。"来自重庆的旅客陈先生本来计划乘坐深圳航空30日晚6点的航班，结果航班受延误，直到31日早上才被改签到当日晚上的航班，深航不给大家安排住宿，他害怕错过了改签时间，只好在机场的地上睡了一晚，而其他航空公司31日晚则为受延误旅客安排了宾馆。对此，深航工作人员表示，延误不是他们的过错，对于如何安排旅客，每个公司方法不一样。

急着飞往济南的乘客刘先生觉得深圳机场不广播航班信息"很害人"，上午他去改签机票时工作人员说没有航班，下午对方又说上午有航班可以改签，但此时已经全部飞走。记者在机场也没有听到相关的广播信息。

（资料来源：民航网）

根据案例可以分析出，一般带头打砸柜台、办公用品的旅客，都具有胆汁质的气质特征。民航服务人员在此时需要做到宽容和忍耐，切忌与旅客硬碰硬，否则局面将更难以收拾。

四、民航服务人员气质培养

气质对人的实践活动不起决定性作用，但也有一定的影响。气质具有遗传性。人们虽然不能完全按照气质来选择职业，但是在服务工作中要注意自己的气质特点，扬长避短，做好服务工作。

1. 感受性和灵敏性不宜过高

在我们生活的内外环境里，存在着各式各样的刺激。外界刺激达到一定强度时才能引起个体的反应。人的各种感受性都不是一成不变的，它们受内外条件的影响，例如适应、对比、感官之间的相互作用、生活需要和训练等都能导致相应的感受性的变化。灵敏性是指个体心理反应的速度和动作的敏捷程度。

例如：空中乘务人员面对的是背景不同的旅客。在服务的过程中随时会发生不同的情况。空中乘务人员感受性过高，会造成精力分散，注意力不集中，影响正常的服务工作；但是如果感受性太低，对旅客的服务响应太慢，会引起旅客的不满。地面服务很多岗位，如值机、安检、问询等，都要求服务人员感受性和灵敏性处于合适水平，并根据工作场景随时调整感受性和灵敏性，做好对不同旅客的服务工作。

2. 忍耐性不能低

忍耐性是指个体在遇到各种刺激和压力时的心理承受能力。每个人的忍耐性是不一样的，我们一般对民航服务人员的忍耐性要求较高。在服务工作中遇到事要做到先想再说，管住自己的嘴和克制一切冲动的行为，心里不断地告诉自己要忍耐、要冷静，小不忍则乱大谋，冲动行为和说的气话都只能给服务工作带来无尽的麻烦。

3. 对别人信任、关心

人们的生活越来越优越，但是人与人之间的人情味却越来越淡，人们因为各种各样的原因逐渐丧失了对他人的信任。在服务工作中，作为民航服务人员应保持对旅客、同事的热忱和关怀，信任他人，关心他人。可能大多数情况下我们遇到的只是一点一滴的小事，但小事多了就成了大事。高尔基说："如果你不管在什么时候，什么地方，留给人们的都是美好的，像鲜花啦，好的思想啦，还有美好的回忆啦，那你的生活该是多么愉快啊！那时候，你会感到所有的人都需要你。要知道，给，永远比拿愉快。"由此可知关心他人很重要。

拓展知识

利他行为

"关心他人"在社会心理学中表现为"利他行为"。这种行为是由人的社会需要和精神需要所驱使的。在利他者的动机中怀有对内在酬赏的期望，也有很多人是为了心里舒坦、愉快、满足，虽然未得到任何物质报酬，但却获得社会的尊重和赞许，满足了自我实现的需要，这是一种真正的内在酬赏。

拓展知识

信任危机

信任危机作为近年来频繁出现的一个词，是一个伦理学术语，指社会或一定群体的道德原则和规范不被人们所遵守，人与人之间缺乏道德的联系和约束，彼此都无法相信对方的真诚和忠诚，因此不敢委以对方重任的现象。

4. 仪态端庄、仪表整洁、充满自信

服务人员应步态洒脱、意气风发、充满自信，在服务工作中还要注意仪态的端

庄和仪表的整洁。举止端庄、外表清爽能给人带来朝气，给人一种精神。人人都处于一种和蔼、清新的氛围之中，更体现了互相尊敬和相互友好。

5. 保持幽默感

幽默可以淡化人的消极情绪，消除沮丧与痛苦。具有幽默感的人，生活充满情趣，许多看来令人痛苦、烦恼之事，他们却应付得轻松自如。用幽默来处理烦恼与矛盾，会使人感到和谐、愉快、相融、友好。一个懂得在适当场合和适当时间展露笑容的民航服务人员，定能受到旅客的欢迎。

6. 适应外界环境能力要强

作为民航服务人员要学会适应民航特殊的工作环境，适应每天面对很多人的环境。

第二节 性格与民航服务

一、性格概述

1. 性格的概念

日常生活中我们常说这个人的性格很好，很友善，那个人的性格很差，很爱发脾气。在心理学中性格是怎样定义的呢？

个体心理学创始人阿德勒将性格定义为一个人尝试去适应他所居住的环境，而显现出来的特殊作风。性格并非遗传，它好比是一种生存模式，使人能够不经过有意识的思考，而在任何情况下表现其人格。

在心理学中，性格更多地被认为指一个人在对现实的稳定态度和习惯的行为方式中表现出来的人格特征。它表现一个人的品德对人的价值观、人生观、世界观的影响。这些具有道德评价含义的人格差异，称为性格差异。性格是在后天社会环境中逐渐形成的，是人的核心的人格差异。性格有好坏之分，能最直接地反映出一个人的道德风貌。

拓展阅读

个体心理学创始人——阿德勒

阿尔弗雷德·阿德勒，奥地利精神病学家，个体心理学的创始人，人本主义心理学的先驱，现代自我心理学之父。在精神分析学派内部他第一个提出反对弗洛伊德的心理学体系，提出由生物学定向的本我转向社会文化定向的自我心理学，对后来西方心理学的发展具有重要意义。

阿德勒对性格有特别的看法,将性格大致分为激进性格(攻击型性格)、非激进性格(非攻击型性格)及其他性格,共三类;一般说来,当一个人追求权力及优越的目标,以公开与他人为敌的方式呈现,连对方都可直接感受他的敌意时,此人就属于激进性格;相对于激进性格,具有非激进性格的人以从人群中撤退的方式,来操纵关心他的人,这种表面上不伤害别人的形式,其实同样隐藏着对人的敌意。

2. 性格特征

性格是人在社会生活中逐渐形成的,是现实社会关系在人脑中的反映。性格同时也受个体的生物学因素的影响,如遗传、基因、父母的性格等。人的性格是在长期生活环境和社会实践中逐渐形成的。要明白性格的特征,须把握本性与性格的区别、气质与性格的区别。

1)本性和性格的区别

性格是后天所形成的,比如腼腆的性格、暴躁的性格、果断的性格和优柔寡断的性格等。本性是人天生所具有的、不可改变的思维方式,比如自尊心、虚荣心、荣誉感等。人的本性包括求生的本性、懒惰的本性和不满足的本性。中国自古有"人之初,性本善"的说法。

2)气质与性格的区别

性格决定气质,气质反映性格,性格和气质相互渗透、彼此制约。

性格的社会性较强,气质的生物性较强;气质更多地受到人的神经活动的影响,性格主要是指个体行为的内容,主要是后天形成的,更多受到社会生活条件的影响与制约。

性格基于后天条件反射,气质基于先天神经活动,性格形成晚且较容易变化,而气质形成早且不容易改变。性格在一定程度上掩盖或改造气质,气质反过来又会影响性格的形成;气质影响到个体对事物的态度和行为方式,气质可以渲染性格特征,从而使性格具有独特性;气质影响性格的形成和改造的速度,如黏液质和抑郁质的人比较容易形成自制力,而胆汁质和多血质的人则比较难。

为什么性格在人的个性当中处于核心地位呢?第一,性格具有社会评价的意义,人们可以对某种性格特征的社会价值进行评判,而能力与气质就不具有直接的社会评价意义,而且对个人而言也难以确定其绝对的高低或好坏,因为每个人在能力上各有所长,也有所短;每个人的气质类型在面临不同的环境与活动任务时,也会表现出有利或不利的一面。一个人个性的优劣主要是从性格上体现出来的。第二,性格还制约着能力与气质的发展方向和表现形式。因此,个性差异首先是性格的差异,而不是能力水平、气质类型的差异。

拓展案例

中国人性格大调查

20 世纪 80 年代末，香港中文大学张妙清教授和中国科学院心理研究所宋维真教授、张建新教授等一起启动了研究中国人性格的工作。他们大量参考、引用了在我国代代相传、影响至深的各种哲学文献、文学作品和格言习语，以及当代中国人的生活习惯和思想观念等，编制出《中国人性格调查表》，在长达十余年、跨越中国数十个地区的调查中，他们发现了中国人性格中的一些显著特征：

（1）男性比女性领导力更强，而女性在驾驭情绪方面的分数比男性高。
（2）老年人责任感强，青年人责任感弱。
（3）年轻男性比年轻女性更务实，年轻人比老年人更圆滑。
（4）香港人比大陆人更务实，大陆人比香港人更"爱面子"。
（5）大陆人对亲情重视程度在 26 岁到 35 岁年龄组达到最高。
（6）年长香港人更易于以自我为中心。
（7）大陆年长者宽容度增加，香港年长者宽容度降低。
（8）经济水平越高，人会相对更加包容和开放。

（资料来源：北京科技报）

性格主要有以下四点特征：

1）性格的态度特征

性格的态度特征是指个体在对现实生活各个方面的态度中表现出来的一般特征。

2）性格的理智特征

性格的理智特征是指个体在认知活动中表现出来的心理特征。在感知方面，有的人能按照一定的目的、任务主动地观察，属于主动观察型，有的人则明显地受环境刺激的影响，属于被动观察型；有的人倾向于观察对象的细节，属于分析型，有的人倾向于观察对象的整体和轮廓，属于综合型；有的人倾向于快速感知，属于快速感知型，有的人倾向于精确地感知，属于精确感知型。

3）性格的情绪特征

性格的情绪特征是指个体在情绪表现方面的心理特征。在情绪的强度方面，有的人情绪强烈，不易于控制；有的人则情绪微弱，易于控制。在情绪的稳定性方面，有的人情绪波动大；有的人则情绪稳定，心平气和。在情绪的持久性方面，有的人情绪持续时间长，对工作、学习的影响大；有的人则情绪持续时间短，对工作、学习的影响小。在主导心境方面，有的人经常情绪饱满，处于愉快的情绪状态；有的人则经常郁郁寡欢。

4)性格的意志特征

性格的意志特征是指个体在调节自己的心理活动时表现出的心理特征。自觉性、坚定性、果断性、自制力等是主要的意志特征。自觉性是指在行动之前有明确的目的,事先确定了行动的步骤、方法,并且在行动的过程中能克服困难,始终如一地执行,与之相反的是盲从或独断专行。坚定性是指能采取一定的方法克服困难,以实现自己的目标,与坚定性相反的是执拗性和动摇性,前者指采取有效的方法,一味地我行我素;后者则指轻易改变或放弃自己的计划。果断性是指善于在复杂的情境中辨别是非,迅速做出正确的决定。与果断性相反的是优柔寡断或武断、冒失。自制是指善于控制自己的行为和情绪,与自制相反的是任性。

二、性格分类

心理学家们曾经以各自的标准和原则,对性格类型进行了分类,下面是几种有代表性的观点:

(1)从心理机能上划分,性格可分为理智型、疑虑型和情绪型,各种性格具有不同的特点,见表3-4。

表3-4 性格分类(1)

性 格 类 型	特 点
理智型	深思熟虑,沉着冷静,善于自控
疑虑型	犹豫不决,过敏多疑,易受暗示
情绪型	心境多变,多愁善感,容易冲动

(2)从心理活动倾向性上划分,性格可分为内倾型、外倾型和混合型,各种性格具有不同的特点,见表3-5。

表3-5 性格分类(2)

性 格 类 型	特 点
外倾型	活泼开朗,善于交际,独立性强,不拘小节
内倾型	沉郁文静,不善交际,处事拘谨,应变力差
混合型	以上特点俱有,多数人属于这种类型

(3)最常用的性格划分:性格可以分为力量型、完美型、活泼型、和平型四种,不同性格的特点完全不一样。

力量型是理性和外向的综合体。优点:天生就是领导者,在工作上他们总是充满活力、充满信心;他们意志坚决、果断,一旦认准目标就决不放弃;他们是天生的工作狂,设定目标后,就迅速地全身心投入到工作中。同时,力量型性格的人善于管理,能纵观全局,知人善任,能合理地委派工作,寻求最实际、最合适解决问题的方法。缺点：有很强的控制欲，固执地认为自己总是对的，不能容忍别人的缺点，不会主动道歉。

完美型是理性和内向的综合体。完美型性格的人与活泼型性格的人形成两个极端，完美型性格的人不会像活泼型性格的人一样情感外露，相反，他们深思熟虑，善于分析。他们对自己和别人都有着很高的要求，他们注重生活细节，居住环境要干净整洁、井井有条。缺点：通常让人觉得阴沉，没有活力；很容易受到伤害，总是觉得没安全感；总是给身边的人造成很大压力。

活泼型是外向和感性的综合体。优点：热情、奔放、豪迈、幽默、健谈、真诚、能言善辩；富于浪漫情怀，待人热情；善于与人交往，惹人喜爱的个性使大家自然而然地愿意跟随他们。缺点：情绪化，感情外露，做事没有目标，通常容易以自我为中心。

和平型是内向和感性的综合体。优点：平和、镇静、坦然自若，是最好的聆听者，对任何事情都很有耐心；很细心，做任何事都面面俱到，绝对不会让别人感到被冷落；不喜欢张扬，不爱唠叨。其他性格的人都愿意找和平型性格的人当朋友。缺点：容易墨守成规，不喜欢改变，没有主见，不会对身边的人说"不"。

拓展案例

死刑犯

从前有四个死刑犯，在临刑的那一天，断头台突然坏了。

第一个人说："太好喽，不用死，大家明天开个 Party 庆祝一下！"这个是活泼型。

第二个人说："我要研究一下这个断头台是哪里坏了……"这个是完美型。

第三个人说："我早就跟你说过我没罪！"这个是力量型。

第四个人说："大家都没事……"这个是和平型。

拓展案例

西游记四师徒

唐僧是完美型性格，孙悟空是力量型性格，猪八戒是活泼型性格，沙僧是和平型性格。

唐僧，不苟言笑的一个人，作为大家的师父，平时不跟几个徒弟嬉闹，只安心念自己的经。

孙悟空责任心很强，喜欢打架，不甘愿当一个小小的马倌而自封齐天大圣，大闹天宫，有时候也很暴躁。

猪八戒以自我为中心，只看到自己，对自己的故事津津乐道，缺乏对他人的关注。

沙僧是遵守工作纪律的模范，是整个团队组织稳定的基础。作为一个和平型的团队成员，沙僧完全可以赢得唐僧的支持。唐僧和沙僧都是慢性子，配合起来比较协调。对于沙僧安静随和、富于耐心的行为风格，具有完美型性格的唐僧应该是颇为欣赏的。

（4）从色彩心理学的角度可将人的心理划分为红、黄、绿、蓝四种，并称为四原色，不同色彩心理具有不同的特点。色彩心理学是十分重要的学科，在自然欣赏、社会活动方面，色彩在客观上是对人们的一种刺激和象征；在主观上又是一种反应与行为。色彩心理学从视觉开始，关联知觉、感情、记忆、思想、意志、象征等，其反应与变化是极为复杂的。色彩具有精神上的效用，民航服务人员常常感受到色彩对自己心理的影响，这些影响总是在不知不觉中发生作用，左右人们的情绪。

三、民航服务中的性格

1. 不同性格的服务人员如何提升服务

在一个服务团队或航空公司，没有活泼型的人对未来的关注以及快速行动，没有力量型的领导实施，没有完美型的人制定有条理的计划，并督促与跟从，没有和平型的人的调解与跟从，发展就可能出现问题。在服务团队中，需要各种性格的人，不同性格的人也应该不断地完善自己。

1）让活泼型性格的人统筹起来

活泼型性格的服务人员热情、奔放、豪迈、幽默、健谈、真诚、能言善辩；富于浪漫情怀、待人热情；善于与人交往，惹人喜爱的个性使大家自然而然地愿意跟随他们，热情和精力无穷无尽，创意和魅力为平凡的工作涂上色彩，但是他们最大的缺点是很情绪化，感情外露，做事没有目标，通常容易以自我为中心，所以在民航服务中要善于控制自己的情绪，掩盖自己的情绪，为自己的工作制定目标，多关注旅客需要什么。

2）让完美型性格的人快乐起来

完美型性格与活泼型性格的服务人员形成两个极端，完美型性格的服务人员不会像活泼型性格的人一样情感外露，相反，他们深思熟虑，善于分析。他们对自己和别人都有着很高的要求，他们注重服务工作的细节，重视办公环境的干净整洁、办公场合收拾得井井有条。但是完美型性格的人会让人觉得阴沉、没有活力，太关注同事、上司和旅客对自己的看法，很容易受到伤害，同时给身边的人造成很大压力。在民航服务过程中此类人要注意学会看事物的积极面，降低自身的处事要求，健康、阳光、积极地面对服务工作，以主动、热情、周到的服务意识来服务旅客。

3）让力量型性格的人缓和下来

力量型性格的服务人员天生就是领导者，在工作上总是显得充满活力、信心十足；服务工作中意志坚决、果断，一旦认准目标就决不放弃，是天生的工作狂，设定目标后，能迅速地全身心投入到工作中。力量型性格的服务人员善于管理，能纵观全局，知人善任，会合理地委派工作，寻求最实际、最合适解决问题的方法。力量型性格的人有很强的控制欲，固执地认为自己总是对的，不能容忍别人的缺点，不会主动道歉。在服务工作中，力量型性格的人要学会低头，勇于承担责任和为自己的行为负责。

4）让和平型性格的人振奋起来

和平型性格的服务人员在面对旅客时显得很平和、镇静、坦然自若，对工作很有耐心。他们很细心，做任何事都面面俱到，绝对不会让别人感到被冷落。服务工作中他们是最好的聆听者。但是和平型性格的服务人员容易墨守成规，不喜欢改变，没有主见，不会拒绝别人。在服务工作中，和平型性格的人要学会变通，学会拒绝别人不适当的要求。

2. 针对不同性格的旅客如何服务

1）活泼型性格旅客

活泼型性格的旅客活泼好动，反应快，理解力强，显得聪明伶俐。他们动作敏捷、灵活、多变。旅行中他们对人热情大方，喜欢与人交往和聊天，喜欢打听各种新闻。在服务工作中，应尽量满足他们爱交往、爱讲话的特点。在与他们交谈过程中，不要过多重复，以免他们不耐烦。旅行中服务人员应主动向他们介绍航空公司的特色服务、飞机机型、客舱服务设施及娱乐设施，以及目的地风光和特产，以满足他们喜欢活动的心理。活泼型性格的旅客善于表达自己的观点，会将自己的服务体验和感受都告诉他们的亲朋好友，因此这类旅客对航空公司有极大的影响力。

2）完美型性格的旅客

完美型性格的旅客对自己和别人都有着很高的要求，他们重视候机环境和乘机环境，非常关注服务人员对自己的服务细节，在接受服务时显得十分挑剔。对于这种旅客要始终抱着不厌其烦的态度，尽可能为其提供细心、主动、热情、周到的服务。即使旅客对极小的服务差错表现得极为挑剔，服务人员也应真诚地表示歉意，并立即改正。民航服务人员要尽可能地对完美型性格的旅客表示友善，多找机会对他们微笑，即使得不到回报，也不要气馁，要再尝试。询问旅客问题时，要用轻而缓的语调，如果他们第一次没有听见，可以用同样的语调再重复一遍。

3）力量型性格的旅客

力量型性格的旅客对服务的任何项目都要求快捷、迅速；要求服务人员有问必答；对服务人员提出要求时，喜欢用命令的语气；对服务不满意时会表现得异常生气，甚至大声斥责。对于此类旅客对服务提出不满或投诉时，只要及时适当地解决，他们会转怒为喜。服务人员服务此类旅客时，要行走迅速，评议简洁合理，对旅客

提出的任何要求均要给予准确回答。为了使此类旅客满意，可以额外地为他做些事，如协助安放行李，主动提供毛毯，阅读时主动为其打开阅读灯，当他们得到满意的额外服务时，会给予服务人员更多的回报，会对服务人员的服务素质给予高度评价。训练有素的服务人员可以使力量型性格的旅客成为公司的常旅客。

4）和平型性格的旅客

和平型性格的旅客通常稳重、矜持、冷静、寡言，不轻易表现自己的情绪，从外表看更像绅士和淑女，和服务人员交往的过程中也采用互相尊重的态度，即使对服务不满，他们也很少发泄出来。对此种旅客服务，服务人员一定要举止端庄、温文尔雅，并经常使用礼貌用语，如和旅客交谈，一定要事先说："打扰您，先生/女士，我可以……"。通常此类旅客对服务要求很高，虽然不愿意多提要求，但是对服务有很多主观标准，服务人员在服务时，一定要严格按照服务程序和要求进行。

拓展案例

民航安全工作忌怕麻烦、图省事

惰性，人之天性。怕麻烦、图省事，人皆有之。民航安全工作是一项持续性的、系统性的工程，是长期的、重复性的，它需要每个民航人不厌其烦、不图省事。

我们经常听到有人在背后发牢骚，工作中嫌麻烦，认为有些规章、程序是多余的。其实，在安全工作中的每一条规章、每一项制度、每一个流程都是长期工作经验的总结，是用血和泪的教训换来的。怕麻烦、图省事，在工作中就会想办法抄近路，违章操作，心存侥幸。或许一次、两次违章操作并没有对安全构成危害，但是久而久之，习惯成自然，违章操作所带来的隐患，在外部因素触发下，就会导致安全事故的发生。记得有一次去看一位骑车出车祸的朋友，躺在病床上的他后悔地说，自己就是嫌麻烦，见没车又没警察，不愿环岛绕行，结果被车撞了。安全无小事，一次小小的"省事"，其后果极有可能是致命的。

怕麻烦、图省事，在工作中就会对规章不落实，对程序能省就省，对发现的一些小隐患、小问题，不排查、不处理，听之任之，怕多花这点时间和力气，任凭飞机带着隐患飞行，就极有可能导致一起安全事故的发生，得到的"回报"必定是惨痛的；而多一遍复查，多一次询问，及时处理小隐患，都有可能化解一起伤亡事故的发生。进入停机坪，有靠近飞机的车辆驾驶不当造成车辆撞飞机的，有不按规定操纵飞机挡轮造成飞机滑动碰擦的，此类因嫌麻烦而造成的不安全事件不胜枚举。

安全工作不允许员工存有任何侥幸心理，不能有丝毫的懈怠和麻痹思想。只要做到责任到位，严格按规章办事；检查到位，不漏过一个细节；措施到位，不漏过一个疑点，许多的事故都是可以避免的。

安全只有起点，没有终点。每一位民航员工应自觉牢固树立安全第一的思想，不断加强学习，提高安全意识，增强安全责任感，本着对社会负责、对家庭负责、对自己负责的态度，不怕麻烦、不图省事。只有这样，民航持续安全才能实现。

（资料来源：www.chinaairline.com.cn）

四、民航服务人员性格培养

米开朗基罗在雕塑之前，花了很多时间挑选大理石，因为他可以改变石头的外观，但无法改变大理石本身的质地和花纹，外观就像人的性格，我们每一个人都是自己性格的雕塑师。性格并非一朝一夕形成，是多方面因素综合影响的结果。民航服务人员应具备谅解、支持、友好、团结、诚实、谦虚、热情、耐心等良好的性格特征，还应具备独立能力、适应能力、事业心、责任心、恒心等性格品质。

性格对于民航各岗位服务人员十分重要，如何才能不断地塑造自身良好的性格呢？主要可以从以下几个方面入手。

1. 强大的自控能力

性格培养是一个与自己斗争较劲的、艰苦的、长期的工程，如果不能控制自己，则无从谈起。如果你是一个容易发怒的人，想要培养一种豁达、宽容的性格，那么在想要发火的时候，一定要强行压制怒火，一旦你不能控制自己，用再长的时间也培养不了良好性格。

2. 科学的方法

性格其实与人的生理条件（比如血型、基因）、习惯、家庭环境等诸多因素有关，调整方法不科学，往往适得其反，严重的还会引发心理或生理疾病（比如强迫症）。实际生活中我们要认识到性格培养不是立竿见影的事，一定要树立打持久战的思想，方法上从易到难，先从容易的做起，增强信心，要一步一个脚印，扎实打好基础，切忌反复。

3. 客观的自我认识

民航服务人员要对自身进行深刻的反思或自省，对自己有客观的认识，这样在确定目标和方法时就会有很强的针对性，简单的移花接木式地照搬别人的经验往往会失败。

4. 创建良好的服务团队，形成健康的团队氛围

一个良好的服务团队，对提高和完善自身性格的自觉性和积极性都有积极的帮助。坚强而富有生气的团队能够产生一种强大的团队精神，有助于其成员培育出健全的性格。这种精神是任何有经验、有能力的个人无法具备的。

5. 培养健康生活情趣，保持乐观积极的心态

乐观积极的心态是一个人实现工作进步、生活美好的源泉。在这个世界上，只有一种心态能让我们感觉一切都是美好的，那就是乐观积极的向上心态。我们应该制定一个每天能产生快乐而富有建设性、思想性的计划，来为自己的工作和生活服务。

乐观积极的心态和快乐的工作，带给我们的是挂在脸上隐不去的自信和微笑。同时，自信和微笑带来的又是活力十足、惹人喜爱的个人形象和让人觉得和蔼可亲的性格和能力，而这种能力，必然促进服务工作方面的提升。形象上的完美、健康乐观的心境带来的一定会是个人事业上的成功。

有一句话说得好："世界上最难的往往不是战胜别人，而是战胜自己"。

第三节　职业能力与民航服务

一、能力概述

"一个人能力有大小，但只要有这点精神，就是一个高尚的人。"什么是能力呢？日常生活中我们常说，这个人是一个有能力的人，这里能力是指直接影响人的活动效率，使活动、任务顺利完成的个性心理特征。

一个有绘画能力的人，只有在绘画活动中才能施展自己的能力；一个教师的组织能力，只有在教育教学活动中才能显示出来。只有通过活动才能了解一个人能力的强弱。

二、能力分类

根据能力影响范围的大小，可将能力分为一般能力与特殊能力。一般能力又称基本能力，通常是指那些在各种活动中都必须具备的能力。例如：注意力、观察力、记忆力、思维力、想象力等，一般能力也称为智力或智能。特殊能力是指完成某种专业活动所必须具备的能力。如数学计算、音乐绘画、形象思维、空间想象等能力以及与某种实际操作相联系的动作体系，如飞行员、打字员、轮船驾驶员等所具备的特殊能力。

根据能力的主动性、独立性、创造性的不同，可将能力分为模仿能力与创造能力。模仿能力是指人们通过观察别人的行为、活动来学习各种知识，然后以相同的方式进行反应的能力。创造能力是善于运用前人经验并以新的内容和形式来完成工作任务的能力。

根据能力影响的活动领域的不同，可将能力分为认知能力、操作能力与社交能力。认知能力指接收、加工、储存和应用信息的能力。它是人们成功地完成活动最重要的心理条件。知觉、记忆、注意、思维和想象的能力都被认为是认知能力。操作能力指操纵、制作和运动的能力。劳动能力、艺术表现能力、体育运动能力、实验操作能力都被认为是操作能力。操作能力在操作技能的基础上发展起来，又成为顺利地掌握操作技能的重要条件。社交能力指人们在社会交往活动中所表现出来的能力。组织管理能力、言语感染能力等都被认为是社交能力。在社交能力中包含有认知能力和操作能力。

三、职业能力

1. 概念

职业能力是人们从事某种职业的多种能力的综合。例如：一位空乘人员只具有良好语言表达能力是不够的，还必须具有服务意识、服务技能和管理能力，以及对旅客提出问题进行分析和判断的能力。职业能力能够衡量一个人是否能够胜任一份工作，也能说明其在该职业中取得成功的可能性，职业能力越强则越能胜任工作并获得成功，反之，职业能力越弱，胜任工作和成功的可能性将越低。

2. 职业能力构成

职业能力是多种能力的综合，所以我们把职业能力分为一般职业能力、专业能力和职业综合能力。

一般职业能力主要是指一般的学习能力、文字和语言运用能力、数学运用能力、空间判断能力、形体感知能力、颜色分辨能力、手眼协调能力等。此外，任何职业岗位的工作都需要与人打交道，因此，人际交往能力、团队协作能力、对环境的适应能力，以及遇到挫折时良好的心理承受能力都是在职业活动中不可缺少的能力。

专业能力主要是指从事某一职业的专业能力。在招聘的过程中，招聘企业最关注的是求职者是否具备胜任岗位工作的专业能力。如：配载员要熟知飞机配载图的画法和各机型配载要求，售票员要熟练操作售票系统，空中乘务人员应能正确、熟练地使用客舱设备等。

职业综合能力主要是指企业普遍注重培养的关键能力，一般由四个部分组成。第一，跨职业的专业能力，如数学计算能力、计算机应用能力和运用外语的能力。第二，方法能力，如信息收集和筛选能力、制定工作计划并独立决策实施的能力、准确评价自我和接受他人评价的能力等。第三，社会能力，包括团队协作能力、人际交往和沟通的能力，在工作中能协同他人共同完成工作所需的判断力和自律能力等。第四，个人能力，如人的社会责任心、诚信、职业道德等。

3. 职业能力对职业的影响

任何一个职业岗位都有相应的岗位职责要求，一定的职业能力则是胜任某种职业岗位的必要条件。求职者在择业时，首先要明确自己的能力优势以及胜任某种工

作的可能性。条件允许的情况下，可以由专业职业指导人员帮助分析，根据求职者的学历状况、职业资格、职业实践经历等来确定求职者的职业能力，必要时可以进行心理测试作为参考，在基本确定求职者的职业能力和发展的可能性的基础上帮助求职者进行职业选择。

教育培训促进职业能力的提高。个体职业能力除了可在实践中磨炼和提高之外，最有效的途径就是接受教育和培训（职业教育、专科教育、本科教育、研究生教育等）。对有关知识和技能的培训，对求职者以后更好地胜任本职工作会有极大的帮助。还有一部分培训是入职后由公司提供的培训，如成为海南航空乘务员后，将接受三个月的培训，不仅要通过英语、航空服务礼仪、客舱服务技能理论和实操、B737等机型知识和实操、危险品识别及处置、应急医疗救护、应急处置、高原航线等多门课程的培训及考核，还要接受礼仪、纪律和日常生活规范、着装、仪容仪表、形体仪态及德育考核，只有全部通过者，才能拿到专属于自己的乘务员上岗合格证，成为真正的乘务人员。

四、全面提升服务人员职业能力

1. 提升服务人员职业能力的基础：做好职业生涯规划

对很多学生而言，与其说是"就业困难"，不如说是"择业困难"。不少人不知道自己应该从事什么样的工作，对自己的未来发展缺乏科学的规划。要成为一名合格的民航服务人员，先要树立正确的职业理想，正确进行自我分析和职业分析，了解自己的兴趣、气质、性格和能力，认识自己的优势与特长、劣势和不足；充分了解民航业的行业现状和发展前景，以及职业岗位的要求。构建合理的知识结构，最大限度地发挥知识的整体效能，培养职业需要的能力。

2. 提升服务人员职业能力的关键：较强的社会适应能力

学校和社会是有差距的，大学生缺乏工作经历与生活经验，角色互换慢，适应过程长，在大学期间应多参加社会实践，提高自己的组织管理能力、心理承受能力、人际交往能力和应变能力，更好地适应社会、融入社会。

3. 提升服务人员职业能力的根本：良好的心理素质

充分认识自己，了解自己，要先弄清楚，哪些是自己的弱项，哪些是强项。中国有句俗话，叫"知己知彼方能百战百胜"，所以看清自己的弱项和强项是第一步。只有看清楚了缺点才有改正它的动力。思维决定情绪，内心有什么样的想法，就会有什么样的情绪体验和情绪表现。提高承受力，适当的挫折不但有助于更好地认识自我，也能很好地培养心理素质。用积极心态扫清成功路上的障碍，直到达到胜利的彼岸。

4. 提升服务人员职业能力的保证：正确的择业心态

正确认识自己，避免盲目追求。要积极主动寻求就业，不要过分强调自我价值，应选择能发挥自身才能的岗位。

第四节 特殊旅客心理与民航服务

一、特殊旅客概述

1. 特殊旅客的概念

特殊旅客又称特殊服务旅客或特服旅客，是指在运输过程中，承运人须给予特别礼遇，或者给予特别照顾，或须符合承运人规定的运输条件方可承运的旅客。

2. 特殊旅客分类

特殊旅客包括初次乘机旅客、重要旅客、无成人陪伴儿童、病残旅客、老年旅客、孕妇旅客、婴儿旅客、犯罪嫌疑人、特殊餐饮旅客、民航内部乘客、航班延误与取消旅客、投诉旅客、挑剔旅客以及其他受运输条件限制的旅客。

二、特殊旅客心理

1. 初次乘机旅客

这类旅客对乘机流程不熟悉，安全感不够，对各类民航服务设备、设施充满好奇，希望有专人为其介绍。

> 拓展案例

初次乘机乱试开关 一旅客损坏救生器材被处罚

一位第一次乘坐飞机的旅客谭某好奇心太重，在飞机上乱试开关损坏救生器材，险些酿成严重后果。飞机降落后，白云机场候机楼派出所对谭某给予治安处罚和赔偿救生器材费用处理。

2013年9月8日17点左右，旅客谭某第一次乘坐飞机到广州采购服装。当他走进西南航空公司重庆至广州的4341航班飞机时，谭某的目光被机舱内的现代化设计吸引住了。在15排C座坐下后，他的手也就"跟着好奇的感觉走"，开始按座位顶上的红色按钮向乘务员询问，接着又按按钮向乘务员要饮料。

谭某见"按按钮"很是管用，接着就按座位上的按钮，座位里掉出一个救生衣。

接着他又打开救生衣外套，并把救生衣上2个银白色高压小钢瓶保险拉开，救生衣顷刻自动充上了气。谭某继续摆弄座位旁边的飞机逃生门的开关，后被"闻警赶来"的机组人员及时制止。如果紧急逃生门被强行打开的话，旅客会被吸出飞机，后果将不堪设想。

为防止谭某管不住自己的手，机组派一名乘务员看着他。当该班机于当日18点30分降落于广州白云机场后，机组将谭某移交候机楼派出所处理。

谭某在白云机场候机楼派出所交代说，自己是出于好奇将救生衣从座位下面取出，并将救生衣充了气。他愿意赔偿，也愿意接受派出所的处罚。

谭某擅自移动和损坏飞机上航空救生器材，违反了我国民航相关法律的有关条款，机场候机楼派出所依法对谭某给予了处罚。

机场民警指出，飞机上航空救生器材是供紧急情况下使用的，正常情况下仅仅作为备用，每件救生衣是花高价购买的。如果损坏了高压自动充气装置，救生衣就失去了紧急充气功能，也就是说该件救生衣就报废了。为了自己和其他旅客的安全，千万不要擅自移动或损坏飞机上的救生器材。

（资料来源：民航资源网）

2．重要旅客

重要旅客分为最重要旅客（代号VVIP）、一般重要旅客（代号VIP）、工商界重要旅客（代号CIP）。重要旅客是航空运输保障的重点，认真做好重要旅客运输服务工作是民航运输部门的一项重要任务。为做好这一工作，要遵照执行民航总局发布的《关于重要旅客运输服务工作的规定》。重要旅客的心理特点：自尊心、自我意识强烈，希望得到应有的尊重，与普通乘客比较，他们更加重视环境的舒适和接受服务时心理上的感觉；同时，由于乘坐飞机的机会可能比较多，他们会在乘机过程中对飞机上服务有一种有意或无意的比较意识。

3．无成人陪伴儿童

无成人陪伴儿童指的是乘坐飞机时无成人（年满18周岁且有民事行为能力的人）同行的、年满5周岁、未满12周岁的儿童，此类旅客乘机须办理无成人陪伴儿童乘机手续，也就是通常所说的"儿童托运"。如果孩子年满12周岁但未满18周岁，也可自愿申请无成人陪伴儿童服务。在国际及地区航线上，为孩子申请无成人陪伴儿童服务，须支付无成人陪伴服务费。儿童乘客的基本心理特点是性格活泼，天真幼稚，好奇心强，善于模仿，判断能力差，做事不计后果，容易乱摸乱碰服务设施。

4．病残旅客

病残旅客一般可分为身体患病者、精神病患者、肢体伤残者、失明旅客、乘担架或轮椅旅客、需要使用机上氧气设备的旅客。这些人较正常人自理能力差，有特殊困难,迫切需要他人帮助,但是此类旅客自尊心较强,一般不会主动要求民航服务人员去帮忙,对此民航服务人员要了解这些旅客的心理,特别注意尊重他们,让他们感到温暖。

5. 老年旅客

人到老年,体力、精力开始衰退,生理变化必然引起心理上的变化。部分老年旅客在感觉方面比较迟钝,对周围事物反应缓慢,活动能力逐渐减退,应变能力差。老年人由于年龄上的差异与年轻人想法不同,因而可能心境寂寞,孤独感逐步增加,固执,强调舒适安全、质量可靠,自尊心强,需要得到更多尊重。

6. 孕妇及婴儿旅客

民用航空运输具有舒适、安全的特点,但为了保障旅客身体健康和安全,航空公司对孕妇、婴儿乘机制定了一些特殊的运输规定:出生不足 14 天的新生婴儿、孕期超过 9 个月的孕妇不能乘机。孕妇乘坐飞机时希望得到更多的关怀和特殊的服务。

7. 民航内部旅客

航空公司内部员工和民航管理局员工了解民航各环节服务,对服务质量要求高,通常有一些额外要求。

8. 犯罪嫌疑人

公安人员押解犯罪嫌疑人,一般不准乘坐民航班机,确实需要乘坐民航班机时,必须报经押解单位所在地或押解出发地省、自治区、直辖市公安厅、局批准。民航管理局对押解嫌疑人有明确规定:押解警力要三倍于犯罪嫌疑人;对犯罪嫌疑人可以使用必要的器具;在押解过程中不允许犯罪嫌疑人单独行动,防止犯罪嫌疑人失控;押解人员乘机时不得携带武器;执行押解任务要内紧外松,早上机、晚下机,避免给同机旅客造成不便;押解犯罪嫌疑人不得与要客同机。犯罪嫌疑人不希望得到更多的关注,不想受到别的乘客或服务人员的注视。

拓展案例

<h4 style="text-align:center">民航警方详解如何押解嫌疑人</h4>

2011 年 9 月 29 日,祥鹏航空从昆明飞往武汉的航班上有一名被警方押送的戴手铐脚镣的旅客,有乘客问:警方乘飞机押送嫌疑人,会不会给乘客安全带来影响?

据了解,29 日中午 12 时 50 分从昆明飞抵武汉的祥鹏航空航班上,确实有一名由武汉市公安局缉毒处押送的嫌疑人。有乘客介绍,当时一行 5 人,均提前上飞机,

坐在最后一排，下飞机时，他们最后下飞机。乘客还看到有全副武装的特警走上前协助押解。有乘客提出疑问：跟犯罪嫌疑人同机，会不会不安全？

对乘客的疑问，天河机场公安局发言人解答说："押解犯罪嫌疑人搭乘航班是可以的，有一整套严格的审查程序，押解前，押解方须持省公安厅或同级相关机构开具的飞行押解证明，在航班出发的机场所在地的民航机场警局办理相关手续，民航警方提前向所乘机组申请，得到允许后换登机牌，开具安检通知书，由相关工作人员为嫌疑人和押解民警进行专门的安检，乘机方通过安检后在隔离区等候。民警押解嫌疑人的人数比例应是 3∶1（即 3 名警察押解 1 名嫌疑人），必须第一批上飞机，坐在最后一排，不允许嫌疑人中途离座上洗手间，嫌疑人须夹坐在民警中间，航班到达机场后，押解小组须最后下飞机。

（资料来源：武汉晚报）

9. 特殊餐饮旅客

特殊餐饮是考虑到对乘客的饮食习惯及对宗教信仰的尊重，而提供的各种特殊餐食，如婴儿餐、素食餐、糖尿病餐、水果餐、犹太餐、穆斯林餐等。

10. 航班延误与取消旅客

乘坐航班由于天气原因、航空管制、旅客原因、飞机调配和其他原因造成航班延误或取消时，旅客通常表现出焦虑、抱怨、怀疑和愤怒，应注意安抚。

11. 投诉的旅客

航班延误与取消、服务人员态度或服务意识差、设施设备有缺陷、标准流程规范执行不力和清洁卫生不好等都会导致投诉。民航的投诉热点问题主要有飞机晚点、赔偿太难、民航服务人员服务态度生硬、退票麻烦、娱乐设施单一、行李丢失和积分优惠难享等。一般旅客投诉时都希望得到航空公司的重视，他们主要有四点心理特征：维护合法权益、求尊重、求发泄、求补偿。

12. 挑剔的旅客

心理学认为总挑别人毛病是自卑的表现，自尊心较差的人更喜欢谈别人缺点和贬低别人，因为他们觉得自己不如别人，只有把别人贬低到和自己差不多，甚至比自己更差的位置，心里才舒服。同时，此类人因为自信心差，原本就怀疑自己，再听到批评就会更受不了。为了保护自尊，他们会对批评采取防御甚至反攻的态度。

三、特殊旅客服务

1. 初次乘机旅客

初次乘机旅客由于是第一次乘坐飞机，对乘机流程不熟悉，对各类民航服务设备、设施充满好奇。民航服务人员应主动为他们介绍航班情况,主动介绍客舱服务设备,主动与其亲切交谈,让其感觉飞机是安全、舒适的。

拓展案例

初次乘机旅客增多 烟台机场推出乘机一条龙服务

据了解,针对春运期间初次乘机旅客增多的情况,烟台机场推出了"乘机一条龙"服务,身披绶带的大厅导乘员会为初次乘机旅客提供引导和帮助,确保旅客能够快速通行。

据介绍,除了东北方向的机票比较紧张外,其他方向都能够买到机票,部分航线还可以买到折扣票。候机大厅秩序井然。为最大程度地方便旅客出行,烟台机场加派人手,开足柜台和通道,最大限度利用现有资源,及时分流旅客。春运首日,烟台机场没有发生旅客滞留现象。

烟台机场党委工作部田南阳告诉记者:"春运第一个高峰期会出现在小年前后,一直持续到春节;第二个高峰会出现在初六初七;正月十五会有第三个客流高峰。春运期间,烟台机场起降航班有约2500架次,平均每天有六七十个航班进出港,日进出港旅客最高接近6000人。"

(资料来源:http://www.jiaodong.net)

2. 重要旅客

为重要旅客服务时,服务要细致,要按照要客单上的称呼致意,尊称其头衔,并尽快接过其行李,引导入座。要客上飞机就座后,服务人员应主动问其餐食以及忌口需求,而后提供大件行李存放服务,以及衣服挂放服务,牢记旅客的名字,做到以姓氏称呼。除了保证座椅舒适,对要客还有很多细微的服务,在不影响其他旅客的前提下,为要客提供特殊服务,比如添加餐食、洋酒供给、提供使用空中频道的电子设备等。要客享有最先下机权。

3. 无成人陪伴儿童

无成人陪伴儿童在起飞及抵达目的地机场时,航空公司应派专人协助儿童办理乘机登记、过海关、安检和提取行李等手续,并在候机期间派专人负责照看儿童及其文件袋,并亲手将孩子交给乘务长,让儿童安全、顺利地完成空中之旅。为了确保顺利登机,建议送机人向机场工作人员确认飞机起飞后再离开机场。如遇航班延误,航空公司将派专人妥善照料儿童,安排膳宿和后续运输,并将运输的变动情况通知儿童的接领人和相关航站。如遇航班取消时,航空公司会和家长取得联系,将儿童安全地交还给家长。航空公司会根据儿童的乘机信息事先与接领人取得联系。

当航班落地后，承运方会安排专人迎接儿童，并与乘务员办理交接手续，协助儿童办理到达手续。接领人在到达站须出示有效身份证件，经地面服务人员核对无误后才可接走孩子。在飞行中，乘务长要指定一名乘务员主要负责照顾儿童的饮食和活动，乘务员要经常观察儿童旅客是否有不适应或不舒服的感觉，飞机下降时，叫醒正在睡觉的儿童，并妥善照顾，以避免压耳。对于特别好奇、活泼、调皮的儿童旅客不能训斥，应事先告诉他一些规定和要求。

拓展案例

国航温馨服务"无人陪伴小旅客"

暑运期间，正值无人陪伴儿童出行高峰。为全面提升服务质量，国航地服实施一系列新措施，为"无人陪伴小旅客"们提供个性化的温馨服务。

改善候机环境：国航对无人陪伴儿童的接待等候休息室进行了重新装修，划分出了接待区、候机区和儿童娱乐区，为家长办理交接手续和儿童候机提供了安全、舒适的环境。经过精心设计的儿童娱乐区墙面采用了视觉跳跃、色彩鲜艳的卡通装修风格，并安装了电视机、DVD 机，准备了儿童喜爱的影片，"小旅客"在候机时可以选择自己喜爱的动画片观看。

增派"爸爸妈妈亲子服务队"：国航地服专门挑选了服务好、经验丰富的员工，成立了"爸爸妈妈亲子服务队"，全程陪护无人陪伴儿童登机。"服务队"成员多是年龄较长、有孩子的老员工，他们像带自己的孩子一样，通过温暖贴心的呵护，减少了家长与"小旅客"分离时彼此的牵挂和担心，最大限度地确保无人陪伴儿童安全出行。

（资料来源：《国际航空报》）

4. 病残旅客

民航服务人员要主动搀扶、护送病残旅客上、下飞机，帮助病残旅客提拿行李和安放随身携带物品，比如在客舱中，旅客就座后，服务人员应主动送上枕头或毛毯，帮助其系好安全带并示范解开的方法；主动为其递送书报杂志，协助其穿脱衣服；在供应饮料和餐食时，帮助其放好小桌子。对聋哑旅客一定要主动介绍安全带的使用方法，提示座椅调节按钮、阅读灯、呼唤铃和耳机的位置，如遇延误或改航班等重要信息一定要以小纸条形式告知旅客。

5. 老年旅客

在对老年人服务时一定要注意尊重、安慰、关心和体贴老年人。
（1）安排座位：热情搀扶需要帮助的老年旅客上、下飞机，主动帮助提拿、安放随身携带的物品，安排座位，协助其系好安全带并示范解开的方法。

（2）介绍服务设备：主动为老年旅客介绍客舱服务设备、地面服务设备及卫生间设备，及其使用方法。

（3）细微服务：地面服务有老年人的专用安检通道。上机后服务人员应主动送上毛毯，应主动告知飞行距离、时间；旅途中，经常去看望老年旅客，尽量为其送热饮软食，主动介绍供应的餐饮。

6. 孕妇及婴儿旅客

民航服务人员应帮其提拿随身携带的物品，安排座位，介绍客舱服务设备；飞行中为其提供细微服务，包括帮助调整通风口，不让通风口直接对着婴儿及其陪伴人员；协助陪伴人员冲调奶粉；下降时，告诉陪伴人员唤醒婴儿，以免压耳；为孕妇提供毛毯或枕头等。

7. 民航内部旅客

对民航内部旅客服务时应有理、有节。有理，指对于升舱的要求，说明公司有明确的规定以求得理解；有节，对一些无理的要求应适时拒绝，不损害公司的利益。

8. 犯罪嫌疑人

乘务长及时通知各位空中乘务人员，避免将其身份暴露给其他乘客，不送含酒精饮食和有威胁性的用具。

9. 特殊餐饮旅客

在为特殊餐饮旅客提供服务时要注意尊重其宗教信仰，在发放餐饮时应单独提供。如提供犹太餐应按照犹太教规定，且保证在封条完好的状态下提供，不用左手为其传递物品。

拓展案例

新华空港航食成功为以色列航空提供犹太餐食

北京新华空港航空食品有限公司（以下简称新华空港航食，为中国第四大航空集团——海南航空旗下的航空食品公司）成功为以色列航空公司提供自行加工制作的机上犹太餐食，成为当时中国大陆地区少数的制作犹太餐的航空配餐食品公司之一。

众所周知，犹太餐的制作工艺非常复杂，从原料到制作到存放甚至到餐具清洗，都有一系列的犹太教规则需要遵守，而且其对生产企业的资质要求也非常严格。新

第三章 民航服务与个性

华空港航食过硬的餐食生产加工水平，以及积极的合作诚意，深深打动了以色列航空公司，双方顺利签署了配餐服务协议。在近2个月的配餐服务过程中，新华空港航食凭借地道、专业的犹太餐食制作，周到、热情的服务品质，赢得了以色列航空公司及其乘客的一致好评。

此次新华空港航食成功承接以航犹太餐业务，提升了其在同行业中的竞争能力，对新华空港航食乃至中国大陆航空配餐行业来说，都是值得载入行业发展史的里程碑。

拓展案例

中国航空餐饮特色路

针对市场需求，国航客舱服务部在提高空中配餐品位上有计划、有目标地选择打中餐这张牌，旨在给旅客提供更多、更好、更切实际的服务。因此，"中餐特色"已成为国航客舱服务的一个战略性的服务理念。

以这一理念为指导，2002年上半年，国航首先选择了北京—上海、北京—广州两条往返航线为餐饮改革试点航线。在正餐里，有北京人爱吃的凉糕、烧麦等点心；有上海人爱吃的松仁菊花桂鱼、日汁麻油酥鸡、上海烩面、黄桥烧饼、海鲜酥等；有广州人爱吃的明炉烧鹅、XO酱、金菇牛肉、莲藕饼、鸡粒酥等。每份餐食荤素搭配合理，每条航线都体现中华美食的地域性、代表性，给中外旅客奉上了更多的惊喜和变化。为突出餐食的质感，在餐具配备上，头等舱、公务舱使用了"蓝色之梦"瓷餐具，经济舱使用了"玫瑰之旅"塑料新餐具。经过两个多月的试点，旅客对国航餐饮满意度有了较大提高。通过跟踪调查和发放问卷统计表明，旅客对配餐颜色的满意度达94%，对配餐的口味满意度达89%，对配餐质量的满意度达92%，对配餐卫生的满意度达96%。在配餐试点改革成功的基础上，从2002年3月31日航班换季开始，国航在所有国内航线、部分国际和地区航线上推行这一理念，形成了独具中国特色的客舱餐饮文化，在国内外航线上亮出了国航的新特色，并很快得到了业内的认同。

"中餐特色"是指标准的设定。在餐饮服务上，航空公司考虑的不仅仅是给旅客吃什么、喝什么，重要的是创造一种文化。通过文化氛围，使旅客对航空公司产生良好印象，拉住回头客。过去国航曾一度在航班上配备过白酒，现在早已取消白酒供应，将国产知名品牌"长城"赤霞珠和"长城"龙眼干白葡萄酒，以国航特选酒的名义供旅客选择，在酒的背标上标明"中国国际航空公司特选"字样。这两种酒都曾获奖，经过试用，中外旅客普遍认可，受到了较高评价。民族化的餐饮与舒适的客舱环境相配，再加上乘务人员真诚、微笑、机敏的"3S"服务，使旅客多了些新的感受，提升了服务品质。2002年国航客舱服务部共收到来自海内外的旅客表扬信959份，旅客综合满意率为98.1%。

10. 航班延误与取消旅客

在服务航班延误与取消旅客时应该注意做好以下几点：第一，及时提供相关信息和知识；第二，提供相应的服务；第三，以诚恳的态度理解旅客，对旅客进行心理安抚；全神贯注倾听对方说话，向旅客表明已听明白旅客的话，承认事实，认同对方的感受；第四，提供更加人性化的服务感化旅客；第五，用切实的服务先使带头的旅客冷静下来。

11. 投诉的旅客

旅客投诉情况可以反映出航空公司各个服务环节的状况以及存在的问题，对于提高航空公司的服务能力具有参考价值，作为民航服务人员要树立正确的投诉应对观念。根据旅客投诉的方式采取应对的措施，用良好的态度给予及时的反馈。

12. 挑剔的旅客

民航服务人员在为挑剔旅客服务时，一定要有耐心、不急躁，以平静的心情倾听乘客的诉说，不急于解释和辩解，避免引起旅客更大的反感，用耐心、热心、周到的服务，使乘客的心情平静下来。

心理学故事

打破思维定势

清朝时期，通山县有个叫谭振兆的人，小时候家里比较宽裕，父亲给他定了亲，亲家是同村的乐进士。后来，谭父死了，谭家渐渐衰败，经济条件远不如以前，乐进士便想退婚。

一天，谭振兆卖菜路过乐进士家，就进去拜见乐进士。乐进士对他说："我做了两个阄，一个写着'婚'字，另一个写着'罢'字。你拿到'婚'，我就把女儿嫁给你；拿到'罢'字，咱们就退婚，从此谭乐两家既不沾亲也不带故。不过，两个阄你只看一个就行了。"说完就把阄摆出来。

谭振兆心想："这两个阄分明都是'罢'字，我不能上他的当。"想到这，他立刻拿了一个阄吞在腹中，指着另一个对乐进士说："你把那个阄打开看看，如果是'婚'字，我马上就离开这，咱们退婚；若是'罢'字，那就说明我吞下的是'婚'字，这门亲事算定了。"乐进士煞费苦心制造骗局却被谭振兆识破，没办法只好把女儿嫁给谭振兆。

能够把人限制住的，只有人自己。人的思维空间是无限的，有很多种可能的变

化。也许我们正被困在一个看似走投无路的境地，也许我们正处在两难选择之间，这时一定要明白，这种境遇只是因为我们固执的定势思维所致，只要勇于重新考虑，一定能够找到不止一条跳出困境的出路。

心理学案例

思维定势

有这样一个著名的试验：把六只蜜蜂和同样多的苍蝇装进一个玻璃瓶中，然后将瓶子平放，让瓶底朝着窗户。结果发生了什么情况？

蜜蜂不停地想在瓶底上找到出口，一直到它们力竭倒毙或饿死；而苍蝇则会在不到两分钟之内，穿过另一端的瓶口逃逸一空。

由于蜜蜂基于出口就在光亮处的思维定势，想当然地设定了出口的方位，并且不停地重复着这种"合乎逻辑"的行动。可以说，正是由于这种思维定势，它们才没能走出囚室，而那些苍蝇则对所谓的逻辑毫不留意，全然没有对亮光的思维定势，而是四下乱飞，终于飞出了囚室，头脑简单者在智者消亡的地方顺利得救，在偶然当中有很深的必然性。

本单元小结

（1）气质是指人的相对稳定的个性特点和风格气度。

（2）性格是指一个人在对现实的稳定态度和习惯了的行为方式中表现出来的人格特征，它表现一个人的品德对人的价值观、人生观、世界观的影响。

（3）职业能力是人们从事某种职业所需的多种能力的综合。

（4）气质分类：黏液质、胆汁质、多血质、抑郁质。

（5）性格分类：活泼型、力量型、和平型、完美型。

（6）特殊旅客又称特殊服务旅客或特服旅客，是指在运输过程中，承运人须给予特别礼遇，或者给予特别照顾，或须符合承运人规定的运输条件方可承运的旅客。

（7）民航服务人员性格培养：强大的自控能力，科学的方法，客观的自我认识，建设良好的服务团队，形成健康的集团氛围；培养健康生活情趣，保持乐观积极的心态。

（8）民航服务人员气质培养：感受性、灵敏性不宜过高，忍耐性和情绪兴奋程度不能低，对别人信任、关心，仪态端庄，仪表整洁，充满自信，保持幽默感，适应外界环境能力要强。

思考与讨论

一、填空

（1）性格是指一个人在对现实的_____和习惯了的行为方式中表现出来的人格特征，它表现一个人的品德对人的_____、_____、_____的影响。

（2）职业能力是多种能力的综合，我们把职业能力分为_____、_____和_____。

（3）性格可以分为活泼型、_____、_____和完美型。

（4）重要旅客分为三个等级：_____，代号_____；_____，代号_____和_____，代号_____。

（5）根据四液说，气质被分为_____、_____胆汁质、_____。

二、简答

（1）请简述盲人旅客乘机时的心理特征，并阐述应如何为其服务。
（2）请简述作为民航服务专业大学生应如何提升自己的职业能力。
（3）如果你是一名乘务人员，在为重要旅客服务时应该注意什么？
（4）根据四液说简述各气质类型的特点。

三、连线题

将气质类型和神经活动正确地用直线连接在一起。

黏液质　　　　安静型
胆汁质　　　　抑制型
多血质　　　　活泼型
抑郁质　　　　兴奋型

四、训练项目

"知己知彼，百战不殆"，了解别人从认识自己开始。

心理测试一：四种气质类型测试及分析

下面的调查可以帮助你了解自己属于哪一种气质类型。共有60个题目，请根据自己的情况如实回答。每题共有5个档次分数，你认为符合自己情况的计2分；比较符合的计1分；介于符合与不符合之间的计0分；比较不符合的计-1分；完全不

符合的计-2分。

气质类型测试题（每题都要回答）：

（1）做事力求稳妥，不做无把握的事。
（2）遇到可气的事就怒不可遏，想把心里话说出来才痛快。
（3）宁可一个人干事，不愿很多人在一起。
（4）到一个新的环境很快就能适应。
（5）厌恶那些强烈的刺激，如尖叫、噪声、危险镜头等。
（6）和人争吵时，总是先发制人，喜欢挑衅。
（7）喜欢安静的环境。
（8）善于和人交往。
（9）羡慕那种善于克制自己感情的人。
（10）生活有规律，很少违背作息制度。
（11）在多数情况下情绪是乐观的。
（12）碰到陌生人觉得很拘束。
（13）遇到令人气愤的事，能很好地自我克制。
（14）做事总是有旺盛的精力。
（15）遇到问题常常举棋不定，优柔寡断。
（16）在人群中从不觉得过分地拘谨。
（17）情绪高昂时，觉得干什么都有趣；情绪低落时，又觉得干什么都没有意思。
（18）当注意力集中在一个事物时，别的事很难使我分心。
（19）理解问题总是比别人快。
（20）碰到危险情境时，常有一种极度的恐惧感。
（21）对学习、工作、事业怀有很高的热情。
（22）能够长时间做枯燥、单调的工作。
（23）符合情趣的事情，干起来劲头十足，否则就不想干。
（24）一点小事就能引起情绪波动。
（25）讨厌那种需要耐心、细心的工作。
（26）与人交往不卑不亢。
（27）喜欢参加热闹的活动。
（28）爱看感情细腻、描写人物内心活动的文学作品。
（29）工作、学习时间长了，常感到厌倦。
（30）不喜欢长时间谈论一个问题，愿意实际动手干。
（31）宁愿侃侃而谈，不愿窃窃私语。
（32）别人说我总是闷闷不乐。
（33）理解问题常比别人慢一些。
（34）疲倦时只要短暂的休息就能精神抖擞，重新投入工作。

(35）心里有话宁愿自己想，不愿说出来。
(36）认准一个目标就希望尽快实现，不达目的，誓不罢休。
(37）学习、工作同样一段时间后，常比别人更疲劳。
(38）做事有些莽撞，常常不考虑后果。
(39）老师讲授新知识、技术时，总希望他讲慢些，多重复几遍。
(40）能够很快地忘记那些不愉快的事。
(41）做作业或完成一件工作总比别人花的时间多。
(42）喜欢运动量大的剧烈体育活动，或参加各种文艺活动。
(43）不能很快地将注意力从一件事情转移到另一件事情上去。
(44）接受一个任务后，就希望把它迅速解决。
(45）认为墨守成规比冒风险强些。
(46）能够同时注意几件事。
(47）当我闷闷不乐时，别人很难使我高兴起来。
(48）爱看情节跌宕起伏、激动人心的小说。
(49）对工作抱认真、严谨、始终如一的态度。
(50）和周围人们的关系总是相处不好。
(51）喜欢复习学过的知识，重复已掌握的工作。
(52）希望做变化大、花样多的工作。
(53）小时候会背的诗歌，我似乎比别人记得清楚。
(54）别人说我"出语伤人"，可我不觉得这样。
(55）在体育活动中，常因反应慢而落后。
(56）反应敏捷，头脑机智。
(57）喜欢有条理而不甚麻烦的工作。
(58）兴奋的事常使我失眠。
(59）老师讲新概念，常常听不懂，但弄懂以后很难忘记。
(60）假如工作枯燥无味，马上就会情绪低落。

确定你属于哪种气质的办法如下：
（1）把每题得分按表3-6所示题号相加，并算出各栏的总分。

表3-6　气质分类分数统计表

胆汁质	2	6	9	14	17	21	27	31	36	38	42	48	50	54	58	总分
多血质	4	8	11	16	19	23	25	29	34	40	44	46	52	56	60	总分
黏液质	1	7	10	13	18	22	26	30	33	39	43	45	49	55	57	总分
抑郁质	3	5	12	15	20	24	28	32	35	37	41	47	51	53	59	总分

（2）如果多血质一栏得分超过 20 分，其他三栏得分较低，则答题者属于典型多血质；如这一栏在 20 分以下、10 分以上，其他三栏得分较低，则答题者为一般多血质；如果有两栏的得分显著超过另两栏得分，而且分数比较接近，则答题者为混合型气质，如胆汁质—多血质混合型，多血质—黏液质混合型，黏液质—抑郁质混合型等；如果一栏的得分较低，其他三栏都不高，但很接近，则答题者为三种气质的混合型，如多血质—胆汁质—黏液质混合型或黏液质—多血质—抑郁混合型。

多数人的气质是一般型气质或两种气质混合型，具有典型气质和三种气质混合型的人较少。

根据得分得出的气质类型：＿＿＿＿＿＿＿＿＿＿＿＿＿＿＿＿＿＿

针对自己的气质类型，应如何完善：

心理测试二：72NC 性格测试

尧谷子认为，本性的变化形成性格类型，因此用 Nature change 来表示性格类型。每一个人的性格必然有四种发展状态，即 V0、C0、C1、V1；以感觉性为例，0 代表柔弱，1 代表强健，V0 代表非常柔弱，C0 代表比较柔弱，C1 代表比较强健，V1 代表非常强健。0、V0、C0、C1、V1、1——从 0 到 1 是一个人人格的逐渐成熟过程。

在一个具体的环境里面，一个人的性格必然是这四种状态中的一个；比如我们说一个人的性格为 N11V1，他必然不是 N11V0，N11C0，N11C1；但在多变的环境中，同一性格会处于不同的变化状态。如有的人工作时性格是 N11V1，生活中却是 N11V0；而学习中可能是 N11C1，社交中又是 N11C0。

参考表 3-7，在老师的指导下找出自己性格变化的范围，了解自己，以更好掌握自己命运。

表 3-7　72NC 性格

72NC 性格	0	V0 低	C0 较低	C1 较高	V1 高	1	自我维度
N1 感觉性	柔弱	N1V0	N1C0	N1C1	N1V1	强健	
N2 知觉性	冷淡	N2V0	N2C0	N2C1	N2V1	敏感	
N3 情绪性	悲观	N3V0	N3C0	N3C1	N3V1	乐观	
N4 气质性	安静	N4V0	N4C0	N4C1	N4V1	活泼	
N5 情感性	自私	N5V0	N5C0	N5C1	N5V1	无私	
N6 态度性	虚伪	N6V0	N6C0	N6C1	N6V1	诚实	
N7 记忆性	健忘	N7V0	N7C0	N7C1	N7V1	记性很好	

续表

72NC 性格	0	V0 低	C0 较低	C1 较高	V1 高	1	自我维度
N8 经验性	传统	N8V0	N8C0	N8C1	N8V1		开放
N9 判断性	犹豫	N9V0	N9C0	N9C1	N9V1		果断
N10 先验性	愚钝	N10V0	N10C0	N10C1	N10V1		聪明
N11 推理性	随意	N11V0	N11C0	N11C1	N11V1		严谨
N12 超验性	实际	N12V0	N12C0	N12C1	N12V1		爱幻想
N13 意志性	随和	N13V0	N13C0	N13C1	N13V1		强势
N14 精神性	依赖	N14V0	N14C0	N14C1	N14V1		独立
N15 劳动性	懒惰	N15V0	N15C0	N15C1	N15V1		勤奋
N16 社交性	内向	N16V0	N16C0	N16C1	N16V1		外向
N17 成长性	单纯	N17V0	N17C0	N17C1	N17V1		成熟
N18 变化性	刻板	N18V0	N18C0	N18C1	N18V1		灵活

总结自己的性格特点：_____

针对自己的性格类型，讨论应如何完善：_____

五、案例分析

乘客冲击跑道事件暴露航班延误后续服务缺陷

中国民航管理局于 2012 年 4 月 16 日向各航空公司、航服公司、机场、各地空管局下发了关于近期几起安全事件处理情况的通报，其中深圳航空公司对 ZH9817 航班长时间延误处置不当，建议暂停深圳航空公司深圳—南京—哈尔滨航线经营。上海浦东机场公安分局执法不严，建议华东管理局给予上海浦东机场公安分局通报批评。对海南航空公司 HU7113 航班在广州白云机场发生的旅客进入停机坪事件，正在进一步详细调查中。

4 月 11 日，深圳航空公司 ZH9817 航班的 18 名旅客在上海浦东机场登机过程中擅自进入停机坪滑行道，干扰其他飞机正常滑行。两天之后，广州白云机场发生了海南航空公司 HU7113 航班旅客冲击停机坪滑行道，阻拦其他航班摆渡车的事件。

为了避免乘客因长时间航班延误引发不理智行为，已有机场进行了其他方面的尝试。如 2012 年 4 月 24 日，大连机场因大雾导致进出港航班被陆续取消，约有 5000 多名乘客滞留机场。为了稳定旅客情绪，大连机场开通了免费提供茶水、安放多个临时宣传板及时通知航班信息等便民服务。同时，机场方面派出了表演团在候机楼里跳起了健美操（图 3-1）。这一创新举措引来乘客热捧，也有乘客表示，在机场等累了，看看美女跳舞也不错！

案例思考：

（1）此案例中冲击跑道的旅客属于哪一种性格？

（2）针对此种性格类型的旅客在服务中应该注意哪些问题？

图 3-1　大连机场派出表演团为滞留旅客表演

第四章 民航服务与团队

导入案例

在 1998 年前后,丰田、沃尔沃等公司将"团队"引入生产过程中时,曾轰动一时,很多媒体对此进行了追踪报道。现在,"500 强"中要是哪个公司没有接纳团队,亦会成为热门消息。仅仅 20 年的时间,团队已经渗透到各个公司的各个部分。

两个或两个以上相互作用和相互依赖的个体,为了实现某个特定目标而集合在一起,我们把这种集合体称为工作群体(Work group)。在工作群体中,不存在一种积极的协同作用,不能致使群体的总体绩效水平大于个人绩效之和。工作团队(Work team)则不同,它通过其成员的共同努力,能够产生积极协同作用,其团队成员努力的结果使团队的绩效水平远远大于个体成员绩效的总和。因此我们一直致力于将机组从群体向团队升华,也就是实现"1+1>2"的过程。

一个人的知识和能力是有限的,要善于借助团队的力量帮助旅客解决问题。既可以找同事帮忙,也可以找上司帮忙,甚至可以请其他的旅客帮忙,只要愿意,总能把服务顾客的事情做好。

学习目标

(1)了解群体和团队的概念,了解团队建设的心理机制。
(2)理解航空旅客群体性事件的含义及航空旅客群体性事件中行为人的心理特征。
(3)掌握群体与团队的区别,掌握团队精神的概念。
(4)灵活应用相关知识预防和处理航空旅客群体性事件。

第一节 群体心理

一、群体概述

1. 群体的概念

群体也称为社群,是指聚集在一起的同类人或物种,人类虽有各种不同人种,但仍可以组成一个群体。又如在大海中有许多种类的鱼,也可以归类为鱼的群体(简称为鱼群)。在社会学中,群体(Group)是指两个或两个以上相互依赖、相互作用,

谋求共同目标的个体的集合。

2. 群体特征

群体是具有下列特征的一群人所组成的集合：

（1）群体意识性：作为一个群体，它之所以能对各个成员产生影响，并能产生巨大的动力，就是因为群体中的每个成员都意识到自己生活在某一个群体里，在这个群体中，成员之间在行为上互相作用，互相影响，互相依存，互相制约。在心理上，彼此之间都意识到对方的存在，也意识到自己是群体中的成员。

（2）目标共同性：群体是以若干人的共同的活动目标为基础的，正是有了共同的目标，他们才能走到一起并彼此合作，以己之长，补他人之短，以他人之长，补自己之短，使群体爆发出超出所有个体之和的能量。群体的这一特性，也是群体建立和维系的基本条件。

（3）有机组合性：群体不是个体的简单组合，而是一个有机的整体，每个成员都在这个群体中扮演一定的角色，有一定的职务，负一定的责任，并做好自己的工作以配合他人的活动，使群体成为一个聚集着强大动力的活动体。各成员分别担当不同的角色，以达到共同的目标或谋求共同的利益。成员具有集体意识，具有归属感。

作为个体为何要加入群体呢？一般作为群体成员加入群体有以下几点目的：

第一，使成员获得安全感。作为一个个体，只有当他属于群体时，才能免于孤独的恐惧感，获得心理上的安全感。

第二，满足成员亲和、认同的需求。群体是一个社会的构成物，在群体中人们的社会需求可以得到满足。群体给人提供了相互交往的机会，通过交往，可以促进成员们彼此之间的信任和合作，并使成员们在交往中获得友谊、关怀、支持和帮助。

第三，满足成就感和自尊的需求。在群体中，随着群体取得成功的增多，成员的成就感也得到了相应的满足，并从成就感中勃发出新的动力；与成就感相伴随，人们还有自尊的需求，而在群体中，各人有各人的位置，处于各种不同位置的人，拥有不同的权力，都会彼此尊重，所以说，每个人在群体中的活动，都是满足自尊的一种最好的形式。

第四，在满足需求的基础上产生自信心和力量感，这是群体活动的动力来源。群体的功能之所以能得以充分发挥，是和群体有其强大的动力源泉分不开的。作为一个群体，一方面它表现出自己的能量，另一方面，它也积蓄着供自己活动的动力，只有这样，群体才是一个健康的群体。在日常生活中，有些群体之所以由盛到衰，很大程度上是因为群体自己不再拥有"造血"的功能。

> 拓展阅读

群体社交行为

美国心理学家霍曼斯经过研究认为，任何一个群体的社交行为，都包括以下三个因素：

（1）任务活动因素：即人们所从事的工作活动。这种活动属于浅层外显活动，一般容易为他人所发觉。例如交谈、工作、学习、社交等，它常常是组织衡量一个人工作效率的依据。

（2）相互作用因素：就是在完成任务时，人与人之间的行为影响，例如彼此之间通过语言行为和非语言行为的相互沟通和接触，以及对他人的活动进行分析，他人的行为与自己的关系等。

（3）情感活动因素：即个人之间以及个人与群体、个人与活动之间的情感反应。这种因素属于深层内隐因素，一般不易被直接观察到，但是，人们可以通过活动特点和与他人相互作用的方式等来了解它。这个因素有助于加深相互之间的认识，有利于更加密切的配合。

3．群体的功能

1）正式群体的功能

一是满足成员的心理需要，获得安全感，只有身处群体中才可以获得相应的安全感，生命财产才能得到保障。二是满足社交的需要，社交需要也叫归属与相爱的需要。当生理需要和安全需要得到基本满足以后，社交需要就成为人们的强烈动机，希望和人保持友谊，希望得到信任和友爱，渴望有所归属，成为群体的一员，这就是人的归属感。三是满足自尊的需要。自尊，即自我尊重，指既不向别人卑躬屈膝，也不允许别人歧视、侮辱。自尊是一种健康良好的心理，是一个人在对待自己的态度上表现出来的对自我价值的判断，是个体在社会化过程中所获得的有关自我价值的积极评价与体验，满足自我确认的需要，增强自信心和力量感，协调人群关系，影响和改变个人的观念和行为。

2）非正式群体的功能

非正式群体是人们在活动中自发形成的，未经任何权力机构承认或批准而形成的群体。非正式群体具有一些基本的特征：以某种利益、观点和爱好为基础，以感情为纽带；有较强的内聚力和行为一致性；群体的首领对其他成员拥有精神上的支配权；有一套见效快的不成文的奖惩制度和手段；成员之间有比较通畅的信息传递渠道；有较强的自卫性和排外性。非正式群体虽然没有组织的明文规定，但它是客观存在的。由于成员之间以共同的观点、利益、兴趣、爱好等为基础，因此它具有较强的凝聚力，对其成员在心理上产生重要影响，其作用有时甚至超过正式群体。

非正式群体对组织发展既有积极的作用，要加以利用，又有消极的作用，要加以防范和遏制。积极作用有：弥补群体的不足，满足成员需要；融洽成员的感情；激励和培训成员；保障成员的权益。消极作用有：干扰组织目标的实现（非正式群体的目标如果与组织目标相冲突时则可能对组织的工作产生极为不利的影响）；削弱管理者的权力（由于管理者可能既要维护组织规章制度，又要维护自己所属的非正式群体的利益，这种两难境地无形中削弱了其权力）。此外，非正式群体容易传播小道消息和流言蜚语，削弱企业中正式组织管理的能力，控制和束缚成员发展和上进，而且具有很大的约束力，即要求成员在思想和行动上都要一致，否则精神上就要被孤立甚至被惩罚。

二、群体行为

群体行为是指为了实现某个特定的目标，由两个或更多的相互影响、相互作用、相互依赖的个体组成的人群集合体的行为，其特点如下。

1. 社会促进（Social Facilitation）

社会促进是指他人在场引发的一种行为者普遍而特定化的驱动行为，由这种驱动行为激发的动机，将对个体的行为产生两种相反的影响作用。

社会促进一般有两种效应，第一种是结伴效应，在结伴活动中，个体会感到某种社会比较的压力，从而提高工作或活动效率；第二种是观众效应，个体从事活动时，是否有观众在场，观众多少及观众的表现对其活动效率有明显的影响。一方面当个人活动不熟练或自我要求过高时，观众会产生抑制作用，降低其活动效率；另一方面当个体所从事的活动本来就是自己所擅长的或自我水平正常发挥时，则会提高其活动效率（优势反应强化理论）。

拓展知识

优势反应强化理论

优势反应强化理论由美国学者扎荣克于 1965 年提出，它可以比较好地解释社会促进与社会干扰现象。所谓社会促进也称社会助长，指个体完成某种活动时，由于他人在场而提高了绩效的现象。他人在场的形式有实际在场、想象在场和隐含在场。与社会促进相反，有时候他人在场，反而会使个体的工作绩效降低，这种现象称为社会干扰，也称社会抑制。

扎荣克对社会促进作用和社会抑制作用提出共同的原因解释。他认为，他人在场会提高人的一般动机水平，而动机水平的提高会加强优势反应。对于简单而熟悉的行为，正确反应占优势，他人在场会加强这种反应，从而提高了行为效率；而个人在完成复杂、困难、生疏的任务时，不正确的反应占优势，他人在场提高动机水平的结果是强化不正确的反应，妨碍任务完成，所以有阻抑作用。试验结果显示：有人在场时，测试者学习简易的词比单独学习效果要好些，而学习有难度的词时，独自学习的效果比集体学习要好。这证明有人在场会提高熟练工作的成绩，而降低非熟练工作的成绩。在现实生活中，我们应该根据活动的内容、工作的性质，以及个人的特点来安排工作和学习的环境，利用群体情境的社会促进作用，避免社会抑制作用，从而提高活动效率。优势反应强化理论被提出后，许多研究者深化并发展了这一理论。进一步的研究表明，个体可能通过其竞争动机和他人对其评价的认知获得社会促进效果。在结伴活动中，每个人都试图干得快一些、好一些，实际上这是一种隐含的竞争动机。此外，他人在场也会唤起个体对他人评价的认识，这可能是影响社会促进更为重要的因素。个体在成长过程中不断地受到他人评价，并逐渐学会关注他人评价，赢得好的评价。在场的他人也许对活动并无多大兴趣，但活动者却以为他人正在评价自己，于是激活竞争动机，产生促进作用。

（资料来源：《心理咨询师国家职业资格培训教程》）

拓展案例

勤奋的蚂蚁

分组方法

（1）将36只蚂蚁分别放在36只瓶子里。
（2）两个一组，分别放在18只瓶子里。
（3）三个一组，分别放在12只瓶子里。

实验目的

（1）测量进入瓶子到开始工作的时间——工作积极性。
（2）测量6小时挖土量——工作成绩。

实验结果（见表4-1）

表4-1 实验结果

	单独一组	两个一组	三个一组
平均每只蚂蚁开始工作所需时间（分钟）	192	28	33
连续6小时挖土量（克）	232	765	728

结论：蚂蚁在两个一组工作时的社会促进作用最强。

2. 社会惰化（Social loafing）

社会惰化指的是"群体越大，干活越不出力"的现象，即当群体成员一起完成一件事情时，个人所付出的努力比单独完成时偏少的现象。社会惰化也叫社会干扰、社会致弱、社会逍遥、社会懈怠。

拓展案例

法国人瑞琼曼做了一个拔河比赛的实验，他要求被试者分别在单独与群体两种情境下拔河，同时用仪器来测量他们的拉力。结果发现随着被试人数的增加，每个被试者平均使出的力减少了。1 个人拉时平均出力为 63 牛；3 个人一起拉时，平均出力是 53.5 牛；8 个人一起拉时是 31 牛。这种共同完成一项任务时，群体人数越多，个人出力越少的现象，后来在其他人的实验中也得到证实。

社会心理学家通过研究已经证实，出现社会惰化的原因是个人的评价焦虑减弱，使个人在群体中的行为责任意识下降，行为动力也相应降低。

研究表明在以下几种情境下，倾向于较少出现社会惰化作用：
（1）群体成员之间关系密切。
（2）工作本身具有挑战性、号召性或有效地加强人们的卷入程度。工作挑战性越强、号召力越大越能刺激群体成员的参与。
（3）群体鼓励个人投入群体，并进行以群体整体成功为目标的奖励引导，不仅公布整个群体的工作成绩，而且还公布每个成员的工作成绩，使大家都感到自己的工作是被监控的，是可评价的。
（4）个人相信其他群体成员也像自己一样努力，群体帮助成员认识他人的工作成绩，使他们了解不仅自己是努力工作的，他人也是努力工作的。不要将一个群体弄得太大，如果是一个大群体，就可以将它分为几个小规模的群体，使得更多的成员能够接受外在影响力的影响。

社会惰化是一种不可忽视的社会现象，它的产生存在一定的心理学、经济学和管理学原因，组织可以通过运用文化理念人性化、绩效考评具体化以及管理方式多元化来对社会惰化现象加以控制和弱化，从而使群体工作方式更好地发挥作用。

3. 从众（Conformist mentality）

从众是指个体在社会群体的无形压力下，不知不觉或不由自主地与多数人保持一致的社会心理现象，通俗地说就是"随大流"。

拓展案例

案例一：从众行为由美国社会心理学家所罗门·阿希提出。他的研究工作主要集中于对特质的因素分析、测验编制以及确定文化因素和团体差异对测验分数的影响等方面。1967 年他获美国心理学会颁发的杰出科学贡献奖。

案例二：有这样一则幽默故事：一位石油大亨死后到天堂去参加会议，一进会议室发现已经座无虚席，于是他灵机一动，大喊一声："地狱里发现石油了！"这一喊不要紧，天堂里的人们纷纷向地狱跑去。

很快，天堂里就只剩下那位大亨了。这时，大亨心想："大家都跑了过去，莫非地狱里真发现石油了？"于是，他也急匆匆地向地狱跑去。但地狱里并没有一滴石油，有的只是痛苦。

从众行为的产生是人们寻求社会认同感和安全感的结果，以下因素影响从众：群体规模、群体一致性。在社会生活、工作中，人们通常有一种共同的心理倾向，即希望自己归属于某一较大的群体，被大多数人所接受，以便得到群体的保护、帮助和支持。对个人行为缺乏信心，认为多数人的意见值得信赖，也是从众行为产生的另一重要原因。有些消费者由于缺乏自主性和判断力，在复杂的消费活动中犹豫不定、无所适从，因而，从众便成为他们最为便捷、安全的选择。

拓展知识

中国式过马路

2012年10月，某网友在微博发消息称："中国式过马路（图4-1），就是凑够一撮人就可以走了，和红绿灯无关。"微博同时还配了行人过马路的照片，虽然从照片上看不到交通信号灯，但有好几个人并没有走在斑马线上，而是进入了旁边的机动车变道区域，其中有推着婴儿车的老人，也有乘电动车、三轮车的人。这条微博引起了不少网友的共鸣，一天内被多次转发。

"行人优先"不能滥用。

行人在人行横道上享有优先通行的权利，是世界各国的通例。但是，"行人优先"不代表可以滥用权利，更不是"法不责众"。违法通行的"优先权"，并不能得到法律的确认，一旦发生交通事故，违法者必定要承担相应的法律责任。虽然我国相关法规从以人为本的角度出发，明确规定机动车与行人发生交通事故后对行人一方实行无过错责任判定，以最大限度保障行人的生命安全，但同时也规定，有证据证明非机动车驾驶人、行人违反道路交通安全法律、法规，机动车驾驶人已经采取必要处置措施的，减轻机动车一方的责任。机动车一方没有过错的，仅承担不超过10%的赔偿责任。因此，行人闯

图4-1 "中国式过马路"

第四章 民航服务与团队

红灯一旦发生重大交通意外，行人很难得到全额赔偿。

正确行使"行人优先"通行权，尤其应当树立正确的路权观念，不仅仅包括主张和维护自己的路权，而且包括尊重和维护其他交通参与者的路权。

三、群体的分类

（1）根据正规与否，群体可以分为正式群体和非正式群体。这种划分最早是基于霍桑实验而提出的。正式群体是由正式文件明文规定的群体，成员有固定编制，有规定的权利和义务，有明确的职责分工，行政机构、党团组织等都是正式群体。

┃ 拓展知识 ┃

霍桑效应

霍桑效应，又称霍索恩效应，是心理学上的一种实验者效应，是指当被观察者知道自己成为被观察对象而改变行为倾向的反应。霍桑效应被发现于1927年至1932年期间，在西方电器公司霍桑工厂进行的一系列心理学实验。

（2）根据发展水平和群体成员之间的关系程度，群体分为松散群体、联合群体、集体，不同群体有不同的发展水平，管理者和领导者应当促使群体不断向高水平发展，使其由松散逐渐形成为高度团结的集体，这种观点是有积极意义的。

（3）根据在人们心中的形象，群体分为正参照群体和负参照群体。这是美国心理学家海曼根据他的实验研究而进行的划分。他把个体实际上并未加入却接受其行为规范的群体称为参照群体（Reference group），也称为标准群体或榜样群体。人们学习、仿效其他群体的规范，那么，被学习、仿效的群体就是学习、仿效者的正参照群体。如许多连队或班组向英雄连队、模范班组学习，那么，英雄连队、模范班组就成为学习者心目中的正参照群体。如果某人效仿、奉行一个群体的不正当或错误的行为准则和群体意识，那么这个群体就是该人的负参照群体。

想一想：列举现实生活中的正参照群体和负参照群体。

正参照群体：_____

_____

负参照群体：_____

_____

四、群体的作用

1. 整合个体力量

群体是一个有机的整体，每个成员都在这个群体中扮演一定的角色，有一定的职务，负一定的责任，并做好自己的工作以配合他人的活动，使群体成为一个聚集着强大动力的活动体。在群体中，大家相互影响、相互促进，可以完成个人力量所无法完成的任务。

2. 完成组织所赋予的任务

群体是以若干人的共同的活动目标为基础的，正是有了共同的目标，他们才能走到一起并彼此合作，以己之长，补他人之短，以他人之长，补自己之短，使群体爆发出超出所有个体之和的能量。

3. 协调人际关系

由于人们长期在一起工作，难免因各种各样的原因而产生矛盾。群体在整合个体力量的同时，也能通过群体的共同目标和利益，较好地解决群体成员之间的矛盾，协调群体内部人际关系，更好地完成群体的任务。

4. 满足群体成员的心理需要

群体中的每个成员都意识到自己生活在某一个群体里，在这个群体中，成员之间在行为上互相作用，互相影响，互相依存，互相制约。在心理上，彼此之间都意识到对方的存在，也意识到自己是群体中的成员。在群体中群体成员可以获得安全感、归属感、力量感和自尊。

拓展案例

从冰桶挑战看群体心理投射作用

像是澎湃而来的蝴蝶效应，"冰桶挑战"在美国狂飙不到一个月，就来势汹汹向亚洲席卷，已有不少政商名人体验了冰水当头泼下的"冰冻"滋味，他们接受挑战后又捐款给渐冻症（肌萎缩性脊髓侧索硬化症）协会。"冰桶挑战"在各地的流行隐含着值得解读的社会群体心理效应。

"冰桶挑战"席卷全球诸多国家，从社会心理学角度观察，无非是人际间的相互吸引力所形成的群体情绪，更在民粹鼓动下，使群体情绪掺杂了"我执"的群体迷思；再加上"冰桶挑战"游戏规则导入了流行不衰的"幸运信"的发酵因子——已接受挑战者可对3人下"战书"，而使"冰桶挑战"形成连锁反应，没完没了。

"冰桶挑战"对渐冻症协会的捐助确实相当可观,就美国来说,截至本文发表前,方兴未艾的"冰桶挑战"已募得1330万美元,效果十分惊人。然而,其他各种罕见疾病患者在这波热潮中却被"冰冻"着。

美政坛重量级人士奥巴马等,对"冰桶挑战"审慎以对,无意接受挑战而乐意捐款,意味着"冰桶挑战"应是其来也疾,其去也急。然则,受到"冰桶挑战"的激发,能否产生另一股群体力量,将社会大众的慈善爱心汇流给每一个弱势群体,值得反思,也值得期待。

(资料来源:中国台湾网,2014年8月)

五、航空旅客群体的特殊性

1. 航空旅客群体

在民航服务过程中,如果航班正常,旅客都是独立的个体,相互之间没有联系,但是如果航班不正常或服务出现问题,原来独立的个体就会形成一个群体,在心理上、行为上、目标上就会体现航空旅客群体自身的特殊性。近两年航空旅客群体性事件发生得越来越多,航空旅客群体也应引起足够重视。

近年来,随着民航运输量的增加,航空旅客群体性事件不断增多,仅以深圳机场为例,2002年全年航空旅客群体性事件发生33起,2005年发生41起,2007年猛增到94起。2007年12月20日晚某航空公司航班因天气原因取消,103名滞留旅客因要求航空公司解决问题而"闹事",航空公司人员避而不见。21日上午7点30分,旅客将深圳机场候机楼道路封堵,造成候机楼道路交通中断半小时,后经民警劝解疏导,并与航空公司协商,旅客渐渐散去。这是在深圳机场发生的第2次旅客封堵道路事件,说明旅客群体性事件有向其他方面发展蔓延之势,其影响不可小觑。

绝大多数航空旅客群体性事件是由于航班不正常或服务不到位等原因,从旅客闹事发展为事件的,从事件本身来看是孤立的、个别的,事件起因、行为方式较为单纯,与社会群体性事件相比,无论是规模还是影响,对社会造成损害的可能性不大,不会引发大规模对抗性的社会动荡。但是,如果大型、特大型机场发生大面积航班不正常现象,我们对可能发生的局部性对抗应当有足够的思想准备。2008年春运期间因南方冰雪灾害天气导致航班不正常引发的旅客群体性事件,已经给我们以足够的警示。因此,保证航空运输安全和空防安全,积极预防、认真妥善处置航空旅客群体性事件,改善服务工作是促进社会和谐,建设和谐航空,消除不安定因素的重要内容,刻不容缓。

2. 航空旅客群体性事件

航空旅客群体性事件是指旅客10人以上聚众共同违反国家法律的行为,群体违法是事件的基本特征，主要表现为非法强行占据航空器，阻碍正常航班运行，阻碍其他航班旅客登机引发冲突，封堵机场道路交通，以及打、砸、破坏机场公共设施，冲击安全控制区，辱骂、殴打航空运输企业工作人员，妨碍公务，暴力袭警等违法行为，后果严重的应当追究法律责任。

旅客群体性事件中行为人的几种心理特征：

1）无个性化心理特征

无个性化心理特征导致旅客行动时无责任感。航空旅客绝大多数是临时聚合在一起的特殊人群，个体身份特征不明显。心理学家曾做过"无个性化理论"实验，结果表明群体成员越无个性特征，个体差异越小，自我特征感觉越弱，他们的行为方式越无责任。群体掩盖了个体特征，也相应为个体提供了保护。笔者在处理一起旅客群体性事件时偶然发现带头人之一是某地公安局领导，跟他攀谈，其身份特征明确后，他便主动出来配合我们工作，使事件较好得到解决。

2）群体情绪感染作用

群体情绪感染作用常常使人们做出缺乏理智的行为。旅客群体性事件多是先有明显的原因，如不正常航班、信息错误（误传或者谣言）、服务偏差等，激起在场旅客某种情绪，旅客间又彼此接收兴奋信息，这种情绪的交互感染很容易促使众人情绪迅猛发展，使某些旅客丧失理智而导致违法犯罪。

3）受社会上群体性事件的影响

现在有些人社会公德心沦丧，将闹事视为最有效的诉求方式。一些旅客认为不闹不解决问题，甚至形成小闹小解决、大闹大解决的不正常心态，造成旅客闹事常态化。

拓展案例

常旅客群体——航企的"掘金宝库"

有一种说法："企业80%的利润来自20%的顾客"。这个在众多企业都得到验证的"80/20"原理的内容虽然简单，但却蕴藏着深刻的内涵——少量的顾客为企业创造了大量的利润。对于航企而言，此种情况同样存在。经过市场调研，常旅客群体就是构成这20%的重要群体，那么，如何紧紧抓住常旅客的"心"呢？

近些年，国航与西藏航空、中国台湾长荣航空和中国台湾立荣航空开始就常旅客计划开展合作；同时，东航也在积极开展常旅客空中推介活动；加入天合联盟后，南航更积极有效地发展常旅客业务，截至2010年7月下旬，南航明珠俱乐部会员总人数已超过1100万。

进入航空运输旺季，航空公司的常旅客业务发展也形势大好。作为航空公司固定收益主要来源的常旅客群体，越来越受到各航空公司的重视，而各家航空公司也

想尽办法，努力扩大这一群体规模。

争夺常旅客意在何为？

常旅客简单地说，就是经常坐飞机（一般一年要超过3次）的旅客，常旅客可以加入航空公司常旅客计划，成为其会员。常旅客计划是指航空公司向经常乘坐其航班的旅客推出的以里程累积奖励为主的促销手段，是吸引公商务旅客、提高航空公司竞争力的一种市场手段。

目前，国内的国航、东航和南航的常旅客人数都超过1000万，而且增长迅猛。航空公司为什么都热衷于发展常旅客？此事说来话长，常旅客起源于航空运输发达市场。20世纪80年代，美国民航管理当局开始放松对航空公司的管制，此后，航空运输市场竞争日益加剧，机票价格战硝烟不断。当时，一些小的航空公司借此调低价格，从而争夺客源。对此，大航空公司被迫调整营销策略，培养客户的忠诚度。1981年，常旅客计划的始创者，世界级资讯集团之一的思纬市场研究公司曾对来自11个亚太旅游客源国的5554名人员进行调研，最终调查结果显示，航空公司常旅客计划对旅行决定有着重大影响：49%的中国内地受访者最有可能根据常旅客计划选择航空公司，47%的中国香港受访者、44%的韩国受访者也表示会选择自己已经是常旅客会员的航空公司。

目前，国内的航空公司基本都有了自己的常旅客系统：国航的知音卡、东航的东方万里行卡、南航的明珠卡、海航的金鹏卡、厦航的白鹭卡……日益完善的常旅客系统，也取得了一定的效益。

常旅客计划"不再单纯"。

随着航空运输市场的发展，传统的常旅客服务项目已日渐不能构成对客户的吸引，航空公司努力扩大常旅客的服务内容，借此创造新的吸引力。

目前，航空公司的常旅客服务主要有额外的准携行李重量（只有一定级别以上的旅客才能享受得到）、专属的换登机牌柜台、专属休息室等，这些虽然对旅客有一定的吸引力，但是还远远不够。"当你在生日当天收到A公司的问候短信，却收不到B公司的时，毫无疑问，你对这两家公司的感觉就会发生一些微妙的变化。"知名客户管理与互动营销专家曾智辉说。好在，国内的各家航空公司已经意识到这种问题，纷纷提出改进方式和措施。

国内航空公司纷纷扩展优惠规模，以更多的积分吸引常旅客选择本公司出行。当前，很多国内航空公司在制定常旅客计划时，都会将旅行、酒店、金融等相关行业进行关联，让旅客有更多累积积分的途径，享受更多的服务。例如，国航在多家银行都推出了与"国航知音"联名的信用卡，规定持卡人消费满一定额度，信用卡积分可以转化为国航里程。东航也在不断与酒店集团签约，承诺常旅客通过"东方万里行"会员卡预订酒店，可以将消费金额按一定比例换算成为航空里程，而南航明珠俱乐部与多家银行、数个世界酒店集团及其旗下上万家酒店缔结合作伙伴关系，还与租车公司、移动通信公司、旅行公司等进行跨行业合作，不断推出优惠活动，为会员里程累积提供多种渠道，使其享受更多优惠。"我现在在刷卡、入住酒店时会有意识地选择与我加入会员的航空公司有合作的商家，多多增加积分，以享受优惠。"某家航空公司常旅客王先生如是说。

同时，国内航空公司也日益重视加强与旅客的情感交流。日前，海南航空的总裁信箱收到了一封来自乔丹（中国）有限公司的感谢信。信中，该公司人员对海南航空哈尔滨营业部大客户经理冯女士以及海南航空其他员工的周到服务提出了表扬。后经了解，之前，该公司的吴女士乘坐海南航空的航班，在登机后不久，她收到了一个意想不到的惊喜，当时机上广播："亲爱的旅客，欢迎各位搭乘海航的班机。今天是一个特别的日子，因为有一位尊贵的旅客将在我们的航班上度过她的生日，她就是来自哈尔滨的吴女士，请允许我代表海航的全体机组人员向您献上衷心的祝福，希望您一生平安快乐。"原来，海航大客户部的员工在通过身份证录入为吴女士订票时就发现乘机当天是她的生日，于是安排在机上为她献上了生日祝福。

"在竞争日益激烈的情况下，航空公司要想吸引客户成为常旅客，必须不断出新花样"，有业内专家表示。未来，有更多消费领域将会成为航空常旅客积攒里程的途径，而全球相互承认并允许互转积分的航空公司数量，预计也将越来越多。

杜绝"睡眠常旅客"。

在国内各航空公司常旅客快速增长的同时，"睡眠常旅客"的现象也出现了。"睡眠常旅客"是指某一航空公司为了扩大常旅客队伍的规模，通过赠卡等各种形式，为旅客办会员卡，但该旅客在日后并没有形成使用该会员卡的习惯，而是将其收藏，让其"睡眠"。

"睡眠常旅客"的存在虽然会壮大航空公司常旅客名义上的数量，但并不能为航空公司带来实际经营效益。这种现象的存在主要是由于部分航空公司并没有实现常旅客计划与市场部门需求的有效匹配，从而导致市场与管理的脱节，造成了会员卡"满天飞"的现象。

"航空公司应该有能力辨别出给他们带来80%效益的20%的旅客"，业内专家表示。当前随着常旅客计划的普及，一方面基本所有的航空公司都有常旅客计划，另一方面一名旅客可能是多家航空公司的常旅客，所以航空公司必须精细化管理常旅客。航空公司要不断地、有针对性地拓展新的常旅客群体，同时还要对已有的常旅客群体进行细分管理，通过推出种种精细化的管理方式，提升常旅客的忠诚度，防止"睡眠"现象的产生，而这显然不那么容易。虽然常旅客计划发展如火如荼，但是航空公司若不能充分激发常旅客群体的忠诚度，那么任何常旅客计划都只是增加航空公司成本的一个摆设。如何对常旅客实行精细化、深入化和全面化管理，将是航空公司在激烈竞争中必须面对的一个重要问题。

（资料来源：中国民航报）

六、群体心理对服务工作的意义

1. 群体心理的特点

民航的服务对象是个体旅客，但是更多时候是旅客群体，所以在提升民航服务质量的时候，需要了解旅客群体的心理特征。

1）情绪性

旅客群体是临时集合在一起的，群体易变且易冲动；并且群体成员容易受到影响，对于群体成员而言没有不合理的事。

2）从众性

对于群体成员而言，从众更多意味着盲动性、残忍性和狂热性，是无法用常理加以解释的。

3）随意性

随意性是指群体行为发生和发展过程中具有一种随时都可能发生变化的特性。人的群体行为基本没有什么目的性，很多群体成员都存在盲目的从众心理。

4）爆发性

爆发性是就群体行为发生和发展的速度和力度而言的一种特性。群体性活动爆发一般都特别快，爆发时势如破竹。

2. 群体心理对民航服务工作的意义

加强对紧密小群体的关注，用亲切、和蔼、礼貌的态度为大群体服务。

1）服务人员应有"防微杜渐"的意识

无论是地面服务人员还是空中乘务人员，都一定要有"防微杜渐"的意识，这是民航服务人员做好旅客群体服务工作的关键。

2）服务人员应了解旅客群体形成的过程

在特定的条件下，由于航班不正常、信息不通畅、服务不到位等原因导致旅客的个人利益受损，使其由对服务的不满意演变成为对群体利益的争取。

3）正视旅客群体存在是做好服务工作的关键

有的航空运输企业对旅客群体性事件重视程度不够，没有不正常航班处理机制，处理程序混乱、没有章法，现场工作人员遇事手忙脚乱，无法处置，等旅客从诉苦到闹事最后酿成事件，又推卸责任，报警抓人，激化矛盾，这是不可取的。

3. 努力提升服务工作的质量

1）规范服务流程

航空运输企业应正确认识旅客群体性事件，高度重视旅客群体性事件，加强建设不正常航班处理机制，规范不正常航班处理程序。在处理过程中，保障信息的准确、畅通，不让旅客有受蒙蔽、受骗的感觉。

2）加强管理，完善制度

航空运输企业工作人员，特别是领导干部要尽责、到位，不怕围攻，要真诚面对旅客闹事，不能敷衍塞责，应及时处理旅客合理诉求。

3）强化员工的服务意识

对待不正常航班旅客态度不能冷漠，服务一定要标准化、人性化，项目要多样化，切实为旅客提供便利。加强对一线员工和管理者的培训。这样的培训除了涉及服务意识、服务沟通技巧、不正常航班的处理以外，还应该加上对特殊旅客的服务技巧等内容。

4．航空旅客群体性事件对策

航空旅客闹事事件频发，不仅严重扰乱了航空运输正常环境，而且损害了航空企业的利益，损坏民航形象，破坏机场治安秩序，危及飞行安全和空防安全，这都是社会不和谐、不安定因素的组成部分，应当引起高度重视。杜绝航空旅客群体性事件应从根源抓起，依法实行航空运输安全和秩序的综合治理，应从以下几个方面入手，积极预防、妥善处置。

（1）转变服务观念，提高服务质量，建设和谐航空是积极预防航空旅客闹事和旅客群体性事件发生的基本前提。航空旅客群体性事件既是机场治安和空防安全的问题，更是服务质量的问题。旅客群体性事件绝大多数是由于航班不正常、信息不通畅、服务不到位等原因导致的。当前在服务方面重点需要解决以下几个问题：一是航空运输企业领导重视事件的影响，提高对旅客群体性事件的认识，树立以人为本、旅客至上的理念，对旅客有"出门如见大宾，使民如承大祭"的仁爱之心，提高不正常航班的服务质量。二是提高航班正点率。当前应建立不正常航班应急措施，建立航空公司之间互签机制，及时疏散滞留较长时间的不正常航班旅客。三是应尊重旅客的知情权，及时向旅客通报航班信息。四是建立航空公司与机场地面保障部门的联动机制，全方位提高服务质量，按国际惯例全力保障旅客休息、餐饮、安检、交通、住宿等的方便，压缩可能的闹事空间，减少旅客闹事或旅客群体性事件发生的可能性。五是一旦发生不正常航班旅客闹事，应从和谐航空的高度加以重视，制定易操作的处置程序，及时教育、疏导，解决矛盾，防止矛盾激化，造成事态扩大。

（2）加强法制建设，做好法制宣传工作，疏通旅客维权诉求渠道，加强旅客在航空运输旅程中的法制观念，是积极预防旅客闹事和旅客群体性事件发生的根本措施。

（3）建立机场管理机构、航空公司、公安机关协调联动机制，实行属地管理、统一领导、分工负责，是妥善处置旅客闹事和旅客群体性事件的基本保证。目前在处理旅客闹事和旅客群体性事件时，各单位基本上采用的是各自为政、各扫门前雪的处理方式，旅客围着员工闹，领导跟着事件走，事件不能及时、有效得到解决。

应根据《关于积极预防和妥善处理群体性事件的工作意见》文件精神，以及属地管理、分级负责和"谁主管，谁负责"的原则，由机场管理机构牵头，由机场、涉事航空公司和机场公安机关等组成旅客群体性事件应急处置机构，对发生的旅客群体性事件实行统一领导、统一指挥，各单位协调一致，分工负责，严格按照工作原则和处置程序，认真、妥善处理旅客群体性事件。

拓展阅读

网友热议打砸现象——民航服务要"争点气"

七天春节假期结束，各地迎来返程客流高峰，此时雨雪天气却来搅局，让人们遭受了旅途的各种不堪。2011年春节之后，全国多个机场因降雪关闭，郑州机场受影响最大，100多个进出港航班延误，2000多名旅客滞留，甚至出现旅客打砸问讯处等情况。

对于个别旅客情绪失控采取的过激行为，多数旅客与网友进行了指责。网友"王家沟二当家"指出："没有见过火车、汽车晚点砸火车、汽车的，主要是某些个人以为花了不少钱坐了高端交通工具就想得到高端服务，其实飞机和汽车、火车一样，只是乘客心态不一样。天气不好是主因，安全第一要保证，打砸是不对的。"网友"付恺大提琴"说："纽约连续大雪天，所有航班都取消或者延误。美联航等各大航空公司一而再再而三地推迟航班。美国人民老老实实排队、等待、改签，连插队的都没有。因为他们知道打砸抢是要挨警察枪子儿的，插队会被人唾弃。因天气原因造成的航班取消或者延误，航空公司没有责任，更不会负责食宿，除非你是头等舱旅客。"

郑州机场的一位民航工作人员、网友"拖延症晚期的蔚小姐"描述了自己的工作状况，希望获得旅客的理解："让你们感受下受延误的旅客多疯狂：柜台计算机什么的被砸得稀巴烂。郑州机场又关闭了，我们已经连续加班二十四个小时没合眼了，都不敢出去，一出去就被围攻，就被骂。我是用生命在战斗啊……"，而这样的苦情表达，并不是所有的网友都"买账"。网友"吹风机吹吹小炼炼"说："请问你了解过旅客的心态吗？在请求别人理解的同时请先去理解别人。我只知道，在我航班延误的时候，没有人告诉我为什么延误，没有人告诉我什么时候可以走，没有人告诉我到底怎么了，只有等待了很久以后，让我回家自己解决问题。你们民航人很辛苦，但是我眼中的航空公司就是这样的航空公司。"

批评：民航服务差，折腾人。

多数旅客认为，航班延误后航空公司和机场服务不到位、措施不得力，是造成航旅矛盾冲突的主要原因。

网友"米小米"："取消航班就直接说取消航班呗，怕担责任就一两个小时一折腾人！我爸昨天早上去的，一直等到今天凌晨三点才被告知取消航班！一天折腾地跑来跑去！现在还在机场等，都那么大年纪了，还生着病，心疼！可怜！可恶的机场必须给大家一个说法！"

网友"甲乙丙丁"："一个巴掌拍不响。据个人多次体验，在郑州新郑国际机场，河南机场集团地服的服务是全国省会市机场中最差的，基本上是全员无表情服务，一旦遇到问题则变为冷表情服务。我反对砸机场，但同样反对把责任推给旅客。"

网友"跌倒后补踩一脚的坏女人"："不怪人气愤，航空公司服务太差。航班被取消，航空公司方面做好服务和安抚，乘客是能理解的，可恶的是工作人员把乘客当傻子去骗，一会儿这样，一会儿那样，领着你跑这跑那，楼上楼下折腾你。旅客没有地方坐，没有水喝，就这样被骗来骗去，我本来应搭乘 5 号的航班，一直到 6 号都没走成，整整被耍弄了 28 个小时，换谁都气愤！我经历过，能理解旅客的愤怒。"

网友"大憨虎"："乘客愤怒之后的行动是过了，但是问题不是航班晚点或者延期，而是取消，也就是说没有补班，改签同一航班至少要 4 天以后才有机票，所以只能退票再买其他航班，并且现在没有任何补偿措施，换句话说就是：飞机不飞了，你爱咋咋地，我们不负责任。"

网友"了不敌"："你考试经常不及格，全班同学都说你学习差，你死都不承认自己学习差，反而跳着蹦着说自己学习不差，并攻击说你学习差的同学，有啥用啊？争点气考个 90 分自然没有人说你学习差了。"

呼唤：责任与秩序。

面对航班延误，需要旅客与民航实体共同努力，旅客应做到文明乘机，"做一个受尊重的旅行者"，而机场和航空公司也要担负起服务者的责任。

网友"一路落雨"："心情可以理解，但是都守秩序自然井然有序，何必采取这种措施呢？同理，机场及航空公司如果做好相应解释说明工作及后续安排，局面也会好很多吧？互相理解很重要，每个人还是要恪守自己的做人原则。"

网友"李蒙_专注陪练 20 年"："出现这种问题，是机场与旅客双方面的原因，不论是机场还是乘客，规则和责任意识都太薄弱。"

网友"湖北机场警方"："长时间的航班延误的确让归心似箭的人们难以忍受，在天气条件不允许的情况下，机场工作人员更应当做好各项服务工作，让旅客们得到心灵的慰藉。有时候一杯水、一碗面便能将大事化小、小事化了。同时，也希望旅客朋友们能理智维权，毕竟任何过激的违法行为必将受到法律的制裁，不要因一时冲动再次耽误行程。"

网友"晴贵川羽"："旅行者要注重自身修养。最大的敌人是自己，战胜自己，控制住自己，不要跟着瞎起哄，文明地、高雅地、委婉地劝解情绪激动的同行人，旅客相互间的规劝比机场工作人员的解释管用，尊重别人就会得到别人的尊重，做一个受尊重的旅行者。"

反思：完善机制，民航服务要"争点气"。

网友"还行585"："苍天下雪本意，为民净化空气；民众返程心急，机场应急不

第四章　民航服务与团队

力；仔细分析原因，还是人有问题！——唉！多大点事？至于吗？"

网友"JimmyPu0822"："世界各地都发生过因天气原因导致的航班延误，别人这样的打砸事故就少很多。机场决策者的不果断甚至不以为意，害得旅客们没有及时改签、退票或安排食宿，害得机场底层工作人员加班加点还要受气、受委屈。决策者最应该好好反思。"

网友"姜伯约"："其一，机场航班延误已是家常便饭，该反省运行机制；其二，法不责众，造成一人动手，其他人蜂拥效仿，群体性事件该规范；其三，机场应急处理流于表面，应急事件处理不到位；其四，公众应反思，换位思考，换成自己会否参与其中……"

长期以来，航班延误问题一直困扰着民航业。民航资源网联合飞友网进行的一项航班延误后服务方面的调查结果显示，航班延误后，旅客首先要知道的是航班确切的预计起飞时间。在航班延误的焦急时刻，什么时候能走是大家最关心的问题。当的确无法成行时，航空公司必须要面向每位旅客提供及时的延误情况通报，缓解旅客焦急情绪。及时提供餐饮和休息的地方也同样是旅客所需要的必要服务。另外，要有变通的方法——更换航班或交通工具确保旅客能成行。

民航业是个特殊的运输行业，对安全有着相当高的要求，航班受航空器故障和恶劣天气影响将无法正常起飞，由此造成的航班延误无法避免。对于旅客来说，希望能理解民航的这个特点，对于航空公司来说，则应多为焦急的旅客着想，安排好相关事宜，彼此少些矛盾，多些理解！

第二节　团队建设

一、团队概述

1. 团队的概念

有很多种关于团队的解释，这里把团队定义为由员工和管理层组成的一个共同体，它合理利用每一个成员的知识和技能，协同工作，解决问题，达到共同的目标。所谓团队精神，简单来说就是大局意识、协作精神和服务精神的集中体现。

管理学家斯蒂芬·P·罗宾斯认为：团队（Team）就是由两个或者两个以上相互作用、相互依赖的个体，为了特定目标而按照一定规则结合在一起形成的组织。

┃ 拓展知识 ┃

斯蒂芬·P·罗宾斯是美国著名的管理学教授，组织行为学的权威。他在亚利桑那大学获得博士学位，曾就职于壳牌石油公司和雷诺金属公司，有着丰富的实践经验，并先后在多所知名大学任教。

2. 团队基本特征

"道不同，不相谋"。往往一个好的团队是以功能相结合而以精神取胜，它一般应具备以下基本特征。

1）明确的目标

团队的每个成员可以有不同的目的、不同的个性，但作为一个整体，必须有共同的奋斗目标。

2）清晰的角色

优秀团队的成员必须在清楚的组织架构中有清晰的角色定位和分工，团队成员应清楚了解自己的定位与责任，坚守自己的岗位职责。

3）互补的技能

团队成员要具备实现共同目标所需的基本技能，团队成员之间技能互补、相互配合、相互合作，促使共同目标的实现。

4）相互信任

相互信任是一个成功团队最显著的特征。团队成员之间一般拥有良好的信任。

5）良好的沟通

团队成员间拥有畅通的信息交流，才会使成员的情感得到交流，才能协调成员的行为，使团队形成凝聚力和战斗力。

6）合适的领导

团队的领导往往起到教练或后盾作用，他们对团队提供指导和支持，而不是企图控制下属。

3. 团队和群体的区别

群体（见图 4-2）和团队（见图 4-3）经常被混为一谈，群体可以向团队过渡，但它们之间有根本性的区别，汇总为以下几点。

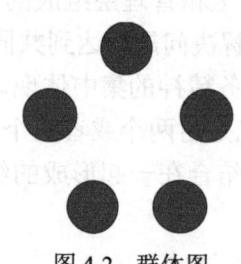
图 4-2　群体图

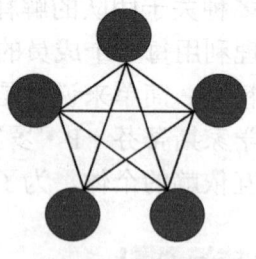
图 4-3　团队图

1）领导方面

作为群体应该有明确的领导人；团队可能就不一样，尤其当团队发展到成熟阶段，成员共享决策权。

2）目标方面

群体成员的目标必须跟群体整体目标保持一致，但团队中成员除了力求完成整体目标之外，还可以有自己的目标。

3）协作方面

协作性是群体和团队最根本的差异，群体的协作性可能是中等程度的，有时成员还有些消极，有些对立；但在团队中会形成一种齐心协力的气氛。

4）责任方面

群体的领导者要负很大责任，而团队中除了领导者要负责之外，每一个团队的成员也要负责，甚至要相互作用，共同负责。

5）技能方面

群体成员的技能可能是不同的，也可能是相同的，而团队成员的技能是相互补充的。团队把拥有不同知识、技能和经验的人综合在一起，形成角色互补，从而达到整个团队的有效组合。

6）结果方面

群体的绩效是每一个个体的绩效相加之和，团队的成果或绩效是由大家共同合作完成的。

二、团队类型

一般根据团队存在的目的和拥有自主权的大小将团队分为三种类型：问题解决型团队、自我管理型团队、多功能型团队。

1. 问题解决型团队

问题解决型团队是指组织成员就如何改进工作程序、方法等问题交换看法，对如何提高生产效率和产品质量等提出建议。工作核心是提高生产产量和生产效率、改善企业工作环境等。在这样的团队中成员就如何改变工作程序和工作方法相互交流，提出一些建议。成员几乎没有什么实际权力来根据建议采取行动，如民航督导组。

2. 自我管理型团队

自我管理型团队，也称自我指导型团队，一般由 5～30 名员工组成，这些员工拥有不同的技能，轮换工作，生产整个产品或提供整个服务，接管管理的任务。他们的责任范围包括控制工作节奏，决定工作任务的分配，安排工间休息。

3. 多功能型团队

多功能型团队是一种有效的团队管理方式，它能使组织内（甚至组织之间）不同领域员工之间交换信息，激发成员，使之产生新的观点，解决面临的问题，协调复杂的项目。但是多功能型团队在形成的早期阶段需要耗费大量的时间，因为团队成员需要学会处理复杂多样的工作任务。在成员之间，尤其是那些背景、经历和观点不同的成员之间，建立起信任并能形成真正的合作也需要一定的时间。

拓展案例

任务攻坚队（Task force）

在 20 世纪 60 年代，IBM 公司为了开发卓有成效的工作系统，组织了一个大型的任务攻坚队，攻坚队成员来自公司的多个部门。任务攻坚队其实就是一个临时性的多功能型团队。同样，由来自多个部门的员工组成的委员会（Committee）是多功能型团队的另一个例子。但多功能型团队的兴盛是在 20 世纪 80 年代末，当时，所有主要的汽车制造公司都采用了多功能型团队来协调完成复杂的项目。

麦当劳公司有一个危机管理队伍，责任就是应对重大的危机，由来自麦当劳营运部、训练部、采购部、政府关系部等部门的一些资深人员组成，他们平时共同接受关于危机管理的训练，甚至模拟当危机到来时怎样快速应对，比如广告牌被风吹倒，砸伤了行人，这时该怎么处理？一些人员考虑是否把被砸伤的人送到医院，如何回答新闻媒体的采访，当家属询问或提出质疑时如何对待。另外一些人要考虑的是如何对这个受伤者负责，保险赔偿金谁来出，怎样确定赔付金额。所有这些都要求团队成员能够在复杂问题面前快速行动，并且进行一些专业化的处理。

三、团队精神

1. 团队精神的概念

团队精神，简单来说就是大局意识、协作精神和服务精神的集中体现。团队精神的基础是尊重个人的兴趣和成就；核心是协同合作；最高境界是体现全体成员的向心力、凝聚力；反映的是个体利益和整体利益的统一，进而保证组织的高效率运转。团队精神的形成并不要求团队成员牺牲自我，相反，挥洒个性、表现特长保证了成员共同完成任务目标，而明确的协作意愿和协作方式则产生了真正的内心动力。

拓展案例

团队精神的完美展示——6·29 新疆和田劫机未遂事件

2012 年 6 月 29 日，由新疆和田飞往乌鲁木齐的 GS7554 航班于 12:25 分起飞，

12:35分飞机上的6名歹徒企图暴力劫持飞机，被机组人员和乘客制服，飞机随即返航至和田机场并安全着陆，6名歹徒被公安机关抓获。

据了解，GS7554航班为天津航空的EMB190型客机，中国民航注册号为B-3171。此次事件发生时，客机上共有乘客92人，机组成员9人。

新疆维吾尔自治区政府发言人称："6·29新疆和田劫机未遂事件中歹徒以伪装的拐杖为武器，意图进入驾驶舱。在制服歹徒的过程中，有七八个机组人员和乘客受了轻伤，现在案件还在进一步的调查之中。"

综合各方媒体报道，此次劫机未遂事件中共有八人受伤，分别为两名安全员、两名乘务员、四名乘客。

2. 团队精神的培养

团队精神日益成为重要的团队文化元素，它要求团队分工合理，将每个成员放在适合的位置上，使其能够最大限度地发挥自己的才能，并通过完善的制度、配套的措施，使所有成员形成一个有机的整体，为实现团队的目标而奋斗。团队精神的养成需要从以下几方面入手。

1）明确提出团队目标

目标有把人们凝聚在一起的力量，以及鼓舞和督促人们团结奋斗的动力。要注意用切合实际的目标凝聚人、团结人，调动人的积极性。如民航总局每年会提出当年的安全目标，各航空公司和机场会根据此目标狠抓安全和服务。

拓展阅读

安全目标

安全目标主要内容：杜绝运输飞行重大事故；在确保人、机安全的前提下，杜绝劫机、炸机事件发生；防止通用航空重大飞行事故；杜绝重大地面事故和特大航空器维修事故；运输飞行事故征候万时率不超过1.3起。

2）健全团队管理制度

管理工作使人们的行为制度化、规范化。好的团队都应该有健全、完善的制度规范，如果缺乏有效的制度，就无法形成纪律严明、作风过硬的团队。

拓展案例

南航新疆分公司客舱部量化管理，提升精英团队技能

南航新疆分公司客舱部针对现阶段空中服务短板，积极查找原因，完善、改进

措施，明确提升重点，实施全员标准普及培训及对两舱服务水平提升的专项培训。为更有效地固化培训效果，调动全员工作积极性、主动性和自觉性，客舱部采用优中选优的选拔方式，积极制定选拔方案，成立了由依照高标准、严要求选拔出的 96 名乘务长、两舱乘务员以及普通舱乘务员组成的精英团队。

为激励精英团队成员的工作积极性，有效推动精英团队成员服务技能的提升，客舱部成立管理小组，制定精英团队管理办法，以绩效正负激励为引导，对精英团队的培训及航班演练提出具体要求，进行量化管理，并制定精英团队检查评比制度和绩效管理机制，打造出一支业务水平精湛、思想意识领先、团队精神卓越的优秀精英团队，实现以点带面，推动全员整体提升的目标，为实现 SKYTRAX 五星级服务奠定基础。

3）创造良好的沟通环境

有效的沟通能及时消除和化解领导与成员之间、各部门之间、成员之间的分歧与矛盾。因此，必须建立良好的沟通环境，以增强团队凝聚力，减少"内耗"。

拓展资料

东方航空微访谈：架起沟通的桥梁

如何在自己的职业生涯中不走岔路，少走弯路，不犯错误？东方航空曾就此特别安排了飞行员与分公司领导面对面，就职业生涯相关问题进行一对一的交流。

"姜总，您作为一名资深飞行员，对我们这些刚走上工作岗位的飞行学员有哪些建议和指导？"

姜总经理回答道："我希望年轻的飞行员要形成严谨的飞行作风、活跃的思想和努力进取的精神，我会努力为大家提供发展的平台，提供和谐的环境，提供健康积极的企业氛围，希望大家能对公司的发展充满信心，共同创造我们美好的未来。"

"高书记，请问现在的年轻人该怎么做到将传统的简朴美德与现代物质时尚更好地结合？"

高书记笑道："这是一个好问题，说明你对生活有了更深层次的思考。凡事都应该一分为二地来看待，享受物质生活，说明我们的时代在进步，人民的物质生活质量在不断提高，然而我们不能把享受作为人生的目标，而是应该从实际情况出发，切忌攀比，而应追求心灵上的满足感和幸福感。"

"我想问问领导，飞行员出门在外是家常便饭，有什么方法可以兼顾事业和家庭？"

……

4）尊重每一个人

尊重每一个人，尊重每一个员工的个性，尊重员工的个人意愿，尊重员工的选择权力。所有的员工在人格上人人平等，在发展机会面前人人平等。为员工提供良好的工作环境，营造和谐的工作氛围，倡导简单真诚的人际关系。在团队中无论是团队成员还是团队领导都应该尊重彼此，尊重彼此的劳动成果。

5）引导成员参与管理

每个成员都有参与管理的欲望和要求。正确引导和鼓励这种愿望，就会使团队成员积极为团队发展出谋划策，贡献自己的力量与智慧。

6）增强成员全局观念

增强成员全局观念，团队成员不能计较个人利益和局部利益，要将个人、部门的追求融入团队的总体目标，以实现团队的最佳整体效益。团队中成员之间，一定要做到风雨同行、同舟共济，没有团队合作的精神，仅凭一个人的力量无论如何也达不到理想的工作效果，只有通过集体的力量，充分发挥团队精神才能把工作做得更出色。

拓展阅读

东航山西维修部弘扬大局观念，保证航班正常

2014年11月2日，东航山西维修部机务负责人毛主任接到紧急通知，东航北京维修部要求山西维修部速派两名机务人员赶赴临沂，完成对河北分公司B-5262飞机右前轮更换排故工作。时间紧，必须赶上19点50分飞往临沂的MU2073航班。任务重，因河北分公司B-5262飞机发生故障，上百名旅客滞留在临沂，时间一长，必将影响东航的声誉和形象，而且会影响后续航班的顺利执行。虽然河北分公司的飞机不是山西维修部的执管飞机，但大家都是东航的一分子，荣辱与共。想到这些，毛主任二话没说，立即安排排故人员，决定由自己与昨晚刚下夜班的梁××一同前往，同时通知场内值班员王××，尽快准备所需的一切工具、设备、航材。场内值班员王××在保证四架飞机短停的同时抽出人员准备，并很快完成工具、设备、航材的装机工作。19点50分，毛主任、梁××搭乘MU2073航班，于21点20分到达临沂，一下飞机，两人立即与当地的机务取得联系，简单了解情况后，迅速投入到飞机的换轮排故工作中，并按照工卡在规定的时间内顺利完成了更换工作。检查并确认一切正常后，两人的脸上露出开心的笑容。

四、团队建设

团队建设（Team construction）是指有意识地在组织中努力开发有效的工作小组，是企业在管理中有计划、有目的地组织团队，并对其成员进行训练的活动，是企业真正的核心竞争力。

1. 团队建设的特征

1）凝聚力

成大业的伟人都有一个共同点，就是能将千百万人的心连在一起，这是十分独特的能力。我们跟随一个领导者，就是希望他能创造一个环境，结合众人的力量，创造美好的未来！正是这种凝聚力，在创造着人类的历史。试想如果团队成员远离你，甚至因为你的言行让他们失望而放弃对事业的追求，你还会成功吗？在民航服务团队中，如飞行机组、乘务组、地面服务组都是团队，团队中的成员要根据机长、乘务长、组长的要求共同努力，服务好机上旅客。

2）合作

大海是由无数的水滴组成的，每个人都是团队中的"水滴"。个人敌不过团队。个人的成功是暂时的，而团队的成功才是永久的。如在机上服务时，不同号位的乘务员都有自己的工作职责，乘务长负责舱门口迎客，3号位负责头等舱，最低号位负责叠报纸等，其目的都是为了实现团队的目标。

拓展阅读

盲人提灯

有一个盲人，晚上出门总提着一个明亮的灯笼。别人看到了，很是奇怪，就问他："你又看不见，为什么还要提着灯笼走路？"

那个盲人认真地回答说："这个道理很简单，我提灯笼当然不是为自己照亮道路，而是为了给别人照亮，让他们能看见我，这样既帮助了别人，又保护了自己。"

不要吝啬你的付出，伸出你的双手，帮助别人也是在帮助自己；点燃蜡烛照亮他人者，也会给自己带来光明。

3）组织无我

服务旅客、让旅客满意是团队的事业、集体的事业，个人的力量是有限的。成功靠团队成员的共同推进，团队的利益、团队的目标重于个人的利益和目标。在团队中如果人人只想照顾自己的利益，这个组织一定会崩溃，团队没有了，个人的目标自然也实现不了。既然是团队行动，就应听从领导的安排，这样任何事情都变得很容易，这叫组织无我。团队的目标就是靠这种组织无我的精神达成的。

4）士气

没有士气的团队，是缺乏吸引力、凝聚力、战斗力的，而士气旺盛的团队，无论在任何环境，遇到任何困难，都是无往而不胜的。民航服务团队应该是充满士气、昂首向前的团队。

2. 团队建设的心理机制

1）共生效应

共生，是指企业所有成员通过某种互利机制，有机组合在一起，共同生存、发展。共生在自然界、社会生活中都存在，如海葵和小丑鱼之间、生产过程具有配套性的企业之间都存在明显的共生关系，而且它们都有共同的特征，即共生系统中的任一成员都因这个系统而获得比单独生存更多的利益，即有所谓"1＋1＞2"的共生效益。多与优秀的人交往，多受他们的影响，能让你变得更优秀。如果你已经很优秀了，再与优秀的人交往，那么你们就能产生共生效应，取得了不起的成就。

建立团队，最重要的是在认知上形成一种强烈的、积极的归属感。

2）情绪认同

团队情绪认同不仅是表明团队中人际关系发展水平的标志，而且有效的团队情绪认同可以改变团队成员的行为。在团队中表现"我们感"的最重要形式就是每个人在情感上加入这个团队，个人有意无意地把自己和团队视为统一体。有效的情绪认同取决于个人把自己和其他成员视为一体到什么程度，取决于个人对待团队中任何成员的态度积极到什么程度。

3）心理相容

心理相容是团队成员之间心理上的相互理解、容纳和协调。心理相容对提高团队共同活动的效率有巨大作用，它是团队共同活动顺利进行的重要的社会心理条件。服务工作有问题，需要合情合理地解决。关键是调整好心态，掌握好方式，做到心理相容。

4）社会表现

社会表现就是团队成员确立起的一些共同信仰或观念，共同信念可以成为人们决定采取或不采取行动的有力因素，它使人们能够调整自己的爱好和行为，并使其合理化。团队的社会表现反映了团队的背景、权力结构、人际关系。

5）参与心理

无论是工作的积极性、责任感，还是在生产效益方面，参与管理都有其独特的影响。在实际工作中，应注意物质奖励与精神奖励并重，更值得重视的是，奖金本身对工作积极性没有显著作用，但在参与管理的条件下，奖金则显示出作用。团队工作方式的出现，本身就体现着组织对"员工参与"的重视，不仅如此，团队，尤其是自我管理型团队的工作基础之一就是成员参与。

团队建设和工作的心理机制：首先是让成员属于这个团队，其次是使成员分享和表现。

民航服务团队应树立协作意识。服务工作是一个系统工程，需要各单位、各部门之间的密切配合，只有这样才能发挥出"1＋1＞2"的整体效果；反之，如果相互推诿、扯皮甚至是相互拆台，那只能是砸了自己的牌子。有一些部门，出了事不找自身的原因，而是强调上一个环节的事没做好，或是把问题推到下一个环节。这样做不仅会影响单位与单位之间的团结，同时也会影响到服务的整体水平。我们应该大力提倡"首问负责制"，使大家进一步建立"一盘棋"的思想和团结协作的意识，从而自觉做到无论是哪个环节上出现了问题，无论是不是自己份内的事，都能站在维护民航整体形象的高度，把服务工作做好。在实际工作中，我们不仅要加强民航内部的团结协作，同时也要积极争取驻场联检单位的密切配合，为民航服务水平的进一步提升以及和谐民航的共建营造良好的内外环境。

心理学故事

什么是投射作用

《伊索寓言》中有这么一则故事，一条狗嘴里叼着一块肉，经过一座小桥的时候，看见水里有一条狗贪婪地盯着它，好像要抢它叼着的肉，于是这条狗威胁地大叫，结果肉掉到水里去了。这则寓言可以作为心理学上"投射作用"的绝妙注解。人由于缺乏自信，需要靠别人的肯定来肯定自己。但这种肯定其实是一种假想，并不能让人产生真正的信心。真正自信的人，并不在乎别人的看法，他会信赖别人，而不是经常怀疑别人。反之，常怀疑别人却没有自信的人，会把自己的动机、欲望投射到别人身上，减轻自己的内疚，以维护自己的尊严与安全，这就是所谓的"投射作用"。

心理学定律

投射作用

投射作用又称外射作用，是指个体将自己不喜欢或不能承受但又是自己具有的冲动、动机、态度和行为转移到他人或周围事物上，认为他人或周围事物也有这样的动机和行为。如"以小人之心度君子之腹""我见青山多妩媚，料青山见我亦如是"等就是投射作用的写照。投射作用的直接效果是个体的主观意向对于社会认知形成的影响作用比认知对象本身的特征还要明显，即个体的主观心理状态在社会认知中的作用大于认知对象客观特征在社会认知中所起的作用，即存在"喧宾夺主"的现象。

本单元小结

群体（Community），也称为社群，是指聚集在一起的同类人或物种，人类虽有多种不同人种，但仍可以组成一个群体。

群体成员加入群体有以下几点目的：第一，使成员获得安全感；第二，满足成员亲和、认同的需求；第三，满足成就感和自尊的需求；第四，在满足需求的基础上产生自信心和力量感。

团队就是由两个或者两个以上的相互作用、相互依赖的个体，为了特定目标而按照一定规则结合在一起而形成的组织。

团队基本特征：（1）明确的目标；（2）清晰的角色；（3）互补的技能；（4）相互信任；（5）良好的沟通；（6）合适的领导。

团队和群体经常被混为一谈，群体可以向团队过渡，但它们之间有根本性的区别，汇总为以下几点。

（1）领导方面。作为群体应该有明确的领导人；团队可能就不一样，尤其当团队发展到成熟阶段，成员共享决策权。

（2）目标方面。群体中成员的目标必须跟群体总目标保持一致，但在团队中除了这点之外，成员还可以产生自己的目标。

（3）协作方面。协作性是群体和团队最根本的差异，群体的协作性可能是中等程度的，有时成员还有些消极，有些对立；但团队中有一种齐心协力的气氛。

（4）责任方面。群体的领导者要负很大责任，而团队中除了领导者要负责之外，每一个团队的成员也要负责，甚至要相互作用，共同负责。

（5）技能方面。群体成员的技能可能是不同的，也可能是相同的，而团队成员的技能是相互补充的，团队把拥有不同知识、技能和经验的人综合在一起，形成角色互补，从而实现整个团队的有效组合。

（6）结果方面。群体的绩效是每一个个体的绩效相加之和，团队的成果或绩效是由大家共同合作完成的产品。

团队精神，简单来说就是大局意识、协作精神和服务精神的集中体现。团队精神的基础是尊重个人的兴趣和成就；核心是协同合作；最高境界是体现全体成员的向心力、凝聚力；反映的是个体利益和整体利益的统一，进而保证组织的高效率运转。

旅客群体性事件中行为人的几种心理特征：（1）无个性化心理特怔，导致旅客无责任感；（2）群体情绪感染作用，常常使人们做出缺乏理智的行为；（3）受社会上群体性事件的影响。

航空旅客群体性事件处理对策：（1）转变服务观念，提高服务质量，建设和谐航空，是积极预防航空旅客闹事和旅客群体性事件发生的基本前提；（2）加强法制建设，做好法制宣传工作，疏通旅客维权诉求渠道，加强旅客在航空运输旅程中的法制观念，是积极预防旅客闹事和旅客群体性事件发生的根本措施；（3）建立机场管理机构、航空公司、公安机关协调联动机制，实行属地管理、统一领导、分工负责，是妥善处置旅客闹事和旅客群体性事件的基本保证。

思考与讨论

一、填空题

（1）团队就是由_____以上，_____的个体，为了_____而按照一定规则结合在一起形成的组织。

（2）团队基本特征：_____、_____、互补的技能、_____、良好的沟通、_____。

（3）群体，也称为_____，是指聚集在一起的_____，人类虽有多种不同人种，但仍可以组成一个群体。

（4）群体成员加入群体有以下几点目的：第一，使成员获得_____；第二，满足成员_____；第三，满足_____；第四，在_____。

（5）团队精神，简单来说就是_____、_____和服务精神的集中体现。团队精神的基础是_____；核心是_____；最高境界是_____；反映的是_____和_____的统一，进而保证组织的_____运转。

（6）旅客群体性事件中行为人的几种心理特征：_____，导致旅客无_____；_____，常常使人们做出_____的行为；受_____的影响。

二、简答题

（1）简述群体和团队的区别，并举例说明。

（2）根据航空旅客群体性事件中行为人的心理特征，简述应如何应对航空旅客群体性事件。

（3）简述在民航服务团队中，应如何加强团队成员的团队精神。

三、训练项目

团队拓展是一种全新的体验式学习方法和训练方式。团队拓展大多以培养合作意识和进取精神为宗旨，帮助企业和组织激发成员的潜力，增强团队活力、创造力和凝聚力，以达到提升团队生产力和竞争力的目的。

团队拓展一：群龙取水

1. 道具

绳子一条或粉笔一支，矿泉水瓶若干个（以每个小组人数而定，每人一个）。

2. 项目内容

小组成员在同伴的帮助下,依次从距离端线约 2 米的地方取水瓶,每人仅限取一瓶,端线至水源区为危险区,所有成员身体的任何一部分均不可以触碰危险区,如违反则须重新开始挑战。

3. 项目目的

(1) 实现合理的分工与合作及资源的优化组合。

(2) 加强团队内部的协作与沟通,体会个人与团队之间的相互作用。

(3) 培养团结一致、密切配合、战胜困难的团队精神。

(4) 规范自我行为同社会、集体利益的关系。

4. 项目规则

(1) 安全规则:半年内动过大手术和习惯性脱臼的学员不能参加此项目。

(2) 每个小组成员在取水瓶过程中,身体的任何部位触碰到危险区域或拿到水瓶后又触到危险区,矿泉水瓶要往后移一段距离。

(3) 活动过程中要注意安全,取水瓶时,其他伙伴要拉住取水人的手和脚,防止其摔倒。

(4) 所有小组同时进行活动。

(5) 活动的小组在端线的这一侧,把对面的矿泉水瓶取过来,每个人每次只能取一瓶。

(6) 以取完对面的水瓶用时最短为胜利者。

5. 项目总结

(1) 每个人分享自己的心得和体会:

_____
_____
_____
_____
_____
_____

(2) 老师总结:

_____
_____
_____
_____
_____
_____
_____

团队拓展二：齐眉棍

1. 道具

一根 2 米左右长，手指粗细的 PVC 管。

2. 项目内容

以组为单位进行比赛，内容是在满足一定条件的情况下使 PVC 尽快抵达地面。

3. 项目目的

增强团结协作能力、领导力、沟通力、凝聚力、执行力。

4. 项目规则

每个小组站成相对的两列，小组成员全部将左手举到距地面约 1.5m 的高度，由主持人将 PVC 管放在每个成员的左手上。要求每个成员必须保证左手都接触到 PVC 管，并且手的任何部分都在 PVC 管下面；要求小组成员使 PVC 管保持水平。

在满足上述要求的状态下，使 PVC 管向地面移动，以所有人左手均触地面为完成标志，用时最短或唯一完成任务的队伍为胜利者。

5. 任务布置

第一轮任务：

每个小组有 10 分钟的练习时间；正式开始后每个队只有 10 分钟的时间去完成任务，时间到，任务结束。

第二轮任务：

还是同样的任务，但是前提是所有人在任务进行中不能讲话，包括每个队的指挥员；每个小组有 10 分钟的练习时间。

6. 项目总结

（1）每个人分享自己的心得和体会：

_____
_____
_____
_____
_____

（2）老师总结：

_____
_____
_____
_____
_____

团队拓展三：密码传递

1. 道具

眼罩。

2. 项目内容

长安回望绣成堆，山顶千门次第开。一骑红尘妃子笑，无人知是荔枝来。

据史书记载，杨贵妃很爱吃荔枝，为了让其高兴，当时的皇帝就派差官从南方运来新鲜荔枝，因此，许多差官累死、驿马倒毙于护送荔枝的路上，但是荔枝却没有任何变化。《过华清宫绝句》截取了这一历史事实，抨击了封建统治者的骄奢淫逸和昏庸无道。但今天，各位同学传递的却不是荔枝，而是一组特别的数字和符号，又称为密码，希望大家能以快速高效、全力以赴的精神完成传递。

每班同学分成 10～15 人一组的若干个小队，每队排成一列，把密码从队列的最后一位传到最前面一位，传递时每个人都不能说话也不能看，也不能借助任何外物。总共进行 4 轮比赛，每轮以完成速度和质量作为评分标准，每轮第一名得 8 分，第二名得 6 分，第三名得 5 分，第 4 名得 4 分。第一轮成绩即为得分，第二轮成绩计为得分乘以 2，第三轮成绩计为得分乘以 3，第四轮成绩计为得分乘以 4；违反规则一次罚 2 分，恶意违规将取消其所在队当轮成绩，且全体成员接受惩罚。

3. 项目目的

（1）了解沟通的过程和要素。

（2）体会沟通中的组织障碍及控制。

（3）突破思维定势，充分利用规则和资源。

（4）增强相互合作的团队精神。

4. 活动规则

（1）所有队员面向白板坐正，不得移动座位或离开座位，保持整体队形不发生任何改变。

（2）严禁回头、扭头或转向后面。

（3）每次传递过程中，在任何一个团队未结束传递之前，全体队员禁止发出任何声响（包括有规律的咳嗽）。

（4）密码传递完毕后，每列的最前面的队员立即把所得到的密码写在白板上，在写密码过程中不能回头，完成后回到座位上。密码不可更改。

5. 项目总结

（1）学生分享自己的心得和体会：

_____
_____
_____
_____

（2）老师总结：
_____
_____
_____
_____

四、案例分析

和尚争功，香火不盛的故事

三个和尚在一所破寺院里相遇。"这所寺院为什么荒废了？"不知是谁提出的问题。

"必是和尚不虔，所以菩萨不灵。"和尚甲说。

"必是和尚不勤，所以庙产不修。"和尚乙说。

"必是和尚不敬，所以香客不多。"和尚丙说。

三人争执不休，最后决定留下来各尽其能，看看谁能最后获得成功。

于是，和尚甲礼佛念经，和尚乙整理庙务，和尚丙化缘讲经。果然香火渐盛，原来的寺院恢复了往日的壮观。

"都因为我礼佛念经，所以菩萨显灵。"和尚甲说。

"都因为我勤加管理，所以寺务周全。"和尚乙说。

"都因为我劝世奔走，所以香客众多。"和尚丙说。

三人争执不休、不事正务，渐渐地，寺院里的盛况又逐渐消失了。

案例思考：

（1）三个和尚组成的团队目标是什么？

（2）他们的团队为什么由盛转衰最终失败？

（3）他们的团队关键的问题出在什么地方？

（4）在民航服务工作中我们应如何构建理想的团队？

第五章 民航服务与情绪、情感和意志

导入案例

由于华东地区大范围雷雨天气影响，2013年7月5日午后至晚间，上海两大机场出现大面积航班延误。尽管6日天气好转，但仍有近千架次航班不同程度受到影响，为此，上海民航各单位通宵奋战，调整计划，补飞航班输送旅客。航班的长时间延误，也导致部分旅客"火气"大涨。7月5日下午，上海机场和东航等宣布当天21时之后从上海虹桥、浦东两大机场出港的国内航班全部取消。尽管各航空公司都尽力为航班延误和取消的旅客办理退票、改签等手续，但还是有一些航班的旅客要在机场等待，而长时间等待之后，部分旅客也开始情绪激动。6日凌晨2时许，虹桥机场2号航站楼52号登机口处，3名旅客因所乘航班延误，与航空公司工作人员发生冲突，并有殴打行为，经验伤，被殴打的两名航空公司工作人员均为软组织损伤。甚至还有人哄抢民警工作证件，机场警方将相关当事人带走调查，随后对肇事者分别处以拘留及罚款。

从上述案例可以看出，民航航班的正点率是旅客关注的焦点，是影响旅客情绪的重要因素，因此，民航服务人员应当了解和掌握旅客情绪、情感的影响因素，并采取合理的措施避免和应对旅客的过激行为，同时，旅客出行前也应及时与所搭乘的航空公司联系，密切关注航班动态，以免耽误行程，即使由于天气、航空公司、机场等原因影响出行，也应当理性、合法维权，切莫触及法律底线。

学习目标

（1）了解情绪、情感的概念、特征及对个体的影响。
（2）掌握调控情绪、情感的方法。
（3）了解意志的概念。
（4）掌握民航服务人员良好意志的培养方法。

第一节 情绪、情感概述

一、情绪、情感的定义

情绪和情感是指人对于客观事物是否符合自己的需要而产生的主观态度的体验,是外界事物所引起的爱、憎、愉快、不愉快、惧怕等的心理状态。

情绪:情绪通常是根据有机体的天然生物需要是否获得满足而产生的,例如,由于饮食的需求而引起满意或不满意的情绪,由于危险情况引起的恐惧,和搏斗相联系的愤怒等。因此,情绪为人和动物所共有。

情感:情感是人在历史发展中所产生的与社会需要相联系的心理体验,如喜欢、愤怒、悲伤、恐惧、爱慕、厌恶等。情感是态度这一整体中的一部分,它与态度中的内向感受、意向具有协调一致性,是态度在生理上一种较复杂而又稳定的生理评价和体验。

二、情绪和情感的关系

情绪和情感是两个既有区别又有联系的概念。

1. 情绪和情感的区别

第一,从稳定性程度看,情绪具有较大的情境性、激动性和暂时性,它往往随着情境的改变和需要的满足而减弱或消失,而情感则具有较大的稳定性、深刻性和持久性,是人对事物稳定态度的反映。

第二,从表现特征看,情绪具有冲动性,且常伴随着有机体的生理变化和明显的外部表现,如高兴时手舞足蹈,愤怒时咬牙切齿。情绪一旦产生往往难以控制,而情感则比较内隐、含蓄,常以内心体验的形式存在,始终处于意识支配的范围内。

第三,从需要的角度看,情绪一般与有机体生理需要相联系,如由饮食需要能否获得满足引起的愉快和不快的体验,情感往往与社会需要相联系,如由交往需要引起的体验。情绪既然与有机体生理需要相联系,由于动物也有有机体生理需要,因此,动物也有与有机体生理需要相联系的情绪,情绪为人和动物所共有。情感是与社会需要相联系的体验,它为人所独有。即使是人和动物所共有的情绪,它在人身上也表现出人的特点。

2. 情绪和情感的联系

情绪和情感相互联系,不可分割,因此人们时常把情绪和情感通用。一般来说,情感是在多次情绪体验的基础上形成的,并通过情绪表现出来;反过来,情绪的表现和变化又受已形成的情感的制约。由此可以说,情绪是情感的基础和外部表现,情感是情绪的深化和本质内容。

三、情绪、情感的构成

情绪和情感是由主观体验、外部表现和生理唤醒三个层面组成的。

1. 主观体验

主观体验是个体对不同情绪和情感状态的自我感受。每种情绪都有不同的主观体验,它们代表了人们不同的感受,构成了情绪和情感的心理内容。人的主观体验与外部反应存在着固定的关系,即某种主观体验是和相应的表情模式联系在一起的。

2. 外部表现

情绪与情感的外部表现是在情绪和情感产生时身体各部分的动作量化形式,包括面部表情、姿态表情和语调表情。面部表情是所有面部肌肉变化所组成的模式,如高兴时额眉平展、面颊上提、嘴角上翘。面部表情模式能精细地表达不同性质的情绪和情感,因此是鉴别情绪的主要标志。姿态表情是指面部表情以外的身体其他部分的表情动作,包括手势、身体姿势等,如人痛苦时捶胸顿足,愤怒时摩拳擦掌等。语调也是表达情绪的重要形式。语调表情是通过言语的声调、节奏和速度等方面的变化来表达的,如高兴时语调高昂,语速快;痛苦时语调低沉,语速慢。

注意:本书中的"表情"是广义的概念,即能表达情感的元素。

3. 生理唤醒

生理唤醒是指情绪与情感产生的生理反应。它涉及广泛的神经结构,是一种生理的激活水平。不同情绪、情感的生理反应模式是不一样的,如满意、愉快时心跳节律正常;恐惧或暴怒时,心跳加速、血压升高、呼吸频率增加甚至出现间歇或停顿等。

四、情绪、情感的作用

1. 动机功能

主要体现在两个方面:
1)情绪、情感具有激励作用

情绪能够以一种与生理性动机或社会性动机相同的方式激发和引导行为。从情绪的动力性特征看,分为积极增力的情绪和消极减力的情绪。快乐、热爱、自信等积极增力的情绪会增强人们的活动能力,而恐惧、疼苦、自卑等消极减力的情绪则

会降低人们活动的积极性。有些情绪同时兼具增力与减力两种动力性质。

2）情绪、情感被视为动机的指标

情绪的表达能够直接反映个体内在动机的强度与方向。所以，情绪也被视为动机潜力分析的指标。动机潜力是在具有挑战性环境下所表现出的行为变化能力。当面对应激场面时，个体的情绪会发生生理的、体验的以及行为的三方面的变化，这些变化会告诉我们个体在应激场合动机潜力的强度与方向。当面临危险时，有的人头脑清晰，而有些人则惊慌失措。这些情绪指标可以反映出人们动机潜能的个体差异。

2. 情绪、情感的调控功能

情绪、情感对于人们的认知过程具有积极作用或者消极作用。

1）积极作用

良好的情绪、情感会增强大脑活动的效率，增强认知操作的速度与质量。耶尔克斯—道森定律说明了情绪与认知操作效率的关系，不同情绪水平与不同难度的操作任务有相关关系。不同难度的任务，需要不同的情绪唤醒水平。在困难、复杂的工作中，低水平的情绪有助于保持最合适的操作效果；在中等难度的任务中，中等情绪水平是最合适操作效果的条件；在简单工作中，高情绪唤醒水平是保证工作效率的条件。

2）消极作用

情绪对认知的消极影响，主要体现在不良情绪对认知活动功能的瓦解上。一些消极情绪，如恐惧、悲哀、愤怒等，会干扰或抑制认知功能。恐惧情绪越强，对认知操作的破坏就越大。例如，考试焦虑就是一个典型例子，考试压力越大，考生考砸的可能性越大。一般来说，中等程度的紧张是考试的最合适情绪状态，过于松弛或极度紧张都会瓦解学生的认知功能，不利于考生正常水平的发挥。

3. 情绪、情感的适应功能

情绪能够使个体针对不同的刺激事件产生灵活自如的适应性反应，并调节或保持个体与环境间的关系。情绪之所以具有灵活性的特征，是因为情绪的机能不仅来源于个体全部的先天机能，而且还来源于学习及认知活动。许多种情绪都具有调控群体间互动的功能。例如，羞愧感可以加强个体与社会习俗的一致性；当个体对他人造成伤害时，内疚感可激发社会公平重建。其他的情绪，诸如同情、喜欢、友爱等，也能起到构建和保持社会关系的作用，可以增强群体内的凝聚力，而且有提高个体的社会适应能力的作用。

4. 情绪、情感的信号功能

情绪是人们社会交往中的一种心理表现形式。情绪的外部表现是表情，表情具有信号传递作用，属于一种非言语性交际。人们可以凭借一定的表情来传递情感信息。表情比语言更具生动性、表现力、神秘性和敏感性。尤其是在言语信息含糊不清时，表情往往具有补充作用，人们可以通过表情准确而微妙地表达思想感情，也可以通过表情去辨别对方的态度和内心世界。所以，表情作为情感交流的一种方式，被视为人际关系的纽带。

五、情绪、情感的分类

1. 情绪的分类

情绪本身是非常复杂的，许多研究者对此进行了长期的探索，其中主要有以下两种分类方法。

1）依据情绪的性质分类

（1）快乐。快乐是盼望的目的达到后，继之而来的紧张解除时的情绪体验。快乐的程度取决于愿望满足的意外程度。快乐的程度从满意、愉快到大喜、狂喜。快乐是一种追求并达到目的时所产生的满足体验，它使人产生超越感、自由感和接纳感。

（2）愤怒。愤怒是由于受到干扰而使人不能达到目标时所产生的体验。目的和愿望不能达到，一再受到阻碍，从而积累了紧张，最终产生愤怒。特别是所遇到的挫折是不合理的或是被人恶意造成的时候，愤怒最容易发生。当人们意识到某些不合理的或充满恶意的因素存在时，愤怒也会骤然发生。愤怒的程度依次是：不满、生气、愠怒、愤、激愤、大怒、暴怒。

（3）恐惧。恐惧是企图摆脱、逃避某种危险情境时所产生的情绪体验。恐惧往往是由于缺乏处理、摆脱可怕情境的力量和能力而造成的。

（4）悲哀。悲哀与失去所盼望、所追求的东西和目的有关，是在失去心爱的对象或愿望破灭、理想不能实现时所产生的情绪体验。悲哀情绪体验的程度取决于对象、愿望、理想的重要性与价值。悲哀的程度依次是：遗憾、失望、难过、悲伤、哀痛。悲哀所带来的紧张释放会导致哭泣。

基于以上四种基本情绪，可以派生出众多的复杂情绪，如厌恶、羞耻、悔恨、嫉妒、喜欢、同情等。

2. 依据情绪状态分类

（1）心境。心境是一种使人的一切其他体验和活动都染上情绪色彩的情绪状态。它是持续的、微弱的、平静的。心境的特点是弥漫性，不具有特定的对象。心境的影响因素很多，生活中的事件，例如事业的成败，与周围人的关系好坏，机体状态如健康程度、疲劳程度、睡眠情况等都影响心境。

心境是一种具有感染性的、比较平稳而持久的情绪状态。当人处于某种心境时，会以同样的情绪体验看待周围事物。例如，人伤感时，会见花落泪，对月伤怀。心境体现了"忧者见之则忧，喜者见之则喜"的弥散性特点。平稳的心境可持续几个小时、几周或几个月，甚至一年以上。

因此，心境对人的作用具有两面性，既有积极的作用也可能产生消极的作用。良好的心境使人注意力集中，工作效率提高，使人身心健康；不良的心境使人意志消沉，对人生失去信心，对人身心健康不利。

（2）激情。激情是一种爆发快、强烈而短暂的情绪体验。例如，在突如其来的外在刺激作用下，人会产生勃然大怒、暴跳如雷、欣喜若狂等情绪反应。在这样的激情状态下，人的外部行为表现比较明显，生理的唤醒程度也较高，因而很容易失去理智，甚至做出不顾一切的鲁莽行为。因此，在激情状态下，要注意调控自己的情绪，以避免冲动行为。

处在激情状态下，人的认识活动范围往往会缩小，仅仅指向与体验有关的事物；理智分析能力减弱，往往不能约束自己的行为，不能正确地评价自己行为的意义和后果。激情持续的时间较短。激情通常由一个人生活中的重大事件、对立意向（需求）的冲突、过度抑制和兴奋等因素引起。

激情也有积极和消极之分。积极的激情可以成为人们积极行动的巨大力量。

（3）应激。应激是出乎意料的紧张状态所引起的情绪状态。例如在突如其来的或十分危险的条件下，必须迅速地、几乎没有选择余地地进行判断的时刻，容易出现应激状态。当人面临危险或突发事件时，人的身心会处于高度紧张状态，引发一系列生理反应，如肌肉紧张、心率加快、呼吸变快、血压升高、血糖增高等。例如，当在飞机上遇到劫机事件时，人就可能会产生上述的生理反应，从而积聚力量以进行反抗。当飞行人员面对不利飞行条件的时刻，或者面对降落站机场不利的降落条件时刻，就需要人们根据自己的知识经验，集中意志力，迅速地判明情况，果断地作决定紧急迫降、盘旋等待或者飞往备降机场。

应激可能产生积极的作用或者消极的作用，因此，在应激状态下，人可能有两种表现：一种是目瞪口呆，手足无措，陷入一片混乱之中；一种是头脑清醒，急中生智，动作准确，行动有力，及时摆脱困境。对付应激状态是可以训练的。但应激的状态不能维持过久，因为这样很消耗人的体力和心理能量。若长时间处于应激状态，可能导致适应性疾病的发生。

3．情感的分类

情感是同人的社会性需要相联系的态度体验。人的社会性情感主要有道德感、理智感和美感。

1）道德感

道德感是用一定的道德标准去评价自己或他人的思想和言行时产生的情感体验。不同的时代有不同的道德标准，社会主义国家崇尚爱国主义、集体主义、见义勇为和互帮互助等。当自己或他人的言行符合道德规范时，对己会产生自豪、欣慰等情感，对他人会产生敬佩、羡慕、尊重等情感；当自己或他人的言行不符合道德规范时，对己会产生自责、内疚甚至丧失自尊心等情感，对他人会产生厌恶、憎恨等情感。显然，这种情感体验具有明显的自觉性，能对自己的行为产生调控和监督作用。

在青年期，随着世界观的初步形成和人生理想的确立，人的情感也更为独立和稳定，并对人的行为有一种持久而强大的推动力。

2）理智感

理智感是在认知活动中，认识和评价事物时所产生的情感体验。例如，人们在探索未知世界时表现出的兴趣、好奇心和求知欲，在科学研究中面临新问题时的惊讶、怀疑、困惑和对真理的确信，在问题得以解决并有新的发现时的喜悦感和幸福感，这些都是人们在探索活动和求知过程中产生的理智感。

理智感常常与智力的愉悦感相联系。人们越积极地参与智力活动，就越能体验到更强烈的理智感。理智感是人们从事学习活动和探索活动的动力。当一个人认识到知识的价值和意义，感到获得知识的乐趣以及追求真理过程中的幸福感时，他就会不计名利得失，以一种忘我的奉献精神投入到学习和工作中。民航地面服务人员如果感知到为旅客提供服务，帮助旅客解决问题会有成就感和幸福感，则会更加投入到工作中去，用心地为旅客服务。

3）美感

美感是根据一定的审美标准来评价事物时所产生的情感体验。它是人对自然和社会生活的一种美的体验。在客观世界中，凡是符合人们的审美标准的事物都能引起美的体验。一方面，美感可以由客观景物引起，例如，桂林山水甲天下、黄山巍峨耸立，可以使人体验到大自然的美；另一方面，人的容貌举止和道德修养也常能引发美感，甚至一个人身上善良、淳朴的性格，率直、坚强的品性，比身材和外貌更能体现人性之美。

人在感受美时通常会产生一种愉快的体验，而且表现出对美的客体的强烈的倾向性。所以，美感体验有时也能成为人的行为的推动力。在生活中，由于人的价值追求、审美情趣和审美标准的多样化，对美的见解也多有不同，会使个体的美感产生差异。

另外，美感受社会生活条件的限制。不同民族、不同阶层的人们对美的评价标准不尽相同，对美的体验也自然不同。随着社会的进步和观念的开放，人们接触到越来越多的异域风俗和文化。我们应该教育学生在坚持本民族文化传统中正确的审美观念的同时，去鉴别和吸收其他文化中积极、健康的审美情趣。

六、情绪、情感的表现形式

1. 表情

表情是情绪、情感的一种表现方式，也是人们交往的一种手段。人们除了言语交往之外，还有非言语交往，如表情。情绪作为一种内心体验，一旦产生，通常会伴随相应的非言语行为，如面部表情和身体姿势等。一些心理学家在研究人类交往活动中的信息表达时发现，表情起到了重要的作用。

2. 表情的种类

广义的表情可以分为三类：面部表情、身段表情和语调表情。

1）面部表情

面部表情是人类的基本沟通方式，也是情绪表达的基本方式。面部表情有泛文化性，同一种面部表情会被不同文化背景下的人们共同承认和使用，以表达相同的情绪体验。面部表情是由面部肌肉和腺体变化来表现情绪的，是由眉、眼、鼻、嘴的不同组合构成的。如眉开眼笑、怒目而视、愁眉苦脸、面红耳赤、泪流满面等。

心理学家们经过研究发现，有七种表情是世界上各民族的人都能认出的，它们是快乐、惊讶、生气、厌恶、害怕、悲伤和轻视。通过对面部表情识别的研究还发现，最容易辨认的表情是快乐、痛苦，较难辨认的是恐惧、悲哀，最难辨认的是怀疑、怜悯。一般来说，情绪成分越复杂，表情越难辨认。

2）身段表情

身段表情是由人的身体姿态、动作变化来表达情绪的。如高兴时手舞足蹈，悲痛时捶胸顿足，成功时趾高气昂，失败时垂头丧气，紧张时坐立不安，献媚时卑躬屈膝等。身段表情具有跨文化性，并受不同文化的影响。研究表明，手势表情是通过学习获得的。在不同的文化中，同一手势所代表的含义可能截然不同，如竖起大拇指在许多文化中是表示夸奖的意思，但在希腊却有侮辱他人的意思。手势表情具有丰富的内涵，但隐蔽性也最小。

3）语调表情

语调表情是通过声调、节奏变化来表达情绪的，如言语中语音的高低、强弱、抑扬顿挫等。例如人们惊恐时尖叫；悲哀时声调低沉，节奏缓慢；气愤时声高，节奏变快；爱慕时语调柔软且有节奏。

总之，面部表情、身段姿态和语调变化成为情绪的有效表达方式，它们经常相互配合，更加准确或复杂地表达不同的情绪。

第二节 民航服务与情绪、情感

情绪和情感对人的工作动机产生一定的影响。愉快、平稳而持久的积极情绪能使人的大脑及整个神经系统处于良好的活动状态，它可以驱动人从事学习和活动，并放大和增强其作用，从而更有力地激发有机体的行动，发挥潜能，提高活动的效率。同时也有利于保持身体各器官系统功能正常，使人的身心和谐，增进身心健康。

相反，在痛苦、烦躁不安的心情下学习与工作，注意力容易涣散，记忆效果差，效率自然不高。

心理学家泽尔勒（Zeller）做了这样的实验，他让甲、乙两组学习能力相同的大学生都学习无意义音节，同时让他们做排列方块实验，然后测验他们对所排列图形的记忆效果。当甲组做实验时，给予赞美的评价，接着再让他们继续学习无意义音节；而对乙组的学生却给予非常严厉的批评和指责，随后，让他们再学习无意义音节。结果发现，乙组学生受到批评后，心情沮丧、紧张，方块测验成绩越来越差，无意义音节的学习效果也大大降低，而甲组学生却积极性高涨，学习效率大大提高。

从上述案例中，我们可以进一步认识到情绪、情感的两面性。积极的情绪、情感能够提高人的学习和活动能力和记忆力，充实人的体力和精力；消极的情绪、情感能抑制人的学习和活动能力，降低人的体力、活力和记忆力。

但是，紧张的情绪并不一定会降低学习与工作的效率。心理学家采用实验的方法研究了情绪与学习、工作效率之间的关系。把焦虑（Anxiety）的程度和学习、工作成绩（效率）分别作为自变量和因变量，并且用自我评定和生理反应来判断焦虑程度。研究结果表现在以下几点：

适中的焦虑程度能发挥人的最高学习、工作效率，过分的焦虑或无动于衷都不能形成良好的学习、工作成绩。可见，焦虑程度和学习、工作效率的关系曲线基本上接近抛物线的形状。说明适当的情绪状态往往可以维持人们对任务的兴趣和警觉，有利于提高活动的效率。从学习、工作情境的压力与学习、工作任务的性质的关系来看，一般的情况是，简单的工作常因情境压力而提高效率；而复杂的工作则受压力影响而效率降低。工作的性质越难越复杂，工作效率就越容易受情绪的干扰。

民航服务人员，尤其是一线工作人员，每天要面对繁重的工作，无数次重复的工作内容，难免产生不良的情绪，影响工作效率、影响身心健康，因此民航服务人员做好自身的情绪管理工作，对提高民航服务质量有积极的作用。

情绪无好坏之分，一般只划分为积极情绪、消极情绪。由情绪引发的行为、行为的后果有好坏之分，所以说，民航服务中的情绪管理并不是消除情绪，而是疏导情绪，并使之合理化。

民航服务人员应当具有情绪的自我调控能力，即能控制自己的情绪活动以及抑制情绪冲动的能力。情绪的调控能力是建立在对情绪状态的自我觉察的基础上的，是指如何有效地摆脱焦虑、沮丧、激动、愤怒或烦恼等因为失败或不顺利而产生的消极情绪的能力。因此，情绪、情感的自我调控和管理主要从以下几个方面入手。

1. 民航服务人员情绪的自我管理

1）体察自己的情绪

首先要认识到人会有情绪的产生，压抑情绪反而带来更不好的结果，学着体察

自己的情绪,是情绪管理的第一步。

2) 心理暗示法

从心理学角度讲,就是个人通过语言、形象、想象等方式,对自身施加影响的心理过程,这个概念最初由法国医师库埃于 1920 年提出。自我暗示分消极自我暗示与积极自我暗示。积极自我暗示是在不知不觉之中对自己的意志、心理以至生理状态产生影响,令我们保持好的心情、乐观的情绪和自信心,从而调动人的内在因素,发挥主观能动性;而消极的自我暗示会强化我们个性中的弱点,唤醒潜藏在心灵深处的自卑、怯懦、嫉妒等,从而影响情绪。

人们可以利用语言的指导和暗示作用,来调适和放松心理的紧张状态,使不良情绪得到缓解。用内部语言或书面语言对自身进行暗示,缓解不良情绪,保持心理平衡。比如默想或用笔在纸上写出"冷静"、"三思而后行"、"制怒"、"镇定"等。实践证明,这种暗示对人的不良情绪和行为有奇妙的影响和调控作用,既可以松弛过分紧张的情绪,又可用来激励自己。

3) 注意力转移法

注意力转移法就是把注意力从引起不良情绪反应的刺激情境转移到其他事物上去的自我调节方法。当情绪不佳时,要把注意力转移到使自己感兴趣的事情上去,如散步、看电影、读书、打球、下棋等,有助于使情绪平静下来,在活动中寻找到新的快乐。这种方法,一方面中止了不良刺激源的作用,防止不良情绪的泛化、蔓延;另一方面,通过参与新的活动特别是自己感兴趣的活动而达到增进积极的情绪体验的目的。

4) 适度宣泄法

过分压抑只会使情绪困扰加重,而适度宣泄则可以把不良情绪释放出来,从而使紧张情绪得以缓解。在采取宣泄法来调节不良情绪时,必须增强自制力,不要随便发泄不满或者不愉快的情绪,要采取正确的方式,选择适当的场合和对象,以免引起意想不到的不良后果。

5) 自我安慰法

当一个人遇到不幸或挫折时,为了避免精神上的痛苦或不安,可以找出一种合乎内心需要的理由来说明或辩解。这种方法,对于帮助人们在大的挫折面前接受现实,保护自己,避免精神崩溃是很有益处的。例如,当人们遇到情绪问题时,经常用"胜败乃兵家常事"、"塞翁失马,焉知非福"等来进行自我安慰,可以摆脱烦恼,缓解矛盾冲突,消除焦虑、抑郁和失望,达到自我激励、总结经验、吸取教训的目的,有助于保持情绪的安宁和稳定。

6) 社会交往调节法

某些不良情绪常常是由人际关系矛盾和人际交往障碍引起的。因此,当我们遇到不顺心、不如意的事时,应主动地找亲朋好友交往、谈心。在情绪不稳定时,找人倾诉，取得别人的理解和支持，具有缓和、抚慰、稳定情绪的作用。人际交往还有助于交流思想、沟通情感，增强自己战胜不良情绪的信心和勇气，能更理智地去对待不良情绪。

7）情绪升华法

升华即改变不为社会所接受的动机和欲望，而使之符合社会规范和时代要求，是对消极情绪的一种高水平的宣泄，是将消极情感引导到对人、对己、对社会都有利的方向去。

2．了解和理解旅客的情绪

民航服务人员情绪的产生主要体现在和旅客的交往过程中，旅客言语、行为都可能影响工作人员的情绪。因此，作为民航服务人员首先应当了解旅客情绪的变化及变化的原因，然后最大程度地理解旅客情绪的变化，从而采取合理、有效的应对措施，尽量满足旅客的需求，为旅客提供优质的服务。

例如，大多数旅客对航班的正点率十分关心，如果遇到航班延误，旅客情绪会发生变化，某些旅客甚至在不良情绪的引导下产生过激行为，此时服务人员应当准确把握航班延误的原因，及时做好安抚和后续工作，而不应因旅客的情绪影响了自己的工作情绪，导致工作无法开展下去。

3．提高个人综合素养，为旅客提供更优质服务

随着我国民航业的大发展，民航旅客数量越来越多，旅客的结构也越来越复杂，旅客对民航服务的要求也越来越高。旅客的高要求不仅体现在设施、设备等硬件方面，同样也体现在对服务人员的高要求上。因此，民航服务人员应当不断加强自身修养，增强综合素养，提高业务能力，更加主动地为旅客提供个性化、优质的服务。

第三节　意　　志

一、意志概述

1．意志定义

意志是个体自觉地确定目标，并根据目标来支配、调节行动，克服困难，从而实现目标的心理过程。意志是一种目标导向的内在驱力，是人类基本的心理功能之一。意志可以是外显的思考过程，也可能是无意识下由习惯所造成的自动化行动。

在社会生活中和人际交往过程中，若为一定的目的付出了努力，就一定有意志的参与。例如，民航服务人员为了保障机场的最早一个航班，要在凌晨三四点起床，跟人们正常的生物钟相违背，就是服务人员克服睡眠的需求来为旅客提供服务的意志。

2. 意志的特征

1）意志具有明确的目的性

意志具有明确的目的性，这是意志活动的前提。人不是消极、被动地适应环境的，而是积极能动地改造世界，成为现实的主人。人为了满足某种需要而预先确定目的，有计划地组织行动来实现这一目的，并能预见到结果。意志的目的性既可使符合最终目标的行为产生并得以坚持，又可以制止和纠正那些不符合目标的行为。

2）意志与克服困难相联系

意志与克服困难相联系，这是意志活动的核心。在实际生活中，并不是人的所有有目的的行动都是意志的表现，有的行动虽然也有明确的目的，如果不与克服困难相联系，就不属于意志活动，比如随意散步、休闲时间看电视等。一个人为达到目标，克服困难的能力越强，说明这个人的意志越坚强。相反遇到困难就退缩不前的人则是意志薄弱的人。

3）意志以随意活动为基础

有些行为动作是与生俱来的，是不由自主的无意识动作，称不随意运动，由当时情境决定。如手触到高温时自动缩回等。另一类是受意志支配和调节的，具有目的的运动，由人的主观意识控制，主要是由支配躯体骨骼肌的体神经控制的运动，称为随意运动。

意志活动是有目的的行动，这就决定了意志活动是受人的主观意识调节和控制的。如民航春运旺季，航班量增加，甚至航班还有临时加班、补班情况，此时民航服务人员为保证航班正常，放弃休息、放弃年假的行为。

4）意志对行动有支配和调节作用

一是表现为推动人去产生和维持达到一定目的所必需的行动；二是表现为阻止和克制与预定目的相违背的愿望与行动。但意志调节功能的这两个方面在实际活动中不是互相抵触和排斥的，而是一个问题的两个方面，是一个统一的过程。古人说过"有所为，有所不为"，正是意志通过发动和抑制这两种作用，实现着对人的活动的支配和调节，保证了活动目的的顺利实现。

3. 意志活动的过程

从意志活动的基本阶段来分析，一般把意志活动分成准备阶段和执行阶段。

1）准备阶段

这一阶段包括在思想上权衡行动的动机，确定行动的目的，选择行动的方法，并做出行动的决定，这是意志活动的开端。

首先确定动机。人的行动总是由一定的动机引起的，并指向一定的目的，但由动机过渡到行动的过程可能是不同的。在简单的意志活动中，动机几乎是直接过渡到行动的。这时，行动的目的是单一的、明确的，通过习惯了的行为方式就能实现。而在较复杂的意志活动初期，人的动机往往十分复杂，同时可能发生引起不同行为的多种动机,需要权衡各种动机的轻重缓急,反复比较各种动机的利弊得失,最终做出选择。

其次,选择达到目的的行为方式和方法及做出实现意志活动的计划。行为方式和方法的选择和行动计划的拟定是实现意志活动的决策步骤。通常在熟悉的行动过程中,随着目的的确定,行为方式、方法和行动计划就随之确定。但在许多情况下,达到同一目的的方式、方法和方案不止一种,这时就需要进行选择。

2) 意志活动的执行和完成阶段

接下来就是要实现所做出的决定。行动的动机再高尚,目的再美好,计划再周密,手段再完善,如果不付诸实际行动,这一切也就失去了意义,不能构成意志活动。因此,意志活动的执行和完成是最重要的环节,意志活动的执行和完成是意志、情感和认识活动协同作用的过程。

最后,人们在现实决定的过程中,必然会遇到各种各样的困难,有内部的、主观的困难,也有外部的、客观的困难,这些困难都需要在意志活动的执行和完成过程中加以克服。

4. 意志活动中的冲突

人们在意志活动中常常具有两个以上的目的,而这些目的不可能同时实现,因而产生了意志活动中的内心冲突或动机的斗争。意志活动中的心理冲突是很复杂的,从形式上看,可以分为四种类型:

(1) 双趋冲突。双趋冲突是指两个目标同时出现,并对个体具有同样的吸引力,但由于实际条件的限制无法同时实现时,在心理上出现的难以取舍的斗争,又称接近—接近型冲突。

(2) 双避冲突。双避冲突是指同时出现两件可能危及个体的事件。但由于条件的限制,个体只能回避其中之一,即个体只有忍受其中一个不利因素,才能避开另一个不利因素。双避冲突又称回避—回避型冲突。

(3) 趋避冲突。趋避冲突是指对于同一事物既有亲近或实现它的愿望,又有避开或不让其发生的愿望,这样对同一目的兼具好恶的矛盾心理状态,称为趋避冲突,或接近—回避型冲突。

(4) 多重趋避冲突。多重趋避冲突是指一个人面对两个或两个以上的目的,而每个目的又分别具有趋避两方面的作用,这种对几个目的兼具好恶的复杂矛盾心理状态,称为多重趋避冲突,或多重接近—回避冲突。

二、挫折

1. 挫折的概念

挫折是指人们在有目的的活动中,遇到无法克服或自以为无法克服的障碍或干扰，使其需要或动机不能得到满足。心理学上，挫折指个体有目的的行为受到阻碍而产生的紧张状态与情绪反应。

2. 挫折的内涵

其一，挫折情境，是指使需要不能获得满足的内外障碍或干扰等情境状态或情境条件。如考核不及格、比赛得不到名次、受到讽刺打击等，这就是造成挫折的情境因素，也称为挫折情境。

其二，挫折认知，是指对挫折情境的知觉、认识和评价。

其三，挫折反应，是指伴随着挫折认知，对于自己的需要不能满足而产生的情绪和行为反应，如愤怒、焦虑、紧张、躲避或攻击等。

当挫折情境、挫折认知和挫折反应三者同时存在时，便构成心理挫折。但如果缺少挫折情境，只有挫折认知和挫折反应这两个因素，也可以构成心理挫折。这是因为，挫折认知既可以是对实际遭遇到的挫折情境的认知，也可以是对想象中可能出现的挫折情境的认知。

只有当主体将挫折情境感知为挫折时，才会产生挫折反应。但是，即使没有出现实际的挫折情境，但主体认为某种挫折情境将可能出现，如考试将会不及格、任务可能完成不了，或将会遭到领导批评等，由于对其可能的后果感到担心、焦虑、恐惧等，也会产生挫折感。

所以，在挫折情境、挫折认知和挫折反应这三个因素中，挫折认知是最重要的。挫折情境与挫折反应没有直接的联系，它们的关系要通过挫折认知来确定。一般来说，挫折情境越严重，挫折反应就会越强烈；反之，挫折反应就越轻微。

3. 挫折的产生原因

从以上所讲可以看出，挫折情境也就是产生挫折的原因。这些原因有些是客观存在的，有些是由主观因素而产生的。因此，我们将挫折原因概括为两个方面，即客观原因和主观原因。

1）客观原因

客观原因也叫外部原因，是指由于客观因素给人带来的阻碍和限制，使人的需要不能满足而引起的挫折。它包括自然因素和社会因素。

（1）自然因素是指各种非人为力量所造成的时空限制、自然灾害、意外事故、生老病死等。自然界内的万事万物都有其固有的存在和发展规律，人类一方面不可能对所有事物都完全彻底地认识，另一方面，即便认识了也不可能绝对地征服自然。所以，要在自然环境中生存、发展，人就必然会遇到自然界所带来的种种困扰，挫折也就在所难免。

（2）社会因素是指来自个体所生存的社会环境的一些干扰和障碍，如政治的、经济的、文化的、道德的、法律的、宗教的等，既包括大的社会环境，也包括学校、社团、家庭等小环境。

2）主观原因

主观原因也称为内部原因，是指由于个人生理、心理因素带来的阻碍和限制所产生的挫折。

（1）生理因素，生理因素的挫折是指个体与生俱来的身材、容貌、生理缺陷及健康情况等所带来的限制，导致需要不能满足或目标不能实现。例如，有的女学生向往空乘职业，想要报考航空院校，但是由于身高条件不达标不能如愿等。

（2）心理因素是指个体的心理特点和心理水平，如需要、动机、理想、信念以及能力、气质、性格等所带来的影响。例如，学习能力差的学生容易在学习中受到挫折，内向的学生容易在人际交往中受到挫折。

心理因素中与挫折密切相关的主要有三点：

第一，个性完善程度。一个思想成熟、性格坚强、行为规范、社会适应能力强的人，做事成功率就高，动机实施也比较顺利。反之则差。如有的民航服务人员由于个性方面的问题，不喜欢与人交往，或不会协调与同事之间的关系，因而造成人际关系障碍，得不到领导与同事的理解和支持，导致某些需要和愿望不能实现，就会产生挫折。

第二，动机冲突。在现实生活中，一个人经常同时产生两个或多个动机。假如这些并存的动机受条件限制无法同时获得满足，就产生难以抉择的心理矛盾。如果这种心理矛盾持续得太久，太激烈，或者是由于一个动机得到满足，而其他动机受阻，就会产生挫折感。

第三，挫折容忍力。挫折容忍力即个体受到挫折时保持正常行为的能力。它包括体质承受力和意志承受力等。影响挫折容忍力的因素主要有以下四种：①遗传及生理条件。身体条件好的人比身体条件差的人容忍力要强。②生活经历和文化修养。生活经历丰富、文化修养高的人，比生活经历不足、文化修养低的人容忍力强。③对困难或障碍的感知程度。面对相同的挫折情境，不同的人有不同的认识感觉，获得的情绪体验也有区别，因此受到的压力和打击也不同。④性格特征。性格开朗、意志坚强、有自信心的人，比性格孤僻、意志薄弱、自信心差的人对挫折的容忍力要强。

第四节　民航服务与意志

一、民航服务人员应具备的意志品质特点

1. 意志的自觉性

意志的自觉性是指民航服务人员有明确的行为目的，有坚定的信仰追求，有鲜

明的原则立场，有毫不含糊的是非标准，它反映了意志的目的性。

意志的目的性是指民航服务人员的行为活动自始至终都有预先设置的、明确的、稳定的目标指向，它通过大脑建立和锁定复杂行为的兴奋灶与行为目标的兴奋灶之间的神经联系来实现，使民航服务人员的随意行动具有明确而强大的约束力，使其不至于成为漫无边际的、盲目的、无规律的活动。意志的自觉性或目的性越明确，对人的各种活动的约束力就越强大，人的思想和行为就越有规律、越明确，就越有坚定的信仰追求，就越能够坚持原则和遵守道德规范。

意志的目的性取决于民航服务人员的价值观，因为意志目的实际上就是行为价值目标。人对于行为价值目标的反映是价值观的重要组成部分，价值观的品质特性决定着意志的目的性。意志的主观目的在于满足自己的各种欲望、情感和情绪的需要，意志的客观目的在于实现行为活动的最大价值率，或者在于追求、创造或获取最大价值率的事物。

如果价值观发生了错误与偏差，意志的目的性就会发生错误与偏差，那么意志的自觉性就成了不良的意志品质，具有这种品质的人经常有意违反道德规范、践踏法律制度。

2. 意志的能动性

意志的能动性是指民航服务人员摆脱生物本能的控制与约束的能力。它反映了意志的层次性。具体可以表现在民航服务人员除了严格按照规章流程办事之外，还要主动地、能动地满足旅客个性化及延伸性的需求，这个需求没有最高限制（图5-1）。

图5-1　民航服务人员积极主动为旅客提供服务

意志的能动性并不是指民航服务人员能够在主观上漫无边际地随心所欲，而是指人的行为活动有相对宽泛的选择范围。然而，民航服务人员的行为活动的选择范围无论多宽泛，总是有限的，总要受一定利益关系的驱动和制约，它不会是完全随意的、无规律的、无目的的，否则就会受到严厉制裁。

行为目标的层次性越高，意志就具有越大的能动性，因此行为目标的层次性决定着意志的层次性。行为目标就是行为的价值目标，它可分为温饱类、安全与健康类、人尊与自尊类、自我实现类四个层次，意志也可相应地分为四个层次。行为目标的层次越低，人就会越多地注重低层次的、个人的、局部的和眼前的效益，其意志就是低级的、接近生物本能的意志，反之其意志就是高级的、远离生物本能的意志。

如果价值观发生了错误与偏差，意志的层次性就会发生错误与偏差，那么意志的能动性就成了盲目与随心所欲的意志品质，具有这种品质的人办事杂乱无章，思想混乱无序。

3．意志的自制性

意志的自制性是指民航服务人员善于有效地控制和支配自己的情感和思维，严格约束自己的行动，它反映了意志的强度。

意志的强度越高，它对人的各种活动的激发力、引导力和约束力就越强大，就越能有效地抵抗外部和内部的干扰，表现出较强的情绪克制力和忍耐心，就能够集中精力、忘我工作。例如，民航旅客在航班不正常运输时难免会情绪激动，甚至个别旅客会有过激行为，有时会伤及工作人员，服务人员的情绪也会受到旅客的影响，但是民航服务人员应当善于控制自己的情感，了解和理解旅客的行为，最大程度地满足旅客的需求，解决旅客的问题。

如果价值观发生了错误与偏差，意志就会发生错误与偏差，那么意志的自制性就成了易冲动的意志品质，具有这种品质的人办事急躁，容易感情用事。

4．意志的坚韧性

意志的坚韧性是指民航服务人员能够坚持不懈、百折不挠、勇往直前地完成工作任务的能力，它反映了意志的外在稳定性。

意志的外在稳定性越高，意志对人的行为活动的控制约束力就越持久，人就会表现出顽强的毅力和持久的耐心。如果价值观发生了错误与偏差，意志的外在稳定性就会发生错误与偏差，那么意志的坚韧性就成了顽固、执拗的意志品质，具有这种品质的人对自己的行动目的不进行理性的检查而一意孤行。

5．意志的独立性

意志的独立性是指民航服务人员的意志不易受他人的影响，有较强的独立提出和实施行为的能力，它反映了意志的内在稳定性。

意志的内在稳定性来自于价值观的独立性，具有这种意志品质的人善于按照自己的创见提出行为目的，并找出达到目的的手段，而不容易受别人观点的影响。与之相反的意志品质是受暗示性，具有这种意志品质的人容易接受他人的提示、命令或建议，容易屈从于他人的意志。

6．意志的果断性

意志的果断性是指民航服务人员善于当机立断，毫不犹豫地做出行为决策的能力（图 5-2），它反映了意志的效能性。

意志的效能性越高，人对行为方案的编制速度、决策速度和激发速度就越高，就能在紧急状态下迅速做出有效的行为反应。

如果价值观发生了错误与偏差，意志的效能性就会发生错误与偏差，那么意志的果断性就成了草率从事的意志品质，具有这种意志品质的人办事马马虎虎、紧张忙乱。

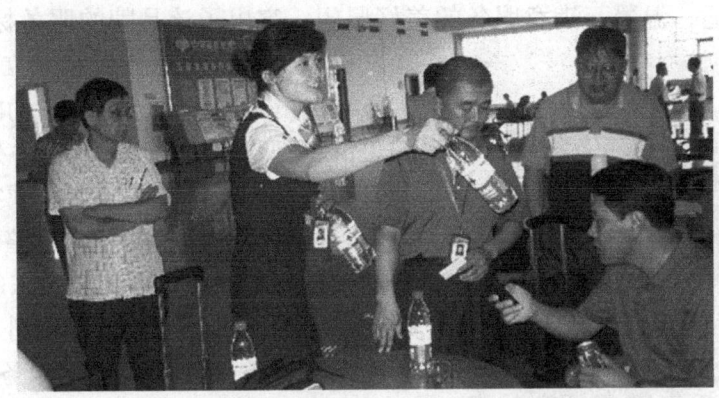

图 5-2　某机场在航班延误后及时采取保障措施

二、民航服务人员意志品质的培养

意志品质不是与生俱来的，良好的意志品质可以在后天学习和实践活动中有目的地加以培养。民航服务人员应当具有良好的意志品质，主要从以下几个方面培养。

1．明确民航服务的特点，确立正确的行动目标

民航服务的产品是为旅客提供高效、优质的运输服务，在服务过程中更加注重旅客的体验过程，因此民航服务的产品不具有实物形态。民航服务人员的工作目标应当围绕旅客及专注于为旅客提供服务的过程。

民航旅客的结构复杂性决定了民航服务质量的衡量也具有一定的复杂性，衡量标准并不是一成不变的，因此民航服务人员应当明确民航服务的个性化和差异化特点，针对不同的旅客采取更有针对性的服务方式。

2．增强为人民服务的社会责任感

人生活在社会中并非孤立的个体，而是社会群体中的一员，会和他人进行社会交往，在交往中扮演不同的角色。作为民航服务人员，我们的任务就是为他人提供服务，让旅客感受到温馨的运输旅程，因此民航服务人员应当增强为人民服务的意识和社会责任感，真诚地对待每一位旅客。

3. 加强服务意识、明确服务理念

民航企业和民航机场采取各种措施来提高服务质量，例如"从家飞"是河北机场管理集团向航空旅客提供的所有有关航空出行和货运服务产品的基本服务规范和统一服务品牌。"从家飞"的"家"有两层含义，一是取自河北省会"石家庄"中的"家"，意在欢迎大家选择从石家庄国际机场出行，体现了该品牌的地域特点；二是取自我们每个人心中温暖的"家"，表达了河北机场集团愿意为顾客提供像在"家"一样便捷、舒适、温馨、满意服务的美好愿望，突出了该品牌的服务标准。

再如，1989年东方航空成立"凌燕"乘务示范组（图5-3），示范组以主动的意识、饱满的热情和脚踏实地的努力，向中外旅客展示东航青年、上海青年敬业爱岗、诚实守信、办事公道、服务群众、奉献社会的整体精神风貌。经过十几年的发展，凌燕随着东航的发展越飞越高，从单纯的"两微服务"到"用心服务"，从"亲情服务"到"个性化服务"，从"诚信服务"到"特色服务"，凌燕一直以领先的姿态走在服务性行业的前沿，不断服务创新、突破自我、提升服务品质。

作为民航服务人员应当不断加强服务意识，明确公司的服务理念，为旅客提供独具特色的服务产品，体现公司的核心价值。

图5-3 中国东方航空"凌燕组"

4. 自身加强意志锻炼

坚强的意志是在克服困难的实践活动中磨砺出来的。在民航服务过程中遇到挫折和困难在所难免，但是要正确地认识到困难的存在及产生的原因，理智地对待困难，学会控制自己的情绪，理智行事，树立克服挫折和困难的信心和勇气，找到解决挫折和困难的有效途径，在解决困难的过程中不断磨炼自己。

5. 加强情绪、情感对意志的支持作用

情绪、情感和意志是相互作用的，意志在一定程度上可以调节和控制情绪、情感，而情绪、情感也可以在一定程度上影响意志的表现。研究发现，愉快、平稳而持久的积极情绪能使人的大脑及整个神经系统处于良好的活动状态，从而更有力地激发有机体的行动，发挥潜能，提高人的活动效率，使人面对问题能够更加勇敢和充满信心。相反，在痛苦、烦躁不安的心情下学习与工作，注意力容易涣散，使人消极和颓废，面对困难容易退缩。因此，有效地调动情绪、情感，将会对意志产生积极的作用。

6. 学会自我激励

激励是人对美好事物的向往、追求和希望，它能激发力量、引发智慧、鼓舞斗志。如果没有激励就不会有相应的行为和产生良好的效果。对民航服务人员来说，工作和学习都需要激励。

自我激励是指个体具有不需要外界奖励和惩罚作为激励手段，能为设定的目标自我努力工作的一种心理特征。德国专家斯普林格在其所著的《激励的神话》一书中写到："强烈的自我激励是成功的先决条件。"由此可见，人的一切行为都是受激励产生的，通过不断地自我激励，就会使人有一股内在的动力，朝所期望的目标前进，最终达到成功的彼岸。

心理学故事

三个囚犯

有三个人要被关进监狱三年，监狱长答应满足他们三个人一人一个要求。美国人爱抽雪茄，要了三箱雪茄。法国人最浪漫，要一个美丽的女子相伴。而犹太人说，他要一部与外界沟通的电话。三年过后，第一个冲出来的是美国人，嘴里叼根雪茄，大喊道："给我火，给我火！"原来他忘了要火了。接着出来的是法国人，只见他手里抱着一个小孩子，美丽女子手里牵着一个小孩子，肚子里还怀着第三个。最后出来的是犹太人，他紧紧握住监狱长的手说："这三年来我每天与外界联系，我的生意不但没有停顿，反而增长了200%，为了表示感谢，我送你一辆劳斯莱斯！"

这个故事告诉我们，什么样的选择决定什么样的生活。今天的生活是由三年前我们的选择决定的，而今天我们的选择将决定我们三年后的生活。我们要选择接触最新的信息，了解最新的趋势，从而更好地创造自己的将来。

心理学定律

福克兰定律

福克兰定律就是没有必要做出决定时，就有必要不做决定。一般在活跃的市场经济中，各个企业的经营者都会面临大量的市场机会，至少表面看起来是这样的。但这种"机会"到底是机会还是陷阱，没有人知道。经营者不知道应该保持现状还是继续进取。其实经营者可以通过对面前的机会进行筛选，去掉不符合条件的选择，看是否有合适的选择留下来，就知道自己当前处于什么状况，是应该改变还是保持现状。对于一个企业的决策者来说，这一点非常重要。因为我们不得不经常面对许多突如其来的状况，如果事前没有预料，遇事又手忙脚乱，就很可能做出错误的决定。

本单元小结

（1）人类通过与外界接触来认知周围的人或者物，在认知过程中伴随着情绪、情感和意志过程，因此情绪、情感和意志活动过程伴随着我们生活和工作的方方面面。在民航服务过程中也是如此，民航服务人员要了解旅客的情绪、情感表现，观察旅客情绪的变化，控制和调节自己的情绪、情感，培养自己坚强的意志品质，这样才能为旅客提供更优质的服务。

（2）影响民航旅客情绪变化的因素有：旅客需要是否得到满足、旅途环境的影响、服务素质的影响、广告宣传的影响和身体状况的影响。

（3）民航服务人员应学会管理自己的情绪，管理情绪的方法有体察自己的情绪、心理暗示法、注意力转移法、适度渲泄法、社会交往调节法、情绪升华法和自我安慰法。

（4）民航服务人员意志品质培养的方法：明确民航服务的特点，确立正确的行动目标；增强为人民服务的社会责任感；加强服务意识、明确服务理念；自我加强意志锻炼；加强情绪、情感对意志的支持作用；学会自我激励。

思考与讨论

一、填空题

（1）激情是一种_____、_____的情绪体验。

（2）应激是_____所引起的情绪状态。

（3）意志是_____，并根据_____，_____，从而实现目标的心理过程。

（4）挫折是指人们在有目的的活动中，遇到_____或自以为无法克服的障碍或干扰，使其_____不能得到满足而产生的反应。

（5）挫折情境是指需要不能获得满足的_____或_____等情境状态或情境条件。

（6）_____即个体受到挫折时保持正常行为的能力。它包括体质承受力和意志承受力等。

（7）意志的_____是指民航服务人员有明确的行为目的，有坚定的信仰追求，有鲜明的原则立场，有毫不含糊的是非标准，它反映了意志的目的性。

（8）意志的_____是指民航服务人员摆脱生物本能的控制与约束的能力，它反映了意志的层次性。

（9）意志的_____是指民航服务人员善于有效地控制和支配自己的情感和思维，严格约束自己的行动，它反映了意志的强度。

（10）意志的_____是指民航服务人员的意志不易受他人的影响，有较强的独立提出和实施行为的能力，它反映了意志的内在稳定性。

（11）意志的_____是指民航服务人员善于当机立断，毫不犹豫地做出行为决策的能力，它反映了意志的效能性。

二、简答题

（1）情绪、情感的定义是什么？
（2）情绪和情感有什么关系？
（3）情绪、情感的作用有哪些？
（4）民航服务人员怎样进行情绪管理？
（5）民航服务人员的意志品质应当具备什么特点？
（6）如何培养坚强的意志品质？

三、训练项目

心理测试：你能驾驭愤怒的情绪吗？

（1）你经常发脾气吗？
    A. 我经常发怒，甚至因为小事情。我知道自己有时错了，然而很难开口认错。
    B. 有时也发怒，可一旦事情过去，总会觉得有点惭愧。
    C. 我不爱发脾气，从没有真正发怒过，而且每当别人有这种愚蠢的孩子气的行为时，我会感到非常可笑。

（2）你对电影中的愤怒场面怎么看？
    A. 我欣赏电影中的愤怒场面，虽然自己不会去摔东西，但看这种非真实的情境使我满足。
    B. 我不喜欢电影中的愤怒场面，就像不喜欢生活中的愤怒场面一样。
    C. 对此我有强烈的共鸣，事实上它有时教会我怎样在自己的生活中表达愤怒。

（3）你生气时的表现如何？
    A. 大叫大喊，让人们都知道我是多么愤怒。
    B. 默默地走开。

C. 努力克制，但是不管干什么心里都烦。

（4）当你受到伤害时会怎样？

  A. 当感到受了伤害时，我会几个小时都说不出话来。

  B. 当感到受了伤害时，我会当场反击。

  C. 伤害感情使我痛苦极了，我会再也不提这件事。

（5）当对方发怒时你会怎样？

  A. 愤怒的人使我害怕，我总是想法与他和解，或者躲开他。

  B. 别人和我翻脸时，我听他说完，然后设法使他平静下来。

  C. 我不怕别人发怒，事实上我喜欢吵架。

（6）你是否与家人或亲近的朋友吵架？

  A. 经常   B. 有时   C. 从不

（7）你是否认为人们应该相互说出真实的思想？

  A. 是的，永远这样。

  B. 不，我宁愿将真话藏在心底。

  C. 如果会引起麻烦，就不说真话。

（8）在家里吵架时，你摔东西吗？

  A. 是的，有时摔。

  B. 只在争吵中极度愤怒时摔。

  C. 从没摔过。

（9）你知道自己做了件会激怒家人或好朋友的事，但你认为自己并没做错，你会：

  A. 对此保持沉默。

  B. 告诉他们并由着他们愤怒。

  C. 大胆地告诉他们。

（10）你的家人不断地就一个问题责骂你，你会：

  A. 发脾气，然后很快平静下来。

  B. 每次听到这个问题就吵。

  C. 忍耐着，但会长时间生气。

（11）你是否会认为争吵摧毁了友情？

  A. 是的。

  B. 不是，理智的争吵能增进友情。

  C. 不必要，但又不可避免。

（12）当你在外面生了气，你是否会将愤怒发泄在你亲近的人身上？

  A. 从不。

  B. 经常。

  C. 试图克制，但却无法控制。

（13）你买了一件很贵的新鲜玩意儿，可是一星期后就坏了，你会：

A. 打电话给商店，温和而理智地要求退货。
　　　B. 尽一切可能要求赔偿。
　　　C. 寄一封措辞激烈的信或打电话骂经理一顿。
（14）因为前面一个人在检票口笨手笨脚地取票和问话，使你恰好没赶上火车，你会：
　　　A. 感到愤怒，但什么也不说。
　　　B. 告诉那人他误了你的事。
　　　C. 像以往那样耸耸肩了事。
（15）凌晨三点钟时，你被邻居家吵闹的音乐吵醒，这已经是两周以来的第三次了，你会：
　　　A. 径直去大声叫他们安静下来。
　　　B. 清晨从门缝中礼貌地塞张便条。
　　　C. 非常生气，但什么也没做。
（16）最近你看到一部极糟的电影，你会：
　　　A. 中途退场。
　　　B. 坐在那儿等到散场。
　　　C. 给报纸去信抨击，或在某些公共场合表达你的不满。
（17）你排队时有人在你前面加塞，你会：
　　　A. 拍拍他的肩膀，叫他到后边排队去。
　　　B. 瞪着他，什么也不说。
　　　C. 向队伍里的人大声抱怨。
（18）在一家高级餐馆，服务员将菜汤洒在了你的裤子上，你会：
　　　A. "没关系"（真心地）。
　　　B. "没关系"（从牙缝里）。
　　　C. "你这蠢猪，赔我的裤子。"
（19）你预约后在诊所里候诊，但你很忙，等了20分钟后，你会：
　　　A. 继续等。
　　　B. 礼貌地解释说你必须走了，并且重新约一个日期。
　　　C. 大声抱怨着走出去。
（20）如果售货员对你态度粗鲁，你会：
　　　A. 猜想他可能今天不顺心，并且忘掉这事。
　　　B. 觉得丢脸，但什么也没说，只是想以后再也不到这里来了。
　　　C. 以同样粗鲁的态度回敬她。
（21）你和一个惹恼你的陌生人吵起来了，你会：
　　　A. 尽快从争吵中撤退。
　　　B. 克制着不发脾气，并且顺着他。
　　　C. 告诉他你认为他有多么坏。

每题所对应分数如表 5-1 所示。

表 5-1 分数对应表

题 号	A	B	C
1	5	3	1
2	3	1	5
3	5	1	3
4	3	5	1
5	1	3	5
6	5	3	1
7	5	3	1
8	5	3	1
9	1	3	5
10	3	5	1
11	1	5	3
12	1	5	3
13	3	1	5
14	1	5	3
15	5	3	1
16	3	1	5
17	3	5	1
18	3	1	5
19	1	3	5
20	3	1	5
21	1	3	5

第 1~5 题测试的是你在愤怒情境中发怒的程度。这 5 题总分在 5~25 分之间。其中：

5~10 分：出于某种原因害怕愤怒，不仅怕自己发怒，也害怕别人发怒。

11~17 分：你了解自己的愤怒并能适当地表达。你不是个易怒的人，能保持理智，克制自己尽量不发脾气。

18 分以上：你发起脾气来无所顾忌，容易对他人形成威胁和敌意。有时你会感到自己的感情失去了控制。

第 6~12 题测试的是你私人关系中的愤怒，第 13~21 题测试的是你对社会问题的愤怒。这两类问题的总分在 16~80 分之间。其中：

60 分以上：你属于公开愤怒的一类。

40~59 分：你属于能够控制愤怒的一类。

39 分以下：你属于压抑愤怒的一类。

测试结果：

你是一个具有怎样情绪的人？

结合自身情况谈谈如何保持良好的情绪。

四、案例分析

2014年3月30日和3月31日两天内,深圳机场因暴雨先后取消300余班航班,近5000名旅客因航班延误或取消而滞留深圳机场。30日当晚,部分滞留机场的旅客情绪激动,与航空公司工作人员发生争执,进而出现霸占航空公司值机柜台、打砸柜台内办公用品、阻挡其他旅客登机等行为。据了解,南方航空至少两个柜台被旅客打砸或霸占(图5-4),部分办公设备受损,还有上百盒食品被砸。当时事发的值机柜台均属南方航空。南航工作人员表示,打砸事件发生后,他们当即报警,深圳机场公安分局带走多名旅客进行调查。

图 5-4 深圳机场航班延误旅客霸占、打砸柜台

案例思考:

(1)对民航旅客情绪、情感的影响因素主要有哪些?

(2)面对旅客的过激行为,民航服务人员应当怎样调节自己的情绪、情感?

(3)航班常因为天气原因延误,延误后旅客的行为表现我们无法预知,面对航班的不正常运输,民航服务人员应当如何培养自己的坚强的意志品质?

第六章 民航服务与压力

导入案例

一、2014 年 7 月——人类航空史最黑暗的一月

人民网：7 月 17 日，马来西亚航空 MH17 航班失事，伤亡 298 人；7 月 23 日，台湾复兴航空公司 GE222 航班失事，伤亡 48 人；7 月 24 日，阿尔及利亚航空公司 AH5017 航班失事，伤亡 119 人。8 天，3 架，465 人。2014 年 7 月，人类航空史最黑暗的一月。

二、今年民航事故比去年同期多死 600 人

根据民航安全科学研究所整理的世界航空事故中文数据发现，截至 2014 年 7 月 22 日，2014 年世界范围内民航事故共发生 141 次，死亡人数达到 643。再加上近来发生的台湾复兴航空客机失事与阿尔及利亚航班失事事件，2014 年世界范围内民航事故共发生 143 次，死亡人数或将超过 691。

今年，死亡人数最多的两次民航事故分别为 7 月 17 日的马航 MH17 事件，死亡 298 人；以及 3 月 8 日的马航 MH370 事件，死亡（失踪）239 人。马来西亚航空公司两次事故的死亡（失踪）人数共计 537 人，占全年死亡人数的 83%左右。

根据世界航空事故中文数据库数据显示，2013 年世界范围内民航事故共发生 273 次，死亡人数达到 281。而在 2013 年时段内，7 月 24 日之前，世界范围内民航事故共发生 141 次，死亡人数达到 70。也就是说，今年比去年同期世界范围内民航事故发生次数仅多 2 次，但死亡人数增加了 600 以上。

资料来源：（http://news.sohu.com/，2014 年 8 月）

三、飞行员蓄意坠机事件

1982 年 2 月 9 日，日本航空公司 JA350 航班在东京湾坠毁，24 名乘客遇难。驾驶舱声音记录仪显示，客机坠海过程中，机舱内响起自动警报声，夹杂着"机长，请停下"的呼喊。后续调查发现，机长片桐清二（图 6-1）有精神病史，并因此承受身心折磨，他把这架道格拉斯 DC-8 型客机的第二台和第三台发动机推力反向器打开，意图撞毁飞机。飞机坠海后，他第一个登上救生船逃生。

1997 年 12 月 19 日，新加坡胜安航空公司 185 航班飞行途中，在 3700 米高度突然高速俯冲下降，在空中部分解体，坠入河中，97 名乘客和 7 名机组人员无人生还。调查认定，这架波音 737 型客机是"人为坠毁"，新加坡籍机长朱卫民蓄意操控飞机坠毁。朱卫民同年下半年在工作时遭受挫折，而且空难前在股票上亏损大约 100 万美元，事发前，客机两个"黑匣子"被人为关闭。

2015年3月24日，德国之翼航空公司4U9525航班坠毁，机长曾离开驾驶舱，由副驾驶安德烈亚斯·卢比茨（图6-2）一人操纵飞机，但在机长试图返回时，卢比茨拒绝打开舱门，并"故意降低飞机高度，导致撞山"。关于卢比茨行凶动机，法国检方缄口不语。但来自德国的报导指出，卢比茨可能正面临"情变"的个人危机。调查人员在卢比茨与女友同居的寓所中经四小时搜查有重大发现，有关官员拒绝透露，但他们坚称不是遗书。随即传出，卢比茨因与女友分手，才蓄意驾机撞山自杀。

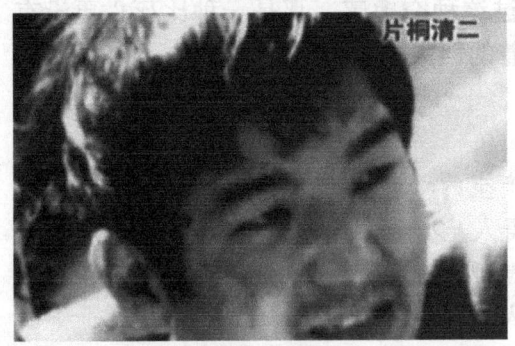

图6-1　片桐清二

图6-2　安德烈亚斯·卢比茨

资料来源：2015-03 楚天都市报

分析：民航人压力大，持续的压力会给精神、心绪和身体造成巨大的伤害。适度宣泄紧张和压力，学会管理压力，可以让我们更健康有效地投入到服务工作中。

学习目标

（1）了解压力的定义。
（2）了解压力和压力源的分类。
（3）理解大学生的压力。
（4）掌握压力对睡眠的影响。
（5）掌握民航服务人员的压力。
（6）理解民航服务人员应对压力的方式。

第一节　压力概述

一、压力概念

凡是带来挑战，对我们健康造成威胁的东西便是压力。有些压力使你进步，让你成长，没有任何压力的生活将变得无聊，会觉得毫无意义。然而，当压力破坏我们的身心健康，它便有害而无益了。作为一名民航服务人员，我们需要对工作和私人生活中的压力进行管控，保持健康的生活方式，保持高度的积极性和乐观的态度。

压力是压力源和压力反应共同构成的一种认知和行为体验。人的内心冲突及与之相伴随的情绪体验是心理学意义上的压力。从心理学角度看，压力是外部事件引发的一种内心体验。

完全没有心理压力的情况是不存在的。我们假定有毫无压力的情形，那一定比有巨大心理压力的情况更可怕。换一种说法就是，没有压力本身就是一种压力，它的名字称为空虚。无数的文学艺术作品描述过这种空虚感。那是一种比死亡更没有生气的状况，一种活着却感觉不到自己在活着的巨大悲哀。

小阅读：空心病

空心病是指价值观缺陷导致部分大学生产生的心理障碍。

价值观缺陷导致的心理障碍，症状为觉得人生毫无意义，对生活感到十分迷茫，不知道自己想要什么。心里空荡荡的，不但感受不到旁人，也感知不到自己，不知道自己是谁，也不知道自己想成为什么样的人。

疲惫、孤独、情绪差，感觉学习和生活没有什么意义。人生看不到希望，终日重复没有意义的活动，生活迷茫，对未来没有任何希望，存在感缺失，身心被掏空。

（资料来源：百度百科）

二、压力分类

压力可以分为三种类型：正性压力、中性压力、负性压力。

（1）正性压力是积极的压力，在个体被激发和鼓舞的情境中产生。坠入爱河便是正性压力，邂逅电影明星或著名运动员也是一种正性压力。一般来说，属于正性压力的情境都是令人愉快的，因此，它们不被视为威胁。

（2）中性压力是一些不会引发后续效应的感官刺激，它们无所谓好坏。如听到远方偏僻角落发生地震的新闻，便属于中性压力。一般在面对这种事时会同情和惋惜，但是不会对个体产生太多的刺激。

（3）负性压力是消极的压力，经常被简称为压力。负性压力可以分为两类：急性压力和慢性压力。急性压力是指面临突发、恐怖等情况时产生的压力，如一只疯狗在后面追你，你身体会产生相应的应激反应，通过激发逃跑潜能，来躲避危险；再如，领导交代紧急任务，要求一小时后交，这时身体会调动一切精力，去完成这个任务。慢性压力是一种长期持续存在的压力，对人体产生严重的危害，因为身体始终无法有效地放松，一直处在一种应激状态下。慢性压力出现的时候不强烈，但持续时间长，如长时间的经济压力。急性压力在压力解除后，身体能很快地恢复，比如熬夜完成某个任务后，睡一觉就能缓解。

小阅读：压力与激素

当压力出现时，人体杏仁核、海马体、前额皮质这三个脑区能通过下丘脑（图 6-3）联合起来，识别压力，并且通过分泌激素对压力进行反应。

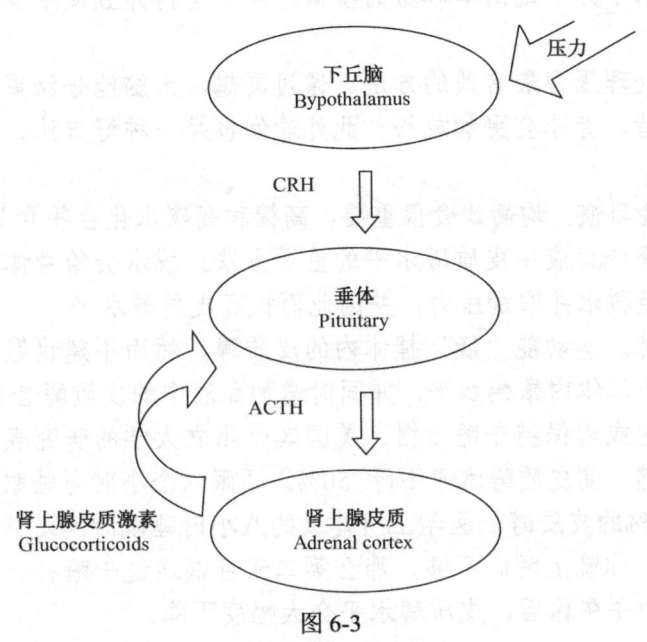

图 6-3

在不同的压力状况下，人体主要起作用的激素也不太一样。当压力是急性压力时，主要起作用的是"肾上腺素"和"去甲肾上腺素"，它们就像是汽油一样，能迅速"点燃"人体，让人在短时间内兴奋起来，调动一切能调动的能量，实现压力应对。但它们不能持续释放，只维持一段时间就"烧"光了；而应对慢性压力的激素主要是"皮质醇"，皮质醇又称"压力激素"，不同的皮质醇分泌量可以保证机体不同等级强度的工作。

长期处于慢性压力下，皮质醇水平过高究竟有哪些危害？

虽然皮质醇分泌具有抗炎、促进提高短期记忆力、保证钠不流失、帮助肝脏清除毒素、保持血糖和血压正常水平等作用，但如果长期处在慢性压力中，体内的皮质醇水平高，也会出现一系列的问题。

首先就是阻碍记忆与学习。皮质醇激素会直接作用于海马体，损伤脑细胞。海马体是与记忆有关的大脑组成部分，长期皮质醇水平高的人在年老后丧失记忆力或患老年痴呆症的风险较高。

其次皮质醇含量高还会让人变胖，尤其以女性最明显。研究发现长期皮质醇含量偏高的女人腹部脂肪明显较多。体重增加也与皮质醇有促进葡萄糖分解和利用作用有关。在葡萄糖用完后，还会诱发食欲并鼓励摄入更多热量。

最后，皮质醇还会以各种方式影响着健康。比如影响人体免疫系统，使人更容易生病；引起高血压、心脏病、睡眠不足、长痘痘、性冷淡等一系列问题，甚至还会导致抑郁症。

那么，如何才能降低体内的皮质醇水平，减少压力呢？

降低皮质醇水平并不是简单容易的事情，需要坚持并且使用多种方法结合才能获得最佳效果：

（1）冥想是处理压力最有效的方法。通过冥想，大脑能分泌更多的内啡肽，唤起我们积极的情绪，身体会更加放松。此外瑜伽也是一种好方法，因为它能让人进入平静状态。

（2）调整饮食习惯。均衡饮食很重要，高糖和高碳水化合物食品应该适量消费。多喝水是另一个降低血液中皮质醇水平的重要方法。脱水会给身体带来很大压力，而喝水不足会导致脱水并增加压力，并因此而提高皮质醇水平。

（3）运动锻炼。运动能"烧"掉体内的皮质醇，然而不建议锻炼时间超过一小时。持续锻炼会降低体内睾酮水平，并同时增加血液中的皮质醇含量。

（4）早睡早起或者保持午睡习惯。美国宾州州立大学的研究表明，午间小睡可以有效消除压力感，使皮质醇水平下降 50%。睡眠六个小时与睡眠八个小时相比，血液中会多出 50%的皮质醇。医学上所建议的八小时睡眠时间足够让身体从一天的压力中恢复。如果你晚上睡眠不够，那么第二天可以通过午睡补一补。前一晚睡眠不足，在第二日中午午休后，皮质醇水平会大幅度下降。

（资料来源：网易健康综合频道）

三、压力影响

短期的压力可以增加人的工作效率，持续的压力会给精神、身体造成巨大的伤害。压力的影响主要有以下七个方面。

（1）压力对大脑的影响：压力可以促使大脑皮层释放某些激素，使身体做好处理危险的准备。大脑在压力过重时思维和应对更加迅速，但是，达到忍受压力的临界点之后，大脑就无正常工作，如记忆力减退、丢三落四、注意力不能集中、丧失意志力、沉迷于酗酒、吸烟、暴饮暴食等不良习惯。

（2）压力对胃的影响：身体进行压力反应的第一步就是促使血液从消化系统转向主要肌肉群。肠胃可能会清空内部物质，使身体做好迅速反应的准备。很多经历压力、焦虑和紧张的人也会出现胃痛、恶心、呕吐、腹泻等症状（图6-4）。长期的阶段性压力和慢性压力与许多消化系统疾病紧密相关，比如应激性的大肠综合症、胃溃疡、大肠炎、溃烂、慢性腹泻等。

（3）压力对心血管系统的影响。压力会造成高血压，紧张、焦虑、易怒、悲观的人遭遇心脏病突发的可能性更高，对压力越敏感的人患心脏病的几率越高。压力会使人养成不好的生活习惯，从而间接引发心脏病。

图 6-4　压力对胃的影响

（4）压力对皮肤的影响。青春痘、痤疮、粉刺等皮肤性问题通常都与激素失调有关，而压力正是造成激素紊乱的重要因素。很多三四十岁的女性会在经期遭受粉刺的侵扰。压力会延长皮肤问题持续的时间，压力使免疫系统需要更多的时间来修复各类损伤。长期压力会出导致慢性粉刺的出现，还会引起牛皮癣、麻疹等各类皮炎。

（5）压力对免疫系统的影响。长期释放的压力激素破坏身体的平衡之后，免疫系统就无法正常、有效工作。越来越多的科学家相信，身体和精神的相互联系意味着压力能够影响绝大多数的生理问题。反之，生理疾病和伤痛也会影响压力（图6-5）。

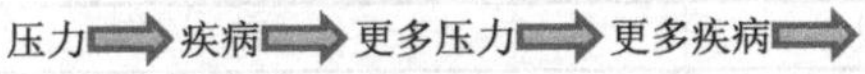

压力➡疾病➡更多压力➡更多疾病➡

图 6-5　压力与疾病的关系

（6）压力会引发疼痛。功能衰退的免疫系统和日益敏感的痛觉会损害身体，包括慢性疼痛、长期偏头痛。身体处于压力状态的时候，偏头痛、关节炎、纤维肌疼痛、多发性硬化、骨质退化、旧病复发等都会恶化。

（7）压力对情绪影响。压力能引起多种精神和情绪的反应，反之，这些反应也能引起压力。情绪压力有很多形式。社会应激物包括工作压力，即将来临的重大事件，和配偶、孩子、父母之间的感情问题，如亲人离去、父母离婚等。生活中的任何巨大变化都会引发情绪压力，关键在于如何看待这些事情。情绪压力使人失去自尊、悲观厌世、渴望自我封闭，此时，大脑正在寻求一切办法遏制压力的扩张。情绪压力非常危险，相对身体压力而言，人们更容易忽视情绪压力。然而两者对身体和生活的伤害却是同等的，找出情绪压力的源头是压力管理的关键，我们需要学会关注身体压力和情绪压力。

人体健康与否会引起不同情绪反应，反之，情绪又会对身体健康起到作用。所以保护身体，不狂喜、不大悲、不嗔怒、不惊、不忧、不恐，喜、怒、悲、思和恐这五种情绪对身体健康有什么样的影响呢？中医认为五脏和情绪的关系是密不可分的，当我们的愤怒、悲伤、忧思、焦虑、恐惧长时间得不到有效的宣泄或者长时间

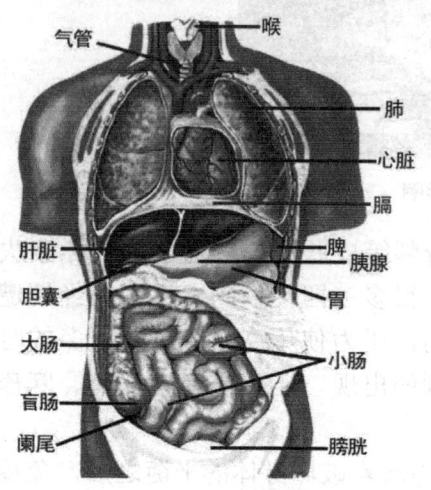

过多地宣泄后，我们身体就会对应发生各种疾病，"喜伤心，怒伤肝，悲伤肺，思伤脾，恐伤肾（图 6-6）。"如红楼梦中林妹妹（林黛玉）多愁善感，总爱哭泣，肺气虚则容易悲伤，最后林妹妹也是死于肺痨。

压力除了影响身体的症状，承受严重的压力还会产生认知（影响思维和注意力集中）、情感和行为症状。常见的压力征兆和症状见表 6-1，自己注意到的征兆和症状越多，压力越超负荷。但是，压力的征兆和症状也可由其他心理和健康问题引起，如果你现在发现自身有以下压力征兆的任何一种，一定要去找医生做一个完整的诊断，医生可以帮助你确定症状是否由压力引起。

图 6-6 中医关于情绪的理论

表 6-1 压力征兆和症状

类　型	表　现
认知症状	（1）记忆问题 （2）不能集中精力 （3）判断失误 （4）关注消极面 （5）焦虑 （6）思维天马行空 （7）持续担心
情感症状	（1）喜怒无常 （2）脾气暴躁、激动 （3）无法放松 （4）感觉不知所措 （5）感到孤独和寂寞 （6）沮丧、不快乐
生理症状	（1）疼痛 （2）恶心、眩晕 （3）胸痛 （4）心跳加速 （5）经常感冒
行为症状	（1）暴饮暴食或少吃 （2）嗜睡或失眠 （3）孤立自己 （4）拖延或不负责任 （5）用酗酒、抽烟、吸毒来放松

第二节 压力源概述

一、压力源概念

压力源是指任何能够被个体感知并产生正性或负性压力反应的事件或内外环境的刺激。压力源作为刺激被人感知到，或作为信息被人接收到，一定会引起主观的评价，同时产生一系列相应心理和生理变化，如果需要付出较大努力才能进行适应性反应或这种反应超过了人所能够承受的范围，就会引起人的心理、生理平衡的失调，这时会产生紧张状态反应，使人感到紧张的内外刺激。

二、压力源分类

1. 按照压力源的来源分

按照压力源的来源可以分为：生物性压力源、精神性压力源和社会性压力源。

（1）生物性压力源是指一组直接影响主体生存与种族延续的事件。如躯体创伤或疾病、饥饿、性剥夺、睡眠剥夺、气温变化等。

（2）精神性压力源是指直接阻碍和破坏个体正常精神需求的内在和外在事件。如错误的认知结构、个体的不良经验、道德冲突、不良个性心理特点（易受暗示、多疑、嫉妒、悔恨等）。

（3）社会环境性压力源是指一组直接阻碍和破坏个体社会需求的事件。可以分为两方面：一方面是纯社会的，由自身状况造成的人际适应问题，如重大社会变革、重要人际关系冲突、战争等；另一方面是由自身状况，如个人精神障碍、重疾、传染病等造成的人际适应问题，如社会交往不良等。

2. 按照影响生活的程度

按照影响生活的程度分为急性压力源和慢性压力源。

（1）急性压力源也称消极生活事件，是指非连续性的，有清晰的起止点，可以观测的生活改变。

（2）慢性压力源是指日常困扰，可以分为生活小困扰和长期社会事件所带来的烦恼。

三、大学生压力

作为当代的大学生主要面临的压力主要来自于以下七个方面：

（1）学习与生活的压力。大部分大学生都曾感到过学习的压力，如不会释放压力，精神就会长期处于高度紧张的状态下，极可能导致强迫、焦虑甚至是精神分裂等心理疾病的出现。目前，中国高校在校生中约有20%是贫困生，而这其中5%～7%

是特困生。调查表明，70%以上的贫困生认为自己承受着巨大的学习、生活压力，这些压力对他们造成了较大的心理困扰，而很多贫困生并不懂得该如何去化解。

（2）情感困惑和危机。大学生对情感方面的问题能否正确认识与处理，已直接影响到大学生的心理健康。大量个案表明，大学生因恋爱所造成的情感危机，是诱发大学生心理问题的重要因素，有的人因此而走向极端，甚至造成悲剧。

小案例：求爱未果捅死学妹　大学生情杀为何屡屡发生？

2015年6月10日傍晚6点时许，邵阳某学院一名大三女生被同校大四男生魏某持刀杀害。据悉，该男子因屡次骚扰求爱女生遭拒，由爱生恨。在学院办公楼前用水果刀猛捅女生13刀，女生两肺均被扎穿，当场死亡。目前犯罪嫌疑人已被刑事拘留。

2015年6月16日晚22时，哈尔滨某理工大学发生一起惨案。一名大三男生进入女生宿舍将女友捅死后跳楼自杀，男子当场死亡，女子送医抢救无效死亡。

如何正确疏导大学生因失恋产生的心理阴影？

大学生是青年人中最具活力的代表，但是近年来随着学习、就业等压力的日益增大，导致一些大学生的心理承受能力低下，大学校园内跳楼、出走、自杀、抑郁等经常发生，还有一些恶性伤害案件也时有发生。

甘肃省心理咨询师学会常务副会长兼秘书长莫兴邦常年关注大学生心理问题。他表示，目前大学生存在的较为突出的问题是情感困惑、专业不精、对人生和未来的设计不明了等，究其原因，主要是对刚入校园的新生和即将踏入社会的毕业生，在心理教育、观念引导方面比较缺乏，使大学生在思想形成的关键时期，其人生观、恋爱观、就业观不够健全，当自己的期望值与现实生活不一致时，心理上一时无法接受，就会产生一些极端表现。

那么大学生失恋后该如何调整自己的心态呢？

听听心理专家的建议：

第一，失恋后最重要的就是要面对现实。在自己失恋后能够比较客观、冷静地看待失恋原因，鼓励自己面对现实，并给予积极的适应是很重要的。同时，建议积极自我调节，重整旗鼓。比如，通过合理化的自我安慰、注意力转移、情感升华等途径重拾自我，获得心理的平衡和健康。

第二，学会找朋友宣泄。在失恋痛苦阶段，通过向人倾吐，讲出自己的伤心、自责自怨、失落或委屈、愤愤不平等感受，有助于消除失恋带来的心中郁结。尽量倾诉，同时通过朋友的理解和真诚关心的态度，就会感到温暖和被支持。

第三，和朋友共同讨论，分析原因。人在失恋的打击下，容易出现认识上的偏差，或是把失恋原因完全归咎于自己无能，甚至全盘否定自己的人生价值，有的还出现伤人行为。朋友可以帮助你重新看待两人的关系及分手的种种原因，避免出现认识和归因上的偏差。

（资料来源：2015-06 大众网）

（3）对独生子女教育不当造成的后遗症。独生子女群体已成为当前大学生的主体，对他们教育不当而造成的后遗症是导致大学生心理问题频发的又一诱因。专家指出任性、自私、不善交际、缺乏集体合作精神等不良习性，不但易使大学生患上心理疾病，还会使人产生暴力倾向和行为。

（4）角色转换与适应障碍。大一新生容易产生此种心理，如果得不到及时调整，便会产生失落、自卑、焦虑、抑郁等心理问题，有的学生还会因长期不适应而退学。

（5）交际困难造成心理压力。"风声雨声读书声，我不吱声；家事国事天下事，关我何事。""宿舍里面不吭气，互联网上诉衷肠。"这些顺口溜实际上反映了一部分大学生的交际现状。现代大学生的交际困难主要表现为不会独立生活，不知如何与人沟通，不懂交往的技巧与原则，有的同学有自闭倾向，不愿与人交往；有的同学为交际而交际，不惜牺牲原则随波逐流。

（6）家庭及外界环境的不利影响。家庭及外界环境的不利影响也会成为诱发大学生心理问题的因素，比如不当的家教方式、单亲家庭环境及学校环境的负面影响、消费浪费或攀比、对贫困生歧视、学习节奏过于紧张等。

（7）就业压力。由于社会竞争的加剧，就业市场不景气，大学生找工作或理想的工作越来越困难。这对大学里众多高年级学生造成很大的精神心理压力，使他们因焦虑、自卑而失去安全感，许多心理问题也随之产生。

第三节　民航服务人员压力管理

一、民航服务人员常见压力

民航服务人员由于工作环境的特殊性，主要的压力有重大生活变化、工作难题、人际关系问题、经济困难、孩子和家庭等。

1. 工作

工作与职业会产生相应的压力，包括对目前工作的看法、如何看待自己在公司的发展、对于未来的工作生活有什么设想，以及对职业的愿望和期望。

（1）与工作相关的压力。工作是四大压力源之一，与工作相关的压力是普遍存在的，来自于工作的压力主要有以下六种。

角色冲突。角色冲突是指当一个人扮演一个角色或同时扮演几个不同的角色时，由于不能胜任而发生的矛盾和冲突。主要表现为两个情形：一是空间、时间上的冲突，作为民航服务人员，肩负着服务旅客的责任；作为父母的儿子，承担着孝敬长辈的义务；作为父母，承担着养育子女的任务。这样不可避免地就在时间和空间上产生了矛盾。二是行为模式内容上的冲突，改变旧角色，担任新角色，并且，新的角色与旧角色有性质区别时，也会产生新旧角色的冲突。如学生踏入航空公司实习的时候，面对新工作的不适应。

角色模糊。角色模糊指是对一个给定角色的期望或规定缺乏明确的理解和认识。民航服务人员要求知道自身角色的期望信息，即如何获得角色，该角色的最终结果是什么等。当有关角色的信息不存在或这些信息无法有效被获取时，角色模糊就出现了。这样民航服务人员就会变得沮丧、缺乏动力，对工作的满意度会逐渐降低，甚至可能会辞职。

超负荷工作。超负荷工作指的是员工经历长时间的过度工作而超负荷的情况。现在社会压力大，大多数职场人都会经历短期的超负荷工作，通常会倾其全力加班加点的工作。然而，如果超负荷总是长时间存在并且得不到放松，工作绩效、身体和心理健康方面的问题就会开始出现。

职业发展机会不足。职业发展机会不足与员工如何看待自己未来的职业发展方式有关。职业变数都会引发压力反应，如，工作缺乏保障或者感到将会/已经不可能再升职等。职业发展机会不足通常会造成对工作的强烈不满、工作绩效/质量下降及工作关系恶化。

组织文化。如果一个组织运作的管理制度独裁、专制或不公平，那么员工将会产生压力，从而不发挥其自身全部潜力。

得不到工作表现的反馈。对一线服务人员而言，从经理和上级主管那里收到反馈信息很重要，反馈信息是工作表现的反映。如果得不到反馈，会觉得是在"白费功夫"；或者反馈是以非友好或专断的方式表现出来，就会导致员工产生压力。

（2）轮班、夜班制度。不规律的轮班。不规律的轮班及早晚班都会给民航服务人员带去压力。如飞行国际航班或者跨时区航线的机组成员，飞抵目的地的时间不同于本国时间，可能延后或提前几小时，也有可能会多出或者推迟一整天的时间。

夜班工作制度。夜班工作时间大约从晚十一点持续到次日早七点，这样致使民航服务人员白天难以入睡，夜间难以保持清醒。造成这种情况的主要原因是人体的昼夜节律，即人体的睡眠状态和清醒状态的日常循环交替。健康的成年人，睡眠往往发生在昼夜节律的某一特定阶段。夜班人群白天本应尽量睡觉，却很容易因为兴奋而睡不着。这就导致睡眠时间和昼夜节律之间的矛盾。昼夜节律会影响夜班服务人员的工作表现，这是因为即使经过数年的夜班工作，凌晨两点至五点仍然是人体最困倦的时候。大量研究已经表明，睡眠会影响一个人的工作表现、记忆力、智力、运动协调性和情绪。需要倒班的民航服务人员必须应对因工作造成的社交问题，因为当他们工作时，大多数人正在睡梦中；而当他们下班睡觉时，大多数人正在工作或者从事休闲活动。很多夜班工作者觉得自己几乎没有时间陪伴家人和朋友，没有时间去放松、约会、办事等。

2. 性格

民航服务人员的性格会影响其个性、生理健康、心理健康，以及对日常生活的体会。一方面，民航服务人员具有以下性格特征或行为时，会对自身产生一定压力，如：不能接受不确定性、悲观主义思想、消极的言语、不现实的期望、完美主义、缺乏自我肯定；而另一方面，民航服务人员可以通过保持积极心态拥有更现实的期望，接受变化，对自己有正确的认识。

3. 经济

对很多人而言，经济上的紧张性刺激是最大的压力源。包括工资、租金、按揭、支付账单的数额和频率、衣食住行的费用及想要达到的经济状况。

4. 人际关系

人际关系也可能成为压力，如亲情、友情、爱情、同事之间的关系、与上级的关系等。

二、民航服务人员压力的影响

民航服务人员的压力，主要影响其工作效率、身体健康。

1. 工作效率

适当的压力可以提高工作效率，长时间的压力会降低工作效率，进而影响身体健康。

2. 身体健康

（1）皮肤：容易皮肤瘙痒、荨麻疹，严重的时候会得湿疹。

（2）疾病：压力大时免疫力下降，会更容易感染或生病（如头痛、肠胃不适），严重的时候会引起偏头痛、溃疡、结核病、癌症。

（3）失眠：当民航服务人员承受巨大压力的时候，最明显特征之一就是失眠。失眠主要有三种表现形式：

① 最常见的就是完全无法入睡。

② 入睡几小时后就会醒来，醒后就无法再入睡。

③ 整晚每隔一两个小时就会醒一次，早上会感觉到整个人非常疲倦和不清醒。

无论是以哪种形式出现，失眠带来的害处是很大的，如果长期失眠，会让人的情绪变得很糟糕。失眠本身也会变成压力源，失眠（或睡眠不足）有很多的副作用，包括：做事积极性不高、注意力不集中、精力下降、记忆力下降、易怒且情绪低落、食欲不振、对以前喜欢的活动失去兴趣。

三、压力管理

要积极面对压力是不容易做到的，但是我们可以有效管理压力。

1. 审视自己

（1）审视生活或工作。了解自己在生活或工作过程中是否经常遇到同样的问题，如果经常遇到同样的问题，说明现在的应对方法是无效的。

（2）控制好自己。将压力产生的原因归咎于别人或者天气，压力问题就不能很好地解决。把压力产生的原因归于其他人或其他事很容易，但这意味着我们在推卸责任，不想改变自我，抱怨对于解决问题无济于事。

（3）正确对个人能力进行评估。

2. 避免消极思想

积极心态可以创造积极生活。学习如何避免消极思想有助于保持清醒思维，保持乐观态度对所有人都不是容易和简单的事情，但是可以通过学习实践做到这一点。如果一个人在生活中总是可以积极思考，避免消极思想就容易得多。

（1）将消极转变为积极。生活中的消极新闻和文章随处可见。与其沉溺于此，还不如做些更积极的事情。

（2）释放消极能量。通过锻炼或其他身体活动，甚至洗个热水澡来释放消极能量，与心态积极的人在一起很重要。消极心理是有传染性的，如果周围的人都是这样，你也很容易感到消极和悲观。因此，与乐观和快乐的人接触更有利于你的心理健康。

（3）积极的自我激励。积极思考，并对自己进行乐观鼓励。

（4）阅读励志书籍。励志的书或歌曲可以帮助人们拥有积极思想，并把消极转变成乐观。

3. 接受压力

无论从事哪种工作、赚多少钱、开什么车或是住什么地方，都会经历一定程度的压力，每个人都有压力，每个人都没有办法避免压力，但是我们可以学习掌控压力。

4. 审视期望值

期望值过高，就不可能实现期望，反而会给自己造成压力。

5. 正确认识压力

压力可以产生负面影响，但是压力也可以产生积极的力量。

6. 缓解压力

（1）身体优势。身体健康、参与体育活动、有特殊技能的人（游泳、跑步、有氧运动），身体条件更有优势，在面对压力时，应对方式更多。

（2）情感优势。善于给予和接受，具有爱与被爱的能力，能够全面、理性地看待事情，具有幽默感。

（3）社交优势：在人际交往中平易近人、亲和力强、体谅他人、用礼貌和尊重人的态度来对待别人。

（4）智力优势：获得知识的能力和接受教育的能力；在工作中愿意接受在职培训，具有将工作做好并承担特殊责任的能力；具有专项能力，如财务管理、能够说或理解一门外语。

（5）精神优势：有自己的基本处事原则，无论种族、地位与信仰如何，承认每个人的尊严和价值。

（6）其他优势：如有业余爱好，能通过欣赏体育运动、艺术作品来娱乐自己。

四、压力应对方式

应对压力的方法很多，但是究其根本主要属于两个范畴：调整环境和改变自己。

1. 调整环境

调整环境有三种基本方法：自信、退出和妥协。

（1）自信。自信是指人对自己的个性心理与社会角色进行的一种积极评价。它是一种有能力或采用某种有效手段完成某项任务、解决某个问题的信念。它是心理健康的重要标志之一，也是一个人取得成功必须要具备的一项心理特质。

自信取决于两方面的因素，即客观的成功与主观的自我评价。客观的成功是指各种外显的、以事实为基础的成就、业绩等，如考上大学、晋升获奖、找到理想工作、在工作岗位上获得丰硕成果等；自我主观评价是指人对内隐的、以个人感受为基础的、对自我进行评判和估量的心理活动。一般人取得的客观成功越大，其自信度或自信心也会越高、越强，否则反之。但人客观上的成功与其自信之间并不一一对应，人在客观方面的高度成功未必直接导致与之相称的高度自信。主观的自我评价越高，人越自信。

（2）退出。退出意味着个体在物理上或者情感上离开一个活动、组织或者个人。它可能是一种对压力的适当反应，特别是当通过自信或者妥协无法避免痛苦的时候。当与伴侣争吵，对方激动不已，而提出的问题又无法解决时，暂时离开就是一种退出。退出的另一个例子是一个无法在工作中得到满足感的员工积极寻找另一份工作。退出本身并没有好坏之分，取决于如何使用它。另一方面，如果一个人习惯性地从痛苦的环境中退出，这个人可能会形成一种束缚性的生活方式，这将阻碍适当的调整和个人发展。另一方面，退出作为一种暂时性的策略可能是应对无法克服的或者对个人健康有害的压力的好方法。例如学生们中途退学直到他们可以赚到更多的钱，或者婚姻伴侣在寻求心理咨询时同意分开一段时间。如果当事人做出最大的努力却没有适当的解决办法时，暂时退出可能是更合适的。

（3）妥协。妥协是以让步的方式避免冲突或争执，指冲突双方互相让步以达成一种协议的局面。妥协是另一种对压力的适应性反应，通过修正对立的想法或行为来做出调整。和退出相反，妥协允许我们仍然处在痛苦的环境中，但不像自信方式那么积极主动。妥协更多地用在当一方的级别或权威高于另一方，或者参与双方陷入停顿的时候。三种最常见的妥协类型是一致、谈判和替代。

一致是由于他人的直接影响而改变我们的行为。假设你是一个航空公司的职员，刚刚被命令采用新的公文系统，包括更多的文件和更多的签批要求，这给你带来压力，你会对变化感觉反感，但即使你不喜欢，仍会在行为上服从新的要求。愿意遵守增加压力的新要求，你对上司和同事的喜欢足以使你容忍这种压力，或者换工作并不容易，冷静地采用新程序的决定，改变自己的态度是最现实的方法。无休止的抱怨和憎恨比适应更加痛苦。在一致反应中，关键的问题是妥协的代价是否值得。

谈判在压力情境下是一种积极、有前途的方法。谈判意味我们和另一方互相做出让步。谈判广泛地运用于同事、伴侣或朋友等之间。

替代意味着我们和另一方寻求替代性的目标。当谈判和一致不适用时，替代是另一种达到妥协的方法。如果一名公司员工想继续他的教育课程，但是因为有工作不能参加全时课程，他可能认为最好的替代方法是选择在公司附近的培训学校参加晚间班或周末班的课程而不是辞职。在这种情况下，寻找一个替代物可以达到相同的目标。

妥协自身没有好坏之分，主要取决于获得的满足感和付出代价之间的关系。

2. 改变自己

对自己的控制多于对环境的控制。选择修正本身或者自身行为，是更好的压力应对方法。包括提高压力耐受力、改变日常生活习惯、学会控制低落的情绪、提高解决问题能力及寻求社会支持。

① 提高压力耐受力。压力耐受力是指能够应对的压力程度，或能够忍受苛求的工作多长时间而不会出现不理性或者紊乱的迹象。具有竞争力的成功人士承受的压力可能远远大于我们能意识到的程度。

② 改变日常生活习惯。上课迟到：如果你在有课时早点起床，就不会有迟到的压力。做事拖延：则尝试在短时间内完成事情，从而减轻压力。通过更好的时间管理来减轻压力。时间管理是指通过事先规划和运用一定的技巧、方法与工具实现对时间的灵活以及有效运用，从而实现个人或组织的既定目标。

小拓展：时间管理的"十一条金律"

（1）要和自己的价值观相吻合。自己一定要确立个人的价值观，假如价值观不明确，你就很难知道什么对自己最重要，当你价值观不明确，时间分配一定不好。时间管理的重点不在于管理时间，而在于如何分配时间。你永远没有时间做每件事，但你永远有时间做对自己来说最重要的事。

（2）设立明确的目标。时间管理的目的是让自己在最短时间内实现更多想要实现的目标；你可以把4到10个目标写出来，找出一个核心目标，并将其他目标按重要性依次排列，然后依照你的目标设定一些详细的计划，关键就是依照计划进行。

（3）改变自己的想法。美国心理学之父威廉·詹姆士通过对时间行为学的研究发现两种对待时间的态度："这件工作必须完成，它实在讨厌，所以我能拖便尽量拖"和"这不是件令人愉快的工作，但它必须完成，所以我得马上动手，好让自己能早些摆脱它"。当你有了动机，迅速踏出第一步是很重要的。不要想立刻推翻自己的整个习惯，先强迫自己现在就去做你所拖延的某件事。然后，从明早开始，每天都从你的工作单中选出最不想做的事情先做。

（4）遵循20比80定律。生活中肯定会有一些突发和迫不及待要解决的问题，如果你发现自己天天都在处理这些事情，那表示你的时间管理并不理想。成功者花最多时间在做最重要的事，而不是最紧急的事情上，然而一般人都是做紧急但不重要的事。

（5）安排"不被干扰"时间。每天至少要有半小时到一小时的"不被干扰"时间。假如你能有一个小时完全不受任何人干扰，把自己关在自己的空间里面思考或者工作，这一个小时可以抵过你平时一天的工作效率，甚至三天。

（6）严格规定完成期限。帕金森在其所著的《帕金森法则》中，写下这段话："你有多少时间完成工作，工作就会自动变成需要那么多时间。"如果你有一整天的时间可以做某项工作，你就会花一天的时间去做它，而如果你只有一小时的时间可以做这项工作，你就会更迅速、有效地在一小时内做完它。

（7）做好时间日志。你花了多少时间在做哪些事情，把它们详细地记录下来，早上出门（包括洗漱、换衣、早餐等）花了多少时间，搭车花了多少时间，出去拜访客户花了多少时间……把每天花的时间一一记录下来，你会清晰地发现浪费了哪些时间。这和记账是一个道理。当你找到浪费时间的根源，你才有办法改变。

（8）理解时间大于金钱。用你的金钱去换取别人的成功经验，一定要抓住一切机会向顶尖人士学习。仔细选择你接触的对象，因为这会节省你很多时间。假设与一个成功者在一起，他花了40年时间成功，你跟10个这样的人交往，你不是就浓缩了400年的经验？

（9）学会列清单。把自己要做的每一件事情都写下来，这样做首先能让你随时都明确自己手头上的任务。不要轻信自己可以用脑子把每件事情都记住，而当你看到长长的清单时,也会产生紧迫感。

(10)同一类的事情最好一次把它做完。假如你在写纸上作业,那段时间都写纸上作业;假如你是在思考,用一段时间只进行思考;打电话的话,最好把电话累积到某一时间一次打完。当你重复做一件事情时,你会熟能生巧,效率一定会提高。

(11)每一分钟、每一秒做最有效率的事情。你必须思考一下要做好一份工作,到底哪几件事情是对你最有效率的,列下来,分配时间做好。

(资料来源:百度百科)

③ 学会控制低落的情绪。首先,认识消极、破坏性的想法。这种想法通常假定了最糟的情况,如"我永远也学不会""我怎么把事情弄成一团糟?"或"我什么也做不了!";其次,形成与消极想法对立的积极想法。例如"我能做到,一步一步来,我会尽自己所能来看看结果会是怎样。"放松和练习腹式呼吸也是有用的。最后,当你成功控制了消极的想法时,表扬自己,对自己说:"我做到了,它起作用了;我为自己的进步感到高兴"。幽默的想法可以替代低落情绪。不要试图通过忘记痛苦,来把压力最小化,而应花时间去享受幽默,如看喜剧、和朋友吃饭、讲笑话、回忆你生活中有趣的事情等,幽默可以帮助平息冲突、增加士气、减少敌意及降低焦虑。

④ 提高解决问题能力。学习如自信培训、面试技巧和压力管理等课程,提升社会技能。

⑤ 寻求社会支持。得到配偶、亲密朋友或者支持群体的帮助能成功地管理压力。在有压力时,具有亲密和支持性关系的人比没有亲密社会联系的人在情感和生理方面更健康。

拓展案例

你是如何看待你的工作的?你像哪位女士?

工作有三种不同的层次:工作、职业及事业。工作是用来谋生的;职业不仅可以解决谋生的问题,还可以解决未来发展的问题;事业则不仅仅可以解决谋生的问题和发展的问题,更加具备了各种责任,对家庭的责任,对事业伙伴的责任,对员工的责任,对社会的责任,对国家和人民的责任。

请细读下面三段文字,看看你是比较认同 A 女士、B 女士还是 C 女士。

A 女士做这份工作主要是希望多赚一些钱,如果她有钱就绝对不会再做目前这份工作。A 女士的工作是生活所必需的,像呼吸或睡眠一样重要。她常希望时间过得快一点,好早一点下班,也非常期待周末和假期。假如 A 女士的生命可以重新来过,她可能不会再做这样的工作。她不鼓励朋友或孩子进入这个领域,自己则非常期待早日退休。

B 女士喜欢她的工作,但是并不想五年后仍在做这份工作,她希望能转到更好、薪水更高的工作上去。她对自己的未来有很多打算，有的时候，她觉得现在的工作好像是在浪费时间，但是她知道必须做得够好才有可能升职。B女士非常期待升职，对她来说，升职等于是对她工作表现的肯定，是她比同事优秀的表现。

　　C女士的工作是她生命中最重要的一个部分。她很高兴自己能干这一行，因为这份工作对她的自我认同很重要，在自我介绍时她总是先说自己的职业。她常把工作带回家做，度假时也会带着。她的朋友大部分是从事同样工作的同事，她也加入了许多跟工作有关的组织和社团。C女士很喜欢她的工作，因为她认为这份工作会使世界更美好。她会鼓励朋友和孩子进入这个行业。假如她被迫停止工作，她会很难过，她不期待着退休。

一、工作态度调查

1. 你有多像A女士？
很像_____
有一点像_____
不太像_____
一点都不像_____

2. 你有多像B女士？
很像_____
有一点像_____
不太像_____
一点都不像_____

3. 你有多像C女士？
很像_____
有一点像_____
不太像_____
一点都不像_____

二、工作满意度调查

现在请评估一下你对工作的满意度。分值为1~7分，你的评估结果是_____
非常不满意　很不满意　不满意　一般　满意　很满意　非常满意
　　1　　　　2　　　　3　　　4　　　5　　　6　　　7

三、计分

　　对A女士的描述符合工作的特点，对B女士的描述符合职业的特点，对C女士的描述符合事业的特点。其中很像为3分，有一点像为2分，不太像为1分，一点都不像为0分。

　　（1）你有多像A女士？　　得分_____
　　（2）你有多像B女士？　　得分_____
　　（3）你有多像C女士？　　得分_____

三、解析

（1）你认为自己像 C 女士，从事的是一份事业（分数为 2 或更高），且你对你的工作感到满意（5 分或更高），那么你的生活与工作都很理想。

（2）如果你不像 C 女士，你已经知道别人是如何转变他们工作的。关键不在找到对的工作，而在于如何找到一份你可以把它转化成事业的工作。

（3）每个人的信念、价值观都不同，所以面对同样的工作压力会有不同的感受及反应。一个人对工作的信念改变，对工作压力的感受也就不同。

（4）若想民航服务工作带给自己的压力得到改善，须先改变自己对民航服务工作的一系列信念、价值观，不要企图改变世界，那往往只会徒劳无功。

心理学故事　马蝇效应的故事

"马蝇效应"来源于美国前总统林肯的一段有趣的经历。

1860 年大选结束后几个星期，有位名叫巴恩的大银行家看见参议员萨蒙·蔡思从林肯的办公室走出来，就对林肯说："你不要将此人选入你的内阁。"

林肯问："你为什么这样说？"

巴恩答："因为他认为他比你伟大得多。"

"哦，"林肯说，"你还知道有谁认为自己比我要伟大的？"

"不知道了。"巴恩说，"不过，你为什么这样问？"

林肯回答："因为我要把他们全都收入我的内阁。"

事实证明，这位银行家的话是有根据的，蔡思的确是个狂态十足的家伙。不过，蔡思也的确是个大能人，林肯十分器重他，任命他为财政部长，并尽力与他减少摩擦。蔡思狂热地追求最高领导权，而且嫉妒心极重。他本想入主白宫，却被林肯"挤"了，他不得已而求其次，想当国务卿，林肯却任命了西华德为国务卿，他只好坐第三把交椅，因而怀恨在心，激愤难已。

后来，目睹过蔡思言行、并搜集了很多资料的《纽约时报》主编亨利·雷蒙特拜访林肯的时候，特地告诉他蔡思正在狂热地上蹿下跳，谋求总统职位。

林肯以他那特有的幽默神情讲道："雷蒙特，你不是在农村长大的吗？那么你一定知道什么是马蝇了。有一次我和我的兄弟在肯塔基老家的一个农场犁玉米地，我牵马，他扶犁。这匹马很懒，但有一段时间它却在地里跑得飞快，连我这双长腿都差点跟不上。到了地头，我发现有一只很大的马蝇叮在它身上，于是我就把马蝇打落了。我的兄弟问我为什么要打掉它。我回答说，我不忍心让这匹马那样被咬。我的兄弟说：'哎呀，正是这家伙才使得马跑起来的嘛！'然后，林肯意味深长地说："如果现在有一只叫'总统欲'的马蝇正叮着蔡思先生，那么只要它能使蔡思不停地跑，我就不想去打落它。"

资料来源：360 百科

心理学定律——马蝇效应

没有马蝇叮咬,马慢慢腾腾,走走停停;有马蝇叮咬,马不敢怠慢,跑得飞快。这就是"马蝇效应"。它给我们的启示是:一个人只有被叮着、咬着,才不敢松懈,才会努力拼搏,不断进步。

外界环境的变化会影响个体的行为:一匹很安逸的马,突然被马蝇叮咬而产生的痛疼感,将直接刺激马对此进行反应——摆脱"痛疼感"。

明确的目标会激励员工更好地投入工作:马儿的目标很明确,就是要摆脱"痛疼感",因此它会精神抖擞,飞快奔跑。

本单元小结

(1)压力可以分为三种类型:正性压力、中性压力、负性压力。

(2)压力的影响主要有七个方面,分别是对大脑、胃、心血管系统、皮肤、免疫系统、情绪的影响和引发疼痛。

(3)压力源是指任何能够被个体感知并产生正性或负性压力反应的事件或内外环境的刺激。

(4)压力按来源可以分为:生物性压力、精神性压力和社会性压力。

(5)大学生压力:学习与生活的压力;情感困惑和危机;对独生子女教育不当造成的后遗症;角色转换与适应障碍;交际困难造成心理压力;家庭及外界环境的不利影响;就业压力。

(6)民航服务人员由于工作环境的特殊性,主要的压力有重大生活变化、工作难题、人际关系问题、经济困难、孩子和家庭等。

(7)民航服务人员的压力,主要影响其工作效率、身体健康。

(8)调整环境有三种基本方法:自信、退出和妥协。

(9)应对压力的基本方法:调整环境和改变自己。

思考与讨论

一、填空题

(1)压力可以分为三种类型:_____、中性压力、_____。

(2)负性压力是消极的压力,经常被简称为_____。

(3)_____是指任何能够被个体感知并产生正性或负性压力反应的事件或内外环境的刺激。

(4)按照压力源的来源可以分为:_____、_____和社会性压力源。

（5）民航服务人员的压力主要影响其_____、_____。
（6）调整环境有三种基本方法：_____、_____和_____。
（7）应对压力的基本方法有_____和_____。
（8）工作有三种不同的层次：_____、_____及_____。

二、简答题

（1）简述压力的概念。
（2）简述压力有几种分类。
（3）简述压力的征兆和症状主要有哪些。
（4）简述压力源有哪些分类。
（5）简述压力对睡眠的影响。
（6）简述如何管理压力。
（7）论述大学生主要面临哪些压力。
（8）简述民航服务人员常见压力有哪些。

三、训练项目

心理测试一：什么是你的压力应对风格？

说明：对下面的陈述，在同意的程度数字上画圈。

（1）当处于压力下时，我比平时更快地发怒。
强烈不赞同   强烈赞同
1   2   3   4   5   6   7

（2）当处于压力下时，我不太能保持健康习惯（例如保持均衡饮食）。
强烈不赞同   强烈赞同
1   2   3   4   5   6   7

（3）当处于压力下时，我很难集中精神。
强烈不赞同   强烈赞同
1   2   3   4   5   6   7

（4）当处于压力下时，我的反应比其他人更焦虑。
强烈不赞同   强烈赞同
1   2   3   4   5   6   7

（5）当处于压力下时，我神经质的习惯比以前更明显（如咬指甲和绕头发）。
强烈不赞同   强烈赞同
1   2   3   4   5   6   7

（6）当我处于压力下时，我的记忆变糟了。
强烈不赞同   强烈赞同
1   2   3   4   5   6   7

（7）当处于压力下时，我变得容易沮丧和感到紧张。
强烈不赞同   强烈赞同
1   2   3   4   5   6   7

（8）当处于压力下时，我比其他时候更容易哭泣。
强烈不赞同   强烈赞同
1   2   3   4   5   6   7

（9）当处于压力下时，我很难去学习，例如准备考试的时候。
强烈不赞同   强烈赞同
1   2   3   4   5   6   7

得分：这个自我评估专为压力测试设计，因此，其结果只是作为一个工具来激发你关于如何应对压力的批判性思考。

对压力的情感反应可以在问题1、4、7中得到测量。
得分_____

对压力的行为反应可以在问题2、5、8中得到测量。
得分_____

对压力的认知反应可以在问题3、6、9中得到测量。
得分_____

统计每一类反应的分数，并且把你的总分填写在下面的空格中：
情感反应_____
行为反应_____
认知反应_____
所有反应总和_____

注意：确定这个测试是否精确：你的家人或最好的朋友是否同意你的得分？如果你的情感反应得分最高，他们认可你在压力情境中变得情绪化吗？总得分在某种程度上表明了你对压力的反应是否强烈，或者你是否处于高度压力之下。

心理测试二：
请阅读以下每一个句子，在"同意"或"不同意"上画圈，然后计算同意的个数，并根据最后的解释判断当前的压力水平。

（1）晚上我入睡困难。   同意   不同意
（2）我肌肉紧张，或有偏头痛。   同意   不同意
（3）我担心自己的财务状况，怕收支失衡。   同意   不同意
（4）我希望我每天拥有更多的笑容。   同意   不同意
（5）我经常因为工作不吃早饭或午餐。   同意   不同意
（6）如果我能够改变我的工作状况，我愿意去做。   同意   不同意
（7）我希望拥有更多的个人时间来休闲娱乐。   同意   不同意
（8）最近我失去了一位好朋友或家庭成员。   同意   不同意

（9）最近我的婚姻状况不佳或刚离婚。　　　　　　同意　　　不同意

（10）我好长时间没有好好放假了。　　　　　　　同意　　　不同意

（11）我希望自己的人生有清晰的意义和目标。　　同意　　　不同意

（12）我一周要在外面吃三顿以上。　　　　　　　同意　　　不同意

（13）我有慢性疼痛。　　　　　　　　　　　　　同意　　　不同意

（14）我没有很亲密的朋友圈子。　　　　　　　　同意　　　不同意

（15）我没有定期锻炼（每周三次以上）的习惯。　同意　　　不同意

（16）我在吃抗抑郁药。　　　　　　　　　　　　同意　　　不同意

（17）我的性生活不太令我满意。　　　　　　　　同意　　　不同意

（18）我的家庭关系不尽如人意。　　　　　　　　同意　　　不同意

（19）我的自尊水平较低。　　　　　　　　　　　同意　　　不同意

（20）我没有时间冥想或内省。　　　　　　　　　同意　　　不同意

计分：同意的数量_____

解释

小于或等于5分：你压力水平较低，保持良好的应对措施。

大于5分且不大于10分：你有中度的压力。

大于10分且不大于15分：你的压力水平较高。

大于15分：你的压力水平极高。

心理测试三：你承受压力的能力有多强

下面的小测验中包含了10种生活和工作中的情境。请针对每一种情境从以下4个选项中选出你的反应：

（1）在饭店请朋友吃饭，结账时你发现自己身上带的钱不够。（　　）

　　A. 非常紧张，不知所措

　　B. 比较紧张

　　C. 比较镇静

　　D. 非常镇静，从容应对

（2）单位领导派你去某公司接洽一项业务，你按指定时间前往，但等了一个小时，仍无人接待。（　　）

　　A. 非常紧张，不知所措

　　B. 比较紧张

　　C. 比较镇静

　　D. 非常镇静，从容应对

（3）在一个宴会上，突然有人请你上台演讲。（　　）

　　A. 非常紧张，不知所措

　　B. 比较紧张

　　C. 比较镇静

D. 非常镇静，从容应对
(4) 半路上，你的自行车后胎突然爆了，而附近又没有修车的。（   ）
   A. 非常紧张，不知所措
   B. 比较紧张
   C. 比较镇静
   D. 非常镇静，从容应对

(5) 下班到家，你发现厨房里洗菜池的龙头是开着的，厨房里早已汪洋一片。（   ）
   A. 非常紧张，不知所措
   B. 比较紧张
   C. 比较镇静
   D. 非常镇静，从容应对

(6) 轮到自己口试时，你听到主考官用生硬的、不和善的声音叫你的名字。（   ）
   A. 非常紧张，不知所措
   B. 比较紧张
   C. 比较镇静
   D. 非常镇静，从容应对

(7) 同事聚会，你给一位同事倒酒时，不小心用力太猛，酒溢出了杯子。（   ）
   A. 非常紧张，不知所措
   B. 比较紧张
   C. 比较镇静
   D. 非常镇静，从容应对

(8) 乘电梯时，电梯突然停在楼层中间。（   ）
   A. 非常紧张，不知所措
   B. 比较紧张
   C. 比较镇静
   D. 非常镇静，从容应对

(9) 公司的讨论会上，同事们认为你的观点丝毫没有新意。（   ）
   A. 非常紧张，不知所措
   B. 比较紧张
   C. 比较镇静
   D. 非常镇静，从容应对

(10) 朋友来家拜访，你5岁的孩子随口将你不愿让别人知道的私事说了出来。你虽然竭力找话搪塞、掩饰，对方还是发觉了。（   ）
   A. 非常紧张，不知所措
   B. 比较紧张
   C. 比较镇静

D. 非常镇静，从容应对

计分方式：

选择 A 项计 1 分，B 项计 2 分，C 项计 3 分，D 项计 4 分，累计相加得到最后总分。

得分：_____

对照下面的解释看看你承受压力的能力如何。

40～34：非常强。你承受压力的能力非常强。除了事态严重时难以保持平静之外，你都能够从容地面对压力，并积极应对。

33～26：比较强。在同龄人当中，你承受压力的能力比较强。比较而言，你不容易惊慌失措。

25～18：中等。你承受压力的能力居于平均水平（承受住压力与承受不住压力的概率大致相同）。

17～11：稍弱。你承受压力的能力低于平均水平。面对压力情境，往往无法保持镇定。遭受失败时，会出现十分焦躁不安的情形。

10 以下：很弱。你很容易感到不安，稍有压力便手忙脚乱。希望你对一些轻微的压力能以轻松的心态来面对，努力保持心情平静。

四、案例分析

案例一：形形色色的压力释放方法

南京首现"哭吧"。

超市"捏捏族"：破坏方便面、饼干、速冻水饺、膨化食品、矿泉水瓶等。

宣泄法：浦东两高中生打砸公交站牌（违法）。

北京郊区：打砸桔梗。

买个超人不倒翁，贴上讨厌的人的照片，踩蹦。

发泄经济：发泄餐厅、发泄网站。

发泄游戏：从"发泄果"到"惨叫鸡"。

案例思考：

（1）案例中各种压力应对方式是否正确？

（2）结合你自己的情况说说如何进行压力管理。

案例二：消减压力的技巧

适量的压力使人有更强的推动力和警觉性。但是过大的压力，尤其是长期处于高压力状态下，会使一个人的很多能力都大大地降低，包括理解、观察、处事、思考、创新、学习、记忆、分析、问题解决等，而在生理上，这个人的免疫、内分泌、消化、淋巴、生殖系统等，心脏、肝脏等多个器官，都会出现问题。此外，长期处于高压力状态下的人，往往脾气暴躁、情绪低落、人际关系欠佳。

压力的产生就是提醒人们需要面对威胁，消减压力最好的方法是运动，运动可以消除累积在身体里的能量，使身体恢复平静的状态。此外，听音乐、与朋友喝茶聊天、做陶艺、画画、唱歌、看戏等，都是好的消减压力的方法。反之，饮酒、盲目购物、嗜睡等不是好的减压方法。

积极的人生观对一个人处理压力有很大帮助。经常带着一张纸，上面写满自己喜欢做的、使自己开心的小事情，每当感到压力大时便看看这张纸，选一两项去做，是一个简单易行的方法。

从另一个角度去看待压力。每当在一件事情里我们认为自己的能力比事情所需要的差，我们便感到有压力；而当我们认为自己的能力比事情所需要的强，我们便感到轻松。

案例思考：

根据此案例，结合自己实际谈谈你在日常生活中是如何消减自己的压力的。

案例三：

一辆卡车撞到了鲍勃，现在他昏迷不醒地躺在医院里，今天已是第三天了。

"你同意将鲍勃的呼吸器拔掉吗？"他的神经科医生问我。"据他的律师说，您是他最亲近的朋友，我们找不到他的亲人。"当医生的话慢慢渗入我的意识时，我注意到一位体型肥胖、穿着医院白色制服的男士正在调整病房墙上挂的画。他用批判的眼光看着那幅雪景图，把它扶正，退后两步，再看一下，还是不满意。前天我就注意到他了，当时他在做同样的事，我很高兴这可以让我去想些其他的事。

"我想你需要一点时间思考……"医生说，他注意到我的眼神游离，于是离开了。我重重地摔进椅子里，眼睛看着那位医院的工作人员。他把雪景图取下，挂上一幅日历，端详了一会又取下，从一个大型购物袋中取出一幅莫奈的《睡莲》，把它挂了上去。然后他又拿出两张霍默画的海景图，将它们挂在鲍勃床脚的墙上。最后，他走向鲍勃床的右边，取下黑白的旧金山照片，换上了彩色的玫瑰照片。

"我可以问一下您是做什么的吗？"我温和地问。

"我的工作？我是这一层楼的管理员。"他说，"我负责这些病人的健康，但我每周都会带新的图片和照片来。对鲍勃来说，他进来后还不曾醒过，但是当他醒来时，我要确保他一睁眼就能看到美丽的东西。"

这位医院工作人员并没有把他的工作界定为为病人倒便盆或是倒茶水，而是界定为保护病人的健康，并设法用美丽去填充病人在医院里的艰难时光。他的薪水可能很低，但是他把平凡的工作转化成了高尚的事业，心存责任感、使命感。

（文章来源：塞得里曼《真实的幸福》）

案例思考：

（1）工作有哪些层次？文中的医院管理员是如何界定自己的工作的层次的？

（2）结合实际谈谈你对自己工作的界定。

第七章　民航服务与人际交往

导入案例

2014年2月21日,东航的某航班上的乘客突然听到客舱中后部有争执的声音,并且越来越大,乘务员迅速赶到后舱了解情况。一位旅客在开启行李架时,另外一位旅客以为对方动了自己的行李,所以这两位体格健壮的中年男性旅客发生了激烈的口角,并在此基础上冲突加剧,两人还发生了轻微的肢体冲突。因其中一方在飞机上的数名亲戚(均为体格健硕的青壮年)见势一拥而上,形势再次恶化,更加混乱。机舱内,几个男人情绪失控的叫嚣,并拳脚相加,一时间机舱内充满了辱骂声、吵闹声、孩子的哭声……局面十分混乱。

为防止事态恶化,面对即将失控的局面,乘务组临危不乱、分工明确:前后服务间各留一名乘务员,为避免有旅客情绪失控而冲击驾驶舱,做好对机舱门和驾驶舱门的监控,和驾驶舱保持联络;同时避免恐慌引起的大面积旅客纵向移动,从而影响飞行安全,另外三名乘务员协助安全员将争执旅客强行分开,并进行安抚劝说,同时劝慰、安抚周围旅客及照顾打架旅客的孩子。在乘务组的共同努力下,突发的这场风波暂时控制住,虽然争吵的旅客们已无肢体接触,情绪也稍有缓和,但还不时地恶言相向。为避免再次引发冲突,乘务员一直耐心相劝,终有一方息事宁人,愿意调换位置。

乘务人员沉着冷静、正确得当地控制事态发展,有效化解矛盾,是航班安全运行的坚实保障。服务过程中乘务组始终保持高度的警惕性,加强客舱巡视,注重对关键旅客的重点服务,并用真情化解矛盾、用微笑感染着每一位旅客。

从上述案例可以看出,高空飞行的机舱内有着"人多、空间小"的特殊性,民航中的人际交往伴随着更多的复杂性和可变性,服务人员任何不当的行为都极易诱发更大规模的冲突从而影响客舱安全,因此应当妥善地处理民航服务中的人际交往关系。

学习目标

(1) 了解民航服务中人际交往的含义。
(2) 把握人际交往的性质和特点。
(3) 掌握人际交往的技巧,准确地处理民航服务人员和旅客的关系。

第一节　人际交往概述

一、人际交往的定义

人际交往也称人际沟通，指个体通过一定的语言或者文字、肢体动作、表情等将某种信息传递给其他个体的过程。人际关系是人与人在交往中建立的直接的心理上的联系。

通常人际交往有赖于以下条件：第一，传送者和接收者双方对交互信息的一致理解；第二，交往过程中有及时的信息反馈；第三，适当的传播通道或传播网络；第四，一定的交往技能和交往愿望。

二、人际关系建立的一般过程

1. 定向阶段

包括对交往对象的注意、选择和初步的交流等。

2. 情感探索阶段

交往双方开始思考并寻求共同点，包括兴趣、爱好、话题等。随着交往次数的增多，发现可以建立情感联系的方面越多，交往就会持续下去。也有可能随着交往的深入，交往双方观点相对立的方面较多，则此时交往将会结束。

3. 情感交流阶段

此时，交往的双方已有了基本的信任和感情。交往的广度和深度继续发展，能真诚地为对方着想，既善于赞美对方的优点也敢于批评对方的过错。通过双方的信息反馈，感情会逐步加深。

4. 稳定交流阶段

这时，交往的双方能够包容对方的缺点，在心理上有同一性或相容性。互相认识全面而深刻，允许对方进入自己的私密领域，双方有很高的信任感和安全感。

在民航服务过程中，由于交往双方人际关系建立及维持的时间比较短，大部分交往仅仅处在定向阶段，而没有进行后续阶段的交流。

三、人际交往的特点

1. 个体性

在人际关系中，角色退居到次要地位，而对方是不是自己所喜欢或愿意亲近的

第七章 民航服务与人际交往

人成为主要问题。

2. 直接性

人际关系是人们在面对面的交往过程中形成的，人们通过一定的符号进行信息的传递，个体可切实感受到它的存在。没有直接的接触和交往不会产生人际关系，人际关系一经建立，一定会被人们直接体验到。

3. 情感性

人际关系的基础是人们彼此间的情感活动。情感因素是人际关系的主要成分。人际间的情感倾向可分为两类：一类是使彼此接近和相互吸引的情感，可以拉近彼此之间的心理距离；另一类是使人们互相排斥、分离的情感。人们如果能够相互吸引，在心理上的距离趋近，个体会感到心情舒畅，如若有矛盾和冲突，则会感到孤立和抑郁。

四、人际关系的类型划分

1. 按照人际关系形成基础划分

人际关系，按其形成的基础，可以分为三类：

一是血缘人际关系。此种人际关系是由血缘联系和姻亲联系所构成的人际关系。这种人际关系以家庭为中心，成员之间的交往构成一个血缘关系网络和一个由若干家庭交叉形成的亲缘关系网络。

二是地缘人际关系。此种人际关系是因居住在共同的区域，以地域观念为基础而形成的人际关系。地缘人际关系常常以社会历史和文化为背景，使人际关系带有文化传统、心理纽带和乡土色彩，如邻里关系、同乡关系等。

三是业缘人际关系。如同事关系、师徒（生）关系、经营关系等，这种人际关系是以共同的事业、志趣为基础的。业缘人际关系打破了血缘人际关系和地缘人际关系的界限，以事业和志趣为纽带，在人际关系中所占的比例最大，对社会最有影响。

2. 根据人际关系需求划分

美国社会心理学家舒兹根据对他人需求的内容和方式的不同，把人际关系按需求分为三类：

一是基于包容的需求的人际关系。具有包容需求的人愿意与人交往，希望与他人建立和维持相互容纳的和谐关系。基于这种愿望所产生的行为特征是：容纳、沟通、参与、归属、随同等。与之相反则表现为退缩、排斥、对立、疏远等。

二是基于控制的需求的人际关系。具有控制需求的人企图运用权力、权威或其他可以控制别人的因素来与他人建立和维持良好的人际关系，其行为特质是领导、支配、控制。与此相反的人际关系特质是受人支配，追随他人或者反抗权力，藐视权威等。这种类型的人际关系不只是存在于领导与被领导、管理与被管理之间，小群体中的核心人物与他人的关系往往也都带有控制和被控制的特征。

三是建立在情感需求上的人际关系。具有情感需求的人希望在情感方面与他人建立并维持友好、亲密、同情、友善、良好的关系，其行为反应特质是热情等。与此相反的人际特质是冷淡、疏远、憎恶等。

拓展案例

人 际 吸 引

人际吸引（Interpersonal Attraction）是个体与他人之间情感上相互亲密的状态，是人际关系中的一种肯定形式。按吸引的程度，人际吸引可分为亲合、喜欢和爱情。亲合是较低层次的人际吸引，喜欢是中等程度的吸引，爱情是最强烈的人际吸引形式。

社会心理学家认为，爱是一个较广泛的概念，包括对父母、对师长等的爱，而爱情则一般专指男女之间的亲昵关系。社会心理学家哈特菲尔德和沃尔斯特把爱区分为恋爱和友爱。恋爱是一种用不同爱情术语解释的强烈生理状态，一种混合的情感，包括温柔和性感、兴奋和苦恼、焦虑和欣慰、利他和嫉妒等。恋爱被定义为一种与他人结合的强烈愿望。相互的恋爱伴随着满足和狂喜，单恋则伴随着空虚、焦虑或失望。恋爱往往包含把对方理想化的倾向，往往是盲目的、不可控制的情绪状态。友爱则是不那么强烈的情绪，包括友好感情和深刻理解，其特点是友好、谅解、关心对方幸福。它是比较现实的，把对方视为现实的人，不像恋爱那样把对方理想化。友爱被定义为人们对与其生活密切相关的人的情感。

男女爱情体验上的差异：美国的研究结果显示，男性比女性更易于产生爱情，女性比男性更易于中断爱情，而且男性中断爱情后双方还可以保持一般朋友关系，如果女性中断爱情，就难于保持这种关系。女性比男性更易于体验爱的激情，男性对爱情的看法更具浪漫色彩。

失恋和离婚：爱情量表可以分析爱情关系是否会维持下去。女性的爱情量表分数具有更好的分析效果。男性的权力欲、大男子主义往往是造成关系破裂的重要原因。从公平理论的观点看，对爱情关系感到不公平，付出得多，收获得少，可能使爱情中断。短时分离可能中止一般的感情，但却会加强较深的感情。父母对爱情的干涉往往不会产生预期的结果，反而会加强青年人之间的爱情。这在社会心理学中称为罗密欧和朱丽叶效应。

人际吸引是从第一印象（如相貌、学识、人品等）开始的，随着交往的深化和了解，进一步发现了一个人的内心美，吸引力就会越来越大。有人说"衣服越新越好，朋友越老越好"，因为老朋友相互了解，所以吸引力就牢固。吸引力当然也需要

第七章 民航服务与人际交往

不断地"充电"。

恋爱是吸引的反映，有人说异性相吸，也有人说，互补相吸。那么，如何成为一个有吸引力和让人喜爱的人呢？

吸引来自以下几个方面：

（1）仪表吸引。在日常生活中不难发现，谁都喜欢漂亮的人，因为"爱美之心，人皆有之"。仪表是人的第一印象，常给人以类型化的倾向。仪表主要指一个人的体型、长相、动作、风度、服饰等。有人说美貌是一张特殊通行证，美是一种诱惑、一种吸引。

（2）性格吸引。这是一个人的内在美，主要指一个人的处事态度和行为模式，比如是直率或拘谨，是坦诚或虚伪，是勇敢或怯懦，是智勇双全或轻举妄动等。

（3）才智吸引。主要指一个人的智慧、能力、学识等。一个人的学识高低，常表现在他的言谈举止，以及处理难题方面是否有能力，是否可信等。

以上三方面是相辅相成的互补关系，比如一个长相和衣着都很漂亮的人却开口骂人、出口伤人，显得粗俗、无知，他将失去外表的吸引力而被人厌恶。有人说："我很丑，但很温柔"，这就是性格弥补了长相，内在美弥补了形象的不足。

在现实生活中，具备三种吸引力的人不多，但决不能因为人人都不完美，所以就放弃完善自己。

五、人际交往的重要性

1. 良好的人际交往是人身心健康的需要

现代心理学研究表明，人类的心理病态大多是由于人际关系失调所致。如果缺乏必要的交往会导致心理负荷过重。大量的研究证实，离群索居会使人产生孤独、忧虑，可导致心理障碍。另外，人际交往的失败，例如与人发生冲突会使人心灵蒙上阴影，导致精神紧张、抑郁，不仅可致心理障碍，而且可刺激下丘脑，使内分泌功能紊乱，进一步引起一系列复杂的生理变化，而愉快、广泛和深刻的心理交往有助于个性发展与健康。心理健康水平越高，与别人交往越积极，越符合社会的期望，与别人的关系也越深刻。

2. 良好的人际交往是人获得安全感的需要

人作为有机体同样要遵循生存第一的生存法则，人都需要安全感。社会心理学家所做的大量研究表明，与人交往是获得安全感的最有效途径。当人们面临危险的情境而感到恐惧时，与别人在一起可以直接而有效地减少人们的恐惧感，使人们感到安宁与舒适。

人不光有生物性的安全感需要，而且还有社会性的安全感需要。当人置身于自己不能把握或控制的社会情境时，也同样会缺乏安全感。心理学的研究发现，同生物安全感的建立相似，获得社会安全感的最有效途径同样是与人交往，并由此建立稳定的人际关系。社会安全感的本质是人与人之间的情感联系。只有通过交往，同别人建立了可靠的人际关系之后，人们的社会安全感才能得到确立。

3. 良好的人际交往是人确立自我价值感的需要

人的自我意识的保持和自我价值感的确立是通过社会比较过程来实现的。社会比较过程发生在社会交往中。所以，人需要和别人建立人际交往关系，了解别人，也需要通过别人来了解自己。如果社会比较的机会被长期剥夺，则会使人因缺乏自我状况的社会反馈信息而导致个人价值感的危机，并使人产生高度的自我不稳定感。因此，自我不稳定感会引起人的高度焦虑，并促使人去同他人进行交流，进行有意无意的社会比较，以便获得有关自我状况的社会反馈。

4. 良好的人际交往是人发展的需要

社会化大生产的今日，人类社会的分工越来越细，一项工程、一个项目甚至小到一双鞋子的生产都需要多道工序、多个人参与才能完成，如果没有其他个体的合作，个人是无法完成这个过程的。因此，人只要活着，就必须与人进行交往。从人际关系中得到信息、机遇、扶助就可能助你走上一条成功之路。现代科学技术的发展使我们越来越依靠群体的力量，人与人之间的情感沟通和智力交往使某些工作出现质的飞跃，这种"群体效应"已越来越成为各项工作的推动力。

5. 人际交往是人生幸福的需要

有的人片面地认为幸福是建立在金钱、住房、车等物质条件之上，有的人认为幸福是建立在成功、名誉和地位等精神需求的基础之上的。实际上，对于人生的幸福而言，所有这些远不如健康的交往和良好的人际关系重要。

西方心理学家克林格做了一个广泛的调查，结果表明，良好的人际关系对于生活的幸福具有首要意义。当人们被问到"什么使你的生活富有意义"时，几乎所有的人都回答，亲密的人际关系是首要的。人际交往是思想、情感、态度、信息和学习的交流，通过交流思想，一个头脑就有了多种思想，通过交往来分享快乐，快乐就会加倍，分担忧愁，忧愁就会减半。因此，人际交往是人生幸福的需要。

六、人际交往的原则

1. 相互原则

人际关系的基础是彼此间的相互重视与支持。任何个体都不会无缘无故地接纳他人。喜欢是有前提的，相互性就是前提，我们喜欢那些也喜欢我们的人。因此，人际交往中的接近与疏远、喜欢与不喜欢是相互的。

2. 交换原则

人际交往是一个社会交换过程。交换的原则是：个体期待人际交往对自己是有价值的，即在交往过程中得大于失，至少等于失。人际交往是双方根据自己的价值观进行选择的结果。

3. 自我价值保护

自我价值是个体对自身价值的意识与评价；自我价值保护是一种有自我支持倾向的心理活动，其目的是防止自我价值受到否定和贬低。由于自我价值是通过他人评价而确立的，个体对他人评价极其敏感。对肯定自我价值的他人，个体对其认同和接纳，并反投以肯定与支持；而对否定自我价值的他人则予以疏离；此时可能激活个体的自我价值保护动机。

拓展案例

树立正确恋爱观

1. 要正确对待恋爱

应正确处理好恋爱、学业、事业三者之间的关系。恋爱是人生的一件大事，但并不是人生的全部。大学生应该以学业为重，因为学习是大学生的主要目的。事业高于爱情，主张以事业为主，不宜过早地恋爱。但也不要认为爱情是事业的绊脚石，爱情处理得好的话，也能对事业起到催化作用。

2. 要培养爱的能力

爱的能力包括以下几种：

（1）迎接爱的能力。如果一个人心中有了爱就要敢于用正确的方式表达；面对别人的示爱时要能够取舍，并及时做出接受或拒绝的选择。能够承受求爱被拒绝或拒绝求爱的心理困扰。

（2）拒绝爱的能力。对于自己不愿意接受或认为不值得接受的爱情应有勇气拒绝。拒绝时应注意两点：一是如果不希望爱情到来，拒绝的语气要果断、坚决，容不得半点优柔寡断，否则对对方造成的将是更大的伤害；二是要掌握恰当的方式，要掌握说话的方式和度。虽然每个人都有拒绝爱的权力，但是也要做到对别人起码的尊重。

3. 要正确处理恋爱挫折

（1）正视现实，失恋之苦在于一个"恋"字，爱情是双向、相互的，以双方的爱情为基础，失去任何一方，爱情就会失去了平衡，恋爱即告终止。这时失恋的一方无论对另一方爱得有多深，都是不现实的，作为有理智的大学生应该正视这一现实。

（2）换位思考。要设身处地地为对方着想。这样做有助于理解对方终止爱情的原因，有助于接受失恋这一痛苦的现实并及早走出失恋的阴影。

（3）感情宣泄。不要过分地隐藏或压抑失恋带来的痛苦，要找适当的方式进行宣泄。通常宣泄的方法有：

眼泪缓解法。在悲痛欲绝时大哭一场，可以使情绪平静。有专家认为，眼泪能把有机体在应激反应过程中产生的某种毒素排出去。

运动缓解法。剧烈的体育运动有助于释放激动情绪带来的能量。

转移注意力法。心情不佳时，可以做些自己感兴趣的事。

文饰法。失恋时，援引合理的理由和事实来解释挫折，从而获得精神上的安慰。

倾诉法。向可以信任的师长、同学、朋友、老师等诉说自己心中的烦恼，也可以写日记或写信。如果感觉心中的积郁实在太深，无法排解时，也可以找心理咨询师进行心理咨询。

（4）情境转移。失恋后之所以难以摆脱恋情的困扰，就在于生活的方方面面都与昔日的恋人有着千丝万缕的联系，所以要想摆脱失恋的痛苦，就要换一个崭新的环境，暂时离开曾经熟悉的环境。把自己置于一个欢乐的环境中。如多交一些朋友，多参加一些集体性的娱乐活动，或者找人去逛逛街，出去旅游散散心等，这样有助于心境的开阔。由于失恋后有一种空虚感，暂时难以适应，所以可以用工作或其他方法来充实自己，不让自己再有空余的时间胡思乱想。

（5）升华。要尽快把失恋升华为一种奋发向上的动力，尽快投入到学习或者工作中去。切不可因为失恋而认为生活、人生都失去了意义。要知道，恋爱是生活的重要组成部分，但不是生活的全部。要正确地看待爱情，摆正爱情的位置，处理好爱情与学习、爱情与人生、爱情与婚姻的关系。

4. 端正恋爱动机

恋爱是未来寻找志同道合、白头偕老的终身伴侣，而不是为了安慰、解闷，寻找刺激，更不是单纯为了性的满足。恋爱对象的选择是一个复杂的过程，不能忽视了经济、政治、文化、个性等因素，但是共同的理想的指向、共同的品德和情操是最根本的。恋爱动机的好坏，直接关系恋爱的成功与否。大学生作为新时代的栋梁，其恋爱观应该是理想、道德、事业和性爱的有机结合。

4. 平等互惠

在人际交往中总要有一定的付出或投入，交往的两个方面的需要和这种需要的满足程度必须是平等的，平等是建立人际关系的前提。人际交往作为人们之间的心理沟通，是主动的、相互的、有来有往的。人都有友爱和受人尊敬的需要，都希望得到别人的平等对待，人的这种需要，就是平等的需要。

5. 相容原则

相容是指人际交往中的心理相容，即指人与人之间的融洽关系，与人相处时的容纳、包涵、宽容及忍让。要做到心理相容，应注意增加交往频率；寻找共同点；谦虚和宽容。为人处世要心胸开阔，宽以待人。要体谅他人，遇事多为别人着想，即使别人犯了错误，或冒犯了自己，也不要斤斤计较，以免因小失大，伤害相互之间的感情。只要对事业、团结有利，做出一些让步是值得的。

6. 恪守信用

信用即指一个人诚实、不欺骗、遵守诺言，从而取得他人的信任。人离不开交往，交往离不开信用。与人交往时要热情友好，以诚相待，不卑不亢，端庄而不过于矜持，谦逊而不矫饰做作，要充分显示自己的自信心。一个有自信心的人，才可能取得别人的信赖。处事果断、富有主见、精神饱满、充满自信的人就容易激发别人的交往动机，博取别人的信任，产生使人乐于与你交往的魅力。

7. 理解原则

理解主要是指体察了解别人的需要，明了他人言行的动机和意义，并帮助和促成他人合理需要的满足，对他人生活和言行的有价值部分给予鼓励、支持和认可。

第二节　民航服务中的人际交往

一、客我交往概述

1. 客我交往的概念

客我交往是人际关系中的一种特殊的形式，是指民航服务人员和民航旅客之间为了沟通思想、交流感情、表达意愿和解决民航运输过程中的问题而相互影响的过程。客我交往是民航服务存在的条件和基础，没有客我交往就不会有民航服务产品。

2. 民航客我交往的特征

民航服务的特殊性决定了在民航服务过程中，民航工作人员和民航旅客分别扮演了特定的角色，因此民航客我交往具有明显特征，主要表现在以下几个方面。

1）交往时间的短暂性

民航服务具有高效、便捷等特点，因此民航企业和民航机场为旅客提供的各项服务也体现了高效的特点，从购票、候机、空中运输直至到达目的地，一般时间不会长，形成了民航服务交往频率高、时间短的活跃局面。

2）交往的不对等性

在日常生活中，人际交往具有自愿、平等的原则，即人们的交往是出于自愿，地位是完全对等的，交往对象是可以选择的。但是民航服务中的客我交往是一种特殊的交往方式，对于旅客而言，交往凭自己的意愿，但民航服务人员不能凭自愿，也没有选择性。换言之，民航旅客可以对民航服务人员提出要求，而民航服务人员不能对旅客提出要求。因此，民航服务人员在客我交往过程中处于完全不对等的地位。

民航服务人员应当清楚地认识到民航业的特点，理解民航运输服务产品的内涵，避免消极情绪的产生，处理和协调好和旅客的关系，维护好航空企业和机场的形象和信誉。

3）交往的公务性

服务人员与旅客的接触只限于旅客需要服务的地点和时间内，否则，就是一种打扰旅客的违反规定的行为，也就是说，民航服务中的客我交往，主要是处于公务上的需要，而不是一种个人情感、兴趣和爱好方面的需要。

4）交往深度的局限性

民航运输过程需要民航系统内各个岗位的通力配合，每个岗位都要完成特定的服务任务和服务目标，因此民航特定岗位只局限于为旅客提供相应的服务，而不涉及其他项目或者个人交往。例如，民航的值机岗位，只限于为旅客提供办理乘机手续、托运行李、解答旅客询问等，而不涉及其他的服务项目。

5）交往结果的不确定性

民航服务过程受到主客观因素的影响，往往使得客我交往结果具有不确定性。例如，民航旅客的构成不同，对交往过程中的关注点不同，民航旅客的个性、教育背景、职业身份等不同，对民航服务过程的体验不同，对服务产品的评价自然不同。另外，民航客我交往还受到客观因素的影响，例如台风、大雾、冰雹等自然条件会影响客我交往的结果。

3. 影响民航客我交往的因素

影响人际交往的主要因素是交往的主体的内在差异，包括社会因素、文化因素和心理因素。除此之外，交往过程中信息流动或传递也会影响人际交往。

1）社会因素

社会因素主要指交往主体的社会地位、社会角色、年龄、性别等。社会地位的不同造成的交往障碍，常常带有某种限定性。优势地位者与劣势地位者的行为方式乃至说话的语气都会出现明显差别，扮演社会角色的不同往往意味着所承担的社会义务、所代表的社会期望不同，这种种不同都可能在某种程度上造成交往困难。年龄因素的影响主要表现在长辈与晚辈之间的交往障碍，也就是所谓"代沟"的制约作用。性别差异的影响在我国传统观念中体现非常明显。从心理意义上讲，男女两性间的社会交往，有助于培养健康的性心理，提高对性的道德价值的认识。例如，在民航服务中，职位高，经常乘飞机出行的旅客往往对民航客我交往有很高的期望值，希望服务能够更加完善和周到，这类人对民航服务质量的评价有别于普通旅客。

2）文化因素

文化因素是人际交往双方最一般的社会心理背景，由于社会文化已内化为人的价值观和行为习惯而为我们本能地体现着，所以，通常我们体会不到文化在人际交往过程中的影响。在获得了不同的文化经验并对不同的文化进行对比时，文化对人们的影响才被感受到。例如，由于双方使用的语言文字的不同，或对同一词汇有着不同的理解，信息内涵的歪曲或误解就极易发生，造成语意障碍。交往双方存在种族偏见、地域偏见则会造成交往的态度障碍。另外，交往双方的受教育程度、文化素质差距过大也会影响交往过程。因此，民航服务人员在客我交往过程中也要关注不同文化背景、不同宗教信仰的旅客，避免由于使用信息符号的差异而造成误解。

3）心理因素

心理因素对交往的影响主要体现在认知、情绪、个性等方面。交往双方在信息交流中看问题的角度不同，思维方式不同，认知风格不同等，会造成认知失调而影响交往。愤怒、焦虑、悲伤等不良情绪，以及激情状态或长期心境不佳都可能导致对信息的曲解。在民航运输过程中，旅客和民航服务人员所扮演的角色不同，在航班不正常运输时，双方应当站在对方的角度上考虑问题，避免不良情绪的产生，尽量找到合理的途径解决问题。

4）人际吸引

人际吸引是客我交往中彼此欣赏、接纳的亲密倾向，是良好人际关系的重要基础。人际吸引会影响到客我交往的结果。影响人际吸引的因素主要有以下几个：

（1）接近且接纳。因为在同一个活动空间，彼此就可以接近，因而有助于人际关系的建立。但是接近，并不一定彼此吸引，彼此之间相互接纳，是指民航服务人员接纳旅客的观念与思想，民航旅客接纳民航企业的服务理念和服务方式。只有交往双方彼此接近且接纳，才能产生有效的客我交往。

（2）相似因素。交往双方相似之处越多，越容易建立起良好的人际关系。例如：相似的年龄、受教育程度、信仰、兴趣爱好、种族等都会增加人之间的相互吸引，增加亲密感。

（3）仪表吸引。在客我交往中，第一印象十分重要，而它包括了仪容、仪表和仪态。因此，民航服务人员应做适当"印象修饰"，从自己的服饰、举止、面部表情、精神状态等做出适合自身的角色和当时情境需要的行为，从而产生令人愿意接近和接受的吸引力。

（4）人格吸引。人格魅力是进行客我交往的重要影响因素。开朗、热情、自信的性格特点，容易使旅客接受，而内向、冷漠、虚伪的人容易被旅客疏远。同样，诚实守信、谦虚谨慎、谦恭有礼的服务人员更容易得到旅客的认可。

二、客我交往的原则

1. 平等原则

在得到别人的尊重前,需要先尊重别人。人与人相处在人格上是平等的。

人与人之间应该是平等的,人需要别人的帮助,也有必要帮助别人。只有这样,人际交往才会有坚实的基础。在人际交往中,平等互利主要体现为平等相待。平等相待是指在人与人的交往中,平等地对待别人、尊重别人,不可居高临下或盛气凌人,也不可逢迎巴结。

2. 诚信原则

诚为诚实,信为信用。诚信是人与人之间建立友谊的基础。也是客我交往的根本。

诚信即"言必信,行必果",是中华民族古老的传统美德。在交往过程中答应做到的事,不管有多难,也要千方百计、不遗余力地办到,不能有凑合、应付的想法。尤其是在航班不正常运输情况下,民航服务人员不可乱猜疑,不轻易许诺、信口开河,不可在自己不知情的情况下妄加判断,给旅客造成信息传递不准确等问题。

3. 宽容原则

宽容是一种美德,也是对健康交往关系的呵护。

在民航服务过程中与旅客相处能够宽容大度,克制忍让,不斤斤计较。产生误解和矛盾时,勇于承担自己行为的责任,做到宰相肚里能撑船,以理智的态度对待旅客的行为。要意识到人和人的不同,正确对待个性差异,对不同性格气质的他人不强求一致,求大同存小异,多了解对方,并根据不同的性格特征,采取适当的交往方法,让旅客能够接受自己的服务方式。

4. 赞扬原则

人人都希望得到他人的肯定和赞美。赞扬旅客的优点与长处,礼貌相待。人们总是喜欢喜欢自己的人,尊重尊重自己的人。因此,民航服务人员对旅客的尊重和赞扬会使旅客获得良好的情绪、情感,同时旅客好的情绪会感染服务人员,从而使客我交往能够顺利进行。

三、客我交往的技能和技巧

1. 塑造良好的自身形象

现代社会中,无论是服务行业还是其他行业,都比较注重仪容仪表在交往过程中的重要性,良好的形象是客我交往的基础。民航业作为一个特殊的行业,对服务人员提出更高的要求,因此在自身形象塑造方面,民航服务人员应当注意以下方面:

第一,衣着整洁大方,符合自己的身份和气质。可适当修饰或化妆。

第二，举止得体，谈吐文雅，不言过其实，也不吞吞吐吐。

第三，态度谦和，热情大方，切忌傲慢自大、野蛮无理、目中无人。

第四，适当时候展示自己才华，但不自我吹嘘。

第五，文明礼貌，实事求是。

第六，积极主动，及时发现旅客需求，尽量满足旅客需求。

2．学会倾听

善于倾听别人讲话是一种高雅的素养。因为认真倾听别人讲话，表现了对说话者的尊重，人们也往往会把忠实的听众视为可以信赖的知己。教育家卡耐基说"当一个听众往往比当一个演讲者更重要。"倾听是对旅客尊重的表现，民航服务人员应当耐心听旅客说话，态度谦虚，目光注视旅客。

3．学会赞美

赞美的实质是对他人的赏识和激励。赞美作为鼓励，胜过雨后绚丽的彩虹，在人们心灵深处植入的是信心和力量，播下的是奋进向上的种子。赞美是一种兴奋剂，让人更加充满活力和精神。同时，赞美还是一种认可，一种肯定，让人们坚定发展的方向。每个人都喜欢正性刺激，而不喜欢负性刺激。如果在民航客我交往中，民航服务人员善于赞美旅客的长处，那么，人际交往的愉快度将会大大增加。

拓展案例

赞美的艺术——最甜美的攻心话术

人与人在搭"心桥"之前，要先搭一座"语桥"；人性的弱点——喜欢批评人，却不喜欢被批评；喜欢被赞美，却不喜欢赞美人，因此，造成了人与人之间的距离，把我们亲切的眼神带给对方，冷漠就此消失；用我们的耳朵来倾听，争辩就没有了。美国有一位心理学家指出："渴望被人赏识是人最基本的天性。"赞美既然如此奇妙，那么，怎样的赞美才是好的呢？

1．微笑是最方便的赞美

微笑可以说是人际交往的魔力开关，是人际交往成功的秘诀，它能散发凡人无法抵挡的魅力。而同时微笑又是人人都有的能力。请人帮忙时带着微笑，别人难以拒绝你的请求；感谢别人时带着微笑，别人会加倍领受你的感激之情；心情郁闷时，微笑会解脱你的烦恼；开心得意时，微笑会使你更加愉快。所以每个人都应当充分使用我们与生俱来的秘密武器—微笑—利人利己，让事业有成，让生活更美好。

2．记住他人的名字

记住他人的名字并把他叫出来，实质是对人不着痕迹的赞美，因为人人都对自己的名字看得异常珍贵，名字代表了拥有名字的人，使他在许多人中显得独立。古人讲避讳，君王的名字、长辈的名字、圣人的名字都不能任别人叫，以显示拥有者的尊贵。美国钢铁大王卡耐基曾经想与美国工业巨子普尔门联合办汽车公司，但卡耐基费尽口舌，提出了各种优惠条件，普尔门始终不同意，最后卡耐基灵机一动，对普尔门说："我们如果联合办了这个公司，就叫普尔门汽车公司吧！"普尔门听了，其他条件还没细谈就当场拍板同意了。可见人对自己的名字是何等重视。

3. 做一个好的听众

人人都觉得自己所说的话值得听，是重要的。因此听人说话也是对人一种暗示性的赞美。温莎夫人，一位传奇般的女性，她的魅力改变了大英帝国的历史——令爱德华八世弃江山而爱美人，于是众多文人猎奇，探究其魅力何在。请看这样一段描写："当温莎公爵讲话时，温莎夫人用右手支撑住下颚，身体微微前倾，双眼含情脉脉地看着温莎公爵。"试想，有这样一位美人脉脉含情地看着、听着，温莎公爵他能不越讲越带劲？弗洛依德说："如果你能使别人说得足够多，他简直无法掩饰其实质的感情或真正的动机。"年轻人喜欢展望未来，年老人乐意沉缅过去，认真地听年轻人说话是对年轻人的鼓励，认真听老人说话是对老人的敬重。说话的人，总是更愿意说给喜欢听的人。

4. 挖掘不明显的优点加以赞美

赞美不要跟在别人后面，人云亦云。要去挖掘别人一些不为人知的优点。巴尔扎克说，第一个形容女人为花朵是聪明人，第二个再这样形容的就一般了，第三个纯粹就是笨蛋。爱因斯坦就这样说过，别人赞美他思维能力强，有创新精神，他一点都不激动，作为大科学家，他也听腻了这样的话，但如果赞美他的小提琴拉得不错，他一定会兴高采烈。

5. 赞美别人自己也认可的优点

如果一个人自我感觉老态龙钟，你却赞美他年轻，他会觉得你虚伪，如果一个人以节俭为美德，你却赞美他买的物品价格昂贵，他也会不快乐。所以要赞美得恰当，一定要赞美你自己也认可的优点。这就要我们善于观察、善于总结，赞美要适当、适度、得体。

6. 赞美细小的进步

上级对下级、老师对学生、父母对孩子应多多使用这种方法，即使是平辈之间，也可以使用的。有这样的一个例子：有一个家庭，原来都是妻子做饭做菜，可是后来妻子工作特别忙，顾不了家，为了让丈夫乐意并学会做菜，她就采取每天表扬一点的方法，比如今天夸奖他盐放得刚好，明日又赞美他菜的色泽好，就这样丈夫在赞美声中天天进步，不知不觉中她卸下了家务的担子，而其丈夫却干得美滋滋的。

7. 最少期望时赞美别人

这种赞美来得真诚，也让自己养成赞美别人的习惯，不要到有事求人时方"临时抱佛脚"，甚至阿谀逢迎，献媚拍马，低三下四，而一旦别人没帮上忙时，就脸色立变，翻脸不认人。要永怀一颗感恩的心，不时发现他人的美好加以赞美，无论别人是否帮上忙，都由衷地感谢别人。

8. 真诚地请对方帮忙

请别人帮忙也是对别人的赞美，这是因为你给了他人以重要人物的感觉。当一个人对别人说"这事唯有你能帮助我"时，对方就会油然升起一种重要人物，甚至英雄人物的豪气来。

请人帮忙的目的，只是为了让他感觉重要，而不是为了强人所难，应当让别人帮一些力所能及的小忙。

9. 把所期望的美德转嫁于他人

我们在请求别人帮助时可以常用这个方法。赞美既是人人都会的，又不是人人都做得好的，因此，知道方法还不够，还要学会赞美。

（资料来源：新浪博客）

4. 热情有度

热情有度即把握好热情的分寸。热情有度是交往礼仪的基本原则之一。它的含意是民航服务人员在和旅客交往过程中，不仅待人要热情而友好，更为重要的是，要把握好待人热情友好的具体分寸，否则就会事与愿违，过犹不及。因此，民航服务人员应当具备敏锐的观察力，不可妄加猜测，要通过旅客的言谈举止来了解旅客的需求，从而提供有针对性的、贴心的服务。

心理学故事

"塔马拉"雷达

"塔马拉"雷达是捷克人弗·佩赫发明的。20世纪60年代初，弗·佩赫在泰斯拉军工厂任雷达设计师。他思维与众不同，在技术上屡出奇招，人称"雷达怪杰"。他的表现引起某外国注意。泰斯拉军工厂曾接受一项绝密任务——在最短的时间内研制出能够发现 M 国雷达制导导弹的雷达系统。起初人们认为这项艰难的任务根本无法完成，因为当时世界上还没有类似的雷达系统，但是弗·佩赫却迎难而上。传统的主动（有源）雷达是靠发出电磁波来探测目标的，而弗·佩赫反其道而行之。他要搞被动雷达，即探测雷达本身不发射任何电磁波，只靠接收目标发出的电磁波来锁定和跟踪目标。经过3年半的不懈努力，弗·佩赫终于在1963年研制出世界上第一部被动（无源）探测雷达。这种雷达能迅速地探测到方圆几十公里范围内活动的两台机动雷达，还能准确地显示这两台雷达的活动情况，使测试的专家大喜过望，称赞弗·佩赫完成了一项"了不起的发明"。

| 心理学定律 |

塔马拉效应

塔马拉是捷克雷达专家弗·佩赫发明的一种雷达，它与其他雷达的最大不同是不发射信号而只接收信号，故不会被敌方反雷达装置发现。

点评：善藏者人不可知，能知者人无以藏。

本单元小结

（1）人作为社会群体中的一员，就会和他人进行交往来进行信息的沟通和交流，达到一定的交往目的。人际交往伴随在我们的成长和发展过程中，了解人际交往的特点，把握人际交往的原则，对我们身心健康十分重要。同样，民航中的客我交往作为人际交往的特殊形式，具有显著的特点，民航服务人员要把握好客我交往的原则和技巧，处理好与旅客的关系，提高航空运输业的整体服务水平。

（2）客我交往应遵循的原则：平等、诚信、宽容和赞扬的原则。

（3）客我交往应具备的技巧：塑造良好的自身形象、学会倾听、学会赞美和热情有度。

（4）人际交往的特点：个体性、直接性和情感性。

思考与讨论

一、填空题

（1）人际交往也称人际沟通，指个体通过一定的_____、_____、表情等非语言符号将某种信息传递给其他个体的过程。人际关系是人与人在交往中建立的直接的心理上的联系。

（2）人际吸引是_____的状态，是人际关系中的一种肯定形式。

（3）人际交往的原则是_____、_____、_____、平等互惠、_____、恪守信用和_____。

（4）客我交往是人际关系中的一种特殊的形式，是指民航服务人员和民航旅客之间为了沟通思想、交流感情、表达意愿、解决问题而相互影响的过程。

（5）客我交往的原则：_____、诚信原则、_____、赞扬原则。

二、简答题

（1）什么是人际交往？

（2）人际关系划分为哪些类？
（3）人际交往的重要性体现在哪些方面？
（4）民航中的客我交往有哪些特点？
（5）民航中的客我交往应注意哪些问题？

三、训练项目

恋爱是两个人基于一定的物质条件和共同的人生理想，在各自内心形成的对对方的最真挚的仰慕，并渴望对方成为自己终生伴侣的最强烈、最稳定、最专一的感情。作为当代大学生应学会正确处理恋爱关系，查阅相关资料后分析以下问题：

（1）失恋后自虐和虐待他人的基本心理特征是什么？举例说明。
（2）应建立怎样的恋爱价值观？
（3）如何帮助失恋的人走出心理困境？
（4）为什么爱情初期的激情无法长时间保持？
（5）为什么现阶段离婚率居高不下？

四、案例分析

2005 年 2 月，在深圳至上海的航班上有一对没有办理无人陪伴服务手续的老年夫妇。起飞后，老太太要上洗手间，考虑到她身体状况的特殊性，客舱乘务员就把她扶到了头等舱的洗手间。尽管已经帮老太太把马桶坐垫纸铺好，还协助她解开了裤子，但乘务员还是不放心，于是便留在洗手间门口等候。过了一会，老太太没有什么动静，老大爷不放心地走过来，看看是不是发生了什么事情。见客舱乘务员仍在洗手间门口等着，便放心地点了点头，脸上露出了满意的笑容。

又过了好一会，老太太还是没有出来，敲门也没有回应。客舱乘务员便轻轻将洗手间门打开一丝小缝，看见老人正吃力地穿裤子。于是，她急忙进去帮老人把裤子穿好，然后又慢慢地把她扶回座位上，并用湿毛巾帮她擦干净双手。用餐时，客舱乘务员主动过去帮她把餐盒打开，只见老人弯着身子，头埋得很低，正用发颤的手抓着面包往嘴里送，面包屑撒了一身。看到这里，客舱乘务员立刻蹲下身来，帮老人把衣物上的食物残渣清理干净。然后，一口一口地喂她吃饭。五分钟过去了，十分钟过去了，客舱乘务员的腰背也开始疼痛起来。就这样，客舱乘务员咬牙坚持着，两条腿交替变换着重心。直到二十分钟后喂完老人最后一口饭，她才忍着疼痛慢慢站起来，虽然脸上还保持着微笑，但额头已经渗出了点点细汗。这一切都被老大爷看在眼里，他一再道谢，说自己的亲生女儿也没有这样做过。

案例思考：

（1）通过本案例请分析民航客我交往的特点。
（2）本案例中的客舱乘务员在和旅客交往过程中有哪些值得赞扬的地方？
（3）在和特殊旅客交往过程中应注意哪些问题？

参 考 文 献

[1] 菲利普·津巴多,等. 普通心理学[M]. 王佳艺,译. 北京:人民大学出版社,2009.

[2] 菲利普·津巴多,迈克尔·利佩. 态度改变与社会影响[M]. 邓羽,等译. 北京:人民邮电出版社,2007.

[3] 西华德. 压力管理策略[M]. 许燕,译. 北京:中国轻工业出版社,2008.

[4] 塞利格曼. 真实的幸福[M]. 洪兰,译. 沈阳:万卷出版公司,2010.

[5] 豪瑞等著. 和失眠说再见[M]. 蒡亚,译. 北京:中国轻工业出版社,2009.

[6] 深堀元文. 图解心理学[M]. 侯铎,译. 天津:天津教育出版社,2007.

[7] 史密斯. 当代心理学体系[M]. 郭本禹,译. 西安:陕西师范大学出版社,2005.

[8] 凯斯·R·—桑斯坦. 极端的人群:群体行为的心理学[M]. 郭彬彬,译. 北京:新华出版社,2010.

[9] 佛罗伦萨·妮蒂雅. 性格[M]. 江雅苓,译. 北京:经济日报出版社,2001.

[10] 向莉,周科慧. 民航服务心理学[M]. 北京:国防工业出版社,2009.

[11] 阿伦森,等. 社会心理学[M]. 北京:世界图书出版公司,2012.

[12] www.camoc.com